KB220789

뜻밖의 사랑

Originally published in English under the title:
Openness Unhindered: Futher Thoughts of an Unlikely Convert on Sexual Identity and Union with Christ.

뜻밖의 사랑

로자리아 버터필드 | 홍병룡

차례

서문:
회심, 정체성, 공동체

사도행전은 한자리에서 다 읽기에 좋은 훌륭한 역작이자 내가 쉬지 않고 한 번에 끝까지 읽어 내기 좋아하는 책들 중 하나다. 마지막 두 절을 끝낼 때에 이르면, 나는 주님을 향한 흔들림 없는 사랑, 모든 통찰과 위안을 주신 성령께 의존하는 마음, 하나님의 의(義)에 대한 새로운 인식, 하나님의 성품과 헤아릴 수 없는 깊이의 지혜를 담은 성경을 이해하고픈 뜨거운 열망으로 가득 찬다.

사도행전의 마지막을 장식하는 글귀는 이렇다. "바울은 자기가 얻은 셋집에서 꼭 두 해 동안 지내면서, 자기를 찾아오는 모든 사람을 맞아들였다. 그는 **아무런 방해도 받지 않고, 아주 담대하게(열린 자세로)** 하나님 나라를 전하고, 주 예수 그리스도에 관한 일들을 가르쳤다"(행 28:30-31, 새번역, 영어성경 NASB에는 with all openness로 번역됨, 강조체는 추가한 것).

사도 바울은 매를 맞고, 파선을 경험하고, 비방당하고, 배신을 당한 후 마침내 몸부림, 정체성, 순결, 복음전도, 손님 대접 등 삶의 모든 면에서 아무런 방해 없이 거침없이 나갈 수 있는 곳, 곧 그리스도와 하나가 된 장소에 이르렀다. 그는 비록 상처를 입고 오해와 학대를 받고 외롭기도 했지만, 아무것에도 방해받지 않았다. 바울은 이렇게 말한다. "우리가 사방으로 우겨쌈을 당하여도 싸이지 아니하며, 답답한 일을 당하여도 낙심하지 아니하며, 박해를 받아도 버린 바 되지 아니하며, 거꾸러뜨림을 당하여도 망하지 아니하고"(고후 4:8-9). "당하여도… 아니하며(고)"임에도 불구하고 그런 처지는 오늘도 변함이 없다. 당신의 삶을 그리스도께 헌신하는 일은 그만큼 위험하다. 견딜 수 없는 시련이 바울을 좌절시킬 수 없었던 것은 그가 성령의 능력으로 믿음을 그의 고통에 적용했기 때문이었다. 그리하여 그는 우리의 고통을 우리보다 더 잘 아시는 주님께 가까이 갈 수 있었다.

당신이 들고 있는 이 책의 제목(원제: *Openness Unhindered*)은 사도행전의 마지막 문장에 나오는 두 단어에서 가져온 것이다. 주님은 내 삶에서 이 두 단어를 사용해 몸부림에서 구해 주고, 소망을 새롭게 하며, 순결함을 다시 정립하고, 목적을 다시 세우고, 공동체를 재창조하는 일을 수행하셨다(아울러 방대한 성경의 세계, 하나님이 되찾은 창조세계, 거기서 펼쳐지는 구속의 역사도 사용하셨다). 나는 "아무런 방해도 받지 않고, 열린 자세로"란 말이 성경적 맥락에서는 성적인 죄를 용서하시고 몸과 마음을 새롭게 하시는 그리스도의 자세에 대한 묘사임을 알게 되었다. 이 책이 그동안 죄(성적인 죄든 다른 어떤 죄든)로 인해 셀 수 없이 넘어진 이들, 그리고 남을 돕고 싶어도 어디서 시작해야 할지 무슨 말을 해야 할지 모르는 교회들과 믿음의 친구들을 그리스도께 이끄는 다리의 역할을 하길 기도한다.

'열린 자세'란 우리를 창조하고 돌보시는 하나님께 내놓지 않는 것이 하나도 없다는 뜻이다. 우리는 하나님께 우리의 마음, 우리의 욕구, 우리의 희망, 우리의 꿈, 우리의 몸부림, 우리의 회의, 우리의 두려움, 우리의 정체성을 모두 드린다. 우리는 하나님께 활짝 열려 있다. 그런데 우리는 프로이트 이후 시대에 몸담은지라 우리의 느낌(특히 일정한 느낌)이 곧 진리의 단편이라 믿으며, 개인적 경험의 담론에 권위를 부여하는 오랜 버릇에 지치기도 또 유혹을 받기도 하는 만큼, 그처럼 깊은 친밀함과 신뢰는 회심되지 않은 우리의 자아에 불안감을 안겨 준다.

'아무런 방해를 받지 않다'는 말은 우리가 우리의 실패에 구애받지 않는다는 뜻이다. 즉, 죄를 지어 하나님을 실망시키고, 부주의로 친구들의 기대를 저버리며, 고의적으로 우리를 사랑하시는 하나님께 불순종함으로 양심에 거슬리는 짓을 수없이 했지만, 그 모두를 기록해 두지 않는다는 의미이다. 기록으로 남겨 두는 대신 우리는 우리의 죄를 회개할 은사를 달라고 기도한다. 우리의 마음을 구속하시는 하나님의 선물, 즉 육신의 눈이 아니라 성령으로 새롭게 된 눈으로 볼 수 있는 은혜를 달라고 기도한다. 자주 회개하는 죄 대신 하나님께서 그리스도 안에서 우리와 맺으신 언약과 그리스도의 신실하심을 기억한다.

우리가 그리스도 안에 있으면 그리스도께서 우리의 자리에서 살아가신다. 그분이 십자가에서 우리의 자리를 취하셨고 오늘도 우리의 자리에서 움직이신다. 그분은 우리의 관계, 우리의 공동체, 우리의 장래 속으로 생명과 순결과 구속의 숨을 불어넣으신다. 나는 작아지고 그분이 커지는 것이다. 그리스도 안에서 나는 더 이상 자아와 죄와 이기심의 노예가 아니며, 그리스도 안에서 나는 이제 혼자가 아니다. 그렇다고 내가 죄를 다른 이름으로 부른다는 뜻은 아니다. 이제는 하나님의 법이 나의 가정교사이다. 나에게 하나님의 뜻을 보여 주고, 죄를 짓지 못하게 하며, 나의 실패를 드러내고, 나를 그리스도의 학교에 등록시키기 때문이다.

"구속하다"(redeem)란 동사는 능력을 부여한다는 뜻이다.[1] 이 작은 단어에 얼마나 깊은 뜻과 은혜가 빼곡히 들어 있는지 생각해 보라! 마음으로 이 약속들을 곰곰이 음미해 보라! 이것이 그리스도께서 구속받은 백성, 포로 상태에서 구출되고 약속이 성취되는 사람들에게 주시는 향기로운 선물이다. 이 사역은 오직 그리스도만이 수행하시는 일이다. 만일 우리가 그분의 역할을 대신하려 하거나 죄(죄의 본질과 기원과 결과)에 대한 하나님의 관점을 거부하고 과분하게 부어 주시는 사랑을 외면하면, 우리는 우리가 사랑하는 이들에게 상처를 주게 된다. 그리스도는 그의 백성을 가장 사랑하신다. 우리는 그분이 사랑하셨듯이 사랑할 수 없고, 그분이 고난을 당하셨듯이 고난을 받을 수 없다. 우리의 인생, 우리의 세계, 또는 우리의 관계를 구속할 수도 없다.

여기에는 몇 가지 중요한 뜻이 담겨 있다. 첫째, 성경에 나오는 하나님의 이야기는 신화가 아니라는 것이다. 하나님이 누구신지, 하나님이 무슨 일을 하셨는지, 하나님이 장차 무슨 일을 이루실지에 관해 이야기하는 참된 내러티브이다. 하나님의 이야기는 하나님에 관한 것이다. 하나님의 이야기는 나보다 앞선다. 나의 의식보다 앞서기 때문에 나를 설명해 준다. 그리스도께서 나를 구속하셨기 때문에 나는 다음 중 그 어느 것도 손상시키지 않은 채 그리스도에 대한 믿음을 내 삶의 현실[2]에 적용할 수 있다. 바로 그리스도 안에서 믿음은 현실을 지우지 않고 오히려 조명해 준다는 것과 그리스도 안에서 하나님의 이야기는 당신에게 나의 아픈 부위를 이야기하도록 도와준다는 것이다. 하나님의 이야기는 우리의 **존재론**(ontology), 즉 우리의 본성과 본질, 우리의 시작과 끝, 우리의 자질, 우리의 속성에 대한 설명이다. 우리가 날마다 성경을 읽을 때, 그것도 한꺼번에 많은 양을 읽을 때, 우리는 우리의 이야기가 전 세계적으로 또 존재론적으로 시작되었다는 것을 날마다 배우게 된다. 하나님은 어느 누구보다 더 오랫동안 우리를 알아 오셨다. 창세 이전부터 우리를 아셨다고 성경이 선언한다. 내가 좋아하는 저자인 윌리엄 거널은 하나님이 우리를 "오랫동안 그분의 영원한 목적의 자궁 속으로 데려왔다"[3]고 말한다. 그렇다, 하나님이 우리를 데려가신다. 그런데 하나님은 또한 우리를 행동하고 섬기도록 부르시기도 한다.

성적인 죄는 왜 그토록 다루기가 힘든가? 그것이 종종 정체성의 죄가 되기 때문이다. 이 책의 한 가지 목표는, 만일 당신이 당신의 삶을 그리스도께 헌신했다면, 당신의 죄를 그리스도 안에서 직면하고, 당신의 신분을 그리스도 안에서 발견하고, 그리스도께서 당신을 위해 준비하지 않으신 정체성은 모두 버리도록 돕는 것이다.

이 책이 성적인 죄만 다루는 책은 아니지만 이어지는 내용에서 그것을 자주 예로 드는 것은, 나에겐 성적인 죄가 덫이었고 그 결과를 지금도 감수하고 있기 때문이다. 죄와 성(性)은 결코 무관하지 않다. 샘 올베리가 이를 잘 표현한다. "우리는 모두 단지 죄인일 뿐만 아니라 모두 성적 죄인이란 것을 분명히 할 필요가 있다."[4] 땅콩버터와 초콜릿처럼 죄와 성은 함께 간다. 언제나 그렇다. 그런데 법과 삶에 대한 성경 규범을 갈수록 더 무시하고 배격하는 바람에 성적인 죄가 소용돌이처럼 불어나고 말았다.

성경적인 성에 관해 강연하기 위해 여러 교회와 대학을 다녀보면, 수많은 사람이 그들의 중요한 관계가 성적인 죄로 망가졌다고 하소연하는 소리를 듣게 된다. 남편이 포르노 중독에 빠지고, 십대 자녀가 선정적인 이미지를 문자 메시지로 보내고, 가까운 친구가 사이버섹스 사이트에 드나들고, 여성 할례를 받는다는 아내들을 만났다. 성경을 믿는 아내가 자기를 버리고 레즈비언 연인에게 갔다는 남편들도 만났으며, 조카와 성관계를 맺고 자기에게 유전성 성적 이끌림(GSA)이 있다고 믿는 십대들도 만났다. 어떤 어린 여자아이들은 홈스쿨링 중에 엄마의 핸드폰에 저장된 난폭한 포르노를 보고는 안전하고 평화로운 장소를 잃어버리기도 했다. 한 여성은 교회에 매주 나가지만 낙태를 일곱 번이나 했고, 실제로는 이중생활을 영위하고 있었다. 이들은 제각기 스스로 통제 불능 상태에 빠졌다고 느낀다. 부모들과 사랑하는 이들(모두 이차적 피해자들이다)은 도무지 감당할 수 없는 수치심과 죄책감에 시달리고 비밀보장에 급급해 한다.

우리는 이런 엄청난 문제를 안고 어디로 갈 것인가? 이런 문제에 과연 성경은 적절한가? 아니면, 성경은 그저 옛 세계에나 유용했던 케케묵은 도덕률에 불과한가? 우리는 우리의 성이 깨어진 상태임을 어떻게 알게 되는가? 그 문제를 진단하고 해결책을 찾는 데 성경을 어떻게 사용하는가? 십자가에서 내려진 내 죄에 대한 판결을 나는 받아들이는가? 이처럼 기분이 좋은 것이 어떻게 죄가 될 수 있을까? 내가 약탈자같이 달려드는 성적인 죄의 먹이라고 느낄 때 나는 어떻게 하는가? 나는 여기서 이런 문제들을 다루려고 한다.

이 책은 당신이 믿음의 열쇠구멍을 통해 그리스도 안에 있는 자들에게 하나님이 약속하시는 영광스러운 장래를 보게 하고, 아직도 결코 늦지 않았음을 알도록 돕고자 한다. 그리스도는 구속하는 분이다. 우리의 몸부림과 실패와 고난도 모두 구속될 수 있다. 그런데 거기에는 피가 개입되어 있다. 구속은 잘라낼 것을 요구한다. 하나님의 이야기 속으로 들어간다는 것은 우리 느낌과 감정의 소중함에 기초해 나름대로 인생의 의미를 만드는 뿌리 깊은 욕망을 버린다는 뜻이다. 우리는 그것들을 떠나고 또 찢어 버린다. 그렇지 않으면 그리스도께서 우리를 대신하여 죽으셨다는 것이 무슨 뜻인지 결코 이해할 수 없을 것이다. 그리스도께서 우리를 위해 높이 뛰신다면 우리는 그저 이 정도로 도약할 수 있을 뿐이다. 우리가 상한 심령으로 그분께 도와달라고 빌 수는 있지만 우리 마음대로 구원이나 회개, 또는 성화를 이룰 수는 없다.

나는 성적인 죄로 인해 모든 관계를 망친 사람들을 만났을 뿐 아니라 원치 않는 동성애적 욕망과 씨름하는 사람들과 대화를 나누는 데도 많은 시간을 보냈다. 그 무리에 속한 내 친구들은 자신들이 이 욕망을 선택한 게 아니라는 점을 교회에 납득시키는 게 어렵다고 했다. 그들은 교회(혼란스러워하고 분열되어 있는 상태)와 세상(논쟁이 치열한 상태) 사이에서 찢기는 것이 힘들다고 했다.

오늘날의 성적 풍조를 바라보는 렌즈는 세 가지인 듯하다. 첫째 렌즈는 젠더와 성을 하나님이 정하신 존재론적 범주로 보지 않고 문화적 고안물로 본다. 이 렌즈를 낀 사람들은 성경이 하나님의 영감을 받은 무오한(오류가 없는) 텍스트라는 생각을 배격한다. 그들 중 일부는 성경의 여러 구절을 무척 좋아하고 나름대로 성경을 높이 평가하고 있음에도 그렇다. 어떤 것을 높이 평가하면서도 그것에 대해 그릇된 견해를 갖는 경우는 결코 드물지 않다. 사람은 자기가 이해하지 못하는 것에 대해서도 높은 견해를 품을 수 있다. 내가 셰익스피어의 소네트를 높이 평가할지라도 약강 오보격(iambic pentameter)을 찾아낼 수 없다면, 피상적으로밖에 감상할 수 없을 것이다. 어떤 텍스트든 간에 충실한 독자라 할지라도 그 텍스트의 뜻을 분별하는 수준은 다양할 수 있다.

성경에 대해서도 마찬가지다. 높은 견해를 갖고 있다고 해서 수준이 높아지는 것은 아니다. 불신자들과 수정주의 해석학[5]을 견지하는 자들이 바로 그런 경우이다. 그런데 성경은 스스로 고유한 해석학을 펼쳐 보여 준다. 하나님이 친히 우리가 어떻게 그분께 접근해야 할지를 정하시기 때문이다. 물론 당신은 하나님이 요구하시는 렌즈가 아닌 다른 렌즈로 성경을 읽을 수 있다. 하지만 그럴 경우, 그분의 말씀을 통해 성경의 하나님을 아는 일은 불가능할 것이다.

하나님의 창조질서는 당신이 수용하기 힘들 수도 있는 성과 젠더에 관한 규범과 경계, 정의와 제한을 포함하고 있다. 특히 당신의 개인적인 경험이 당신이 사랑하고 좋아하는 이들과의 사이를 좋지 않게 한다면 더욱 그럴 것이다. 성경을 믿는 그리스도인들은 남성다움과 여성다움의 본질이 있다는 것과, 하나님의 창조질서는 성경적 결혼 언약 안에서 한 남자와 한 여자 사이에서만 성적 결합을 명한다고 믿기 때문에 본질주의자라고 할 수 있다. 성과 젠더와 자아에 대한 이 본질주의적인 견해가 세상에서는 반동적이고 퇴보적이며 위험한 것으로 비친다.[6] 하나님을 경외함으로 세상의 지혜를 거부하고 케케묵은 성경에 충실한 편을 택하는 그리스도인들이 세상에서는 어리석게 보이고 혐오감을 불러일으키는 것이다. 세상 사람들이 느끼고 해석하는 방식을 나는 확실히 알고 있다. 포스트모던 지식인이자 불신자 교수, 레즈비언 활동가였던 나는 회개하고 성경을 믿는 그리스도인이 되었고, 그런 나는 '위험한 바보'라는 딱지가 붙었다. 나는 전자에 속한 이들을 사랑한다. 이 그룹은 내가 예전에 선택한 가족이었고, 그들이 흠모하고 몸담은 지식인 공동체는 내가 그 건설에 기여했던 곳이다. 불신자들은 흔히 도덕에 대해 실용주의적 입장을 취한다. 만일 법적으로 성관계를 동의할 수 있는 나이가 된 성인들이 아무에게도 상처를 주지 않고 그들이 함께 가진 것을 소중히 여기고 아끼면, 그들은 좋은 관계를 맺고 있는 것으로 생각한다. 나도 오랫동안 그렇게 믿었었다.

성을 읽는 두 번째 렌즈는 무오하고 영감을 받아 쓰인, 믿을 만한 성경과 함께한다. 그런데 우리는 올바른 렌즈를 쓸 때조차 육신의 눈을 사용하므로 좋은 결과를 얻을 수 없을 것이다. 이 그룹에 속한 상당수의 그리스도인들은 성경의 무오성과 영감성을 견지하지만 동성애 충동과 씨름한 적이 없거나, 성경을 깊이 들여다본 적이 없거나, 동성애 충동으로 몸부림치는 친구들의 고민을 경청한 적이 없다. 이들은 그런 몸부림 자체가 죄라고 믿는다. 하지만 이것은 비성경적인 믿음이다. 그들이 이웃의 성소수자(LGBT, 즉 레즈비언, 게이, 양성애자, 트랜스젠더)에게 접근하는 법을 모르는 것은, 만일 게이가 예수님께 나오기만 하면 그들이 모두 "똑바로"(이성애자로) 될 것이라고 마음속 깊이 믿기 때문이다.

최근에 교회 공동체의 일원이 내게, 우리가 아는 한 친구의 레즈비언 딸이 그녀의 삶을 예수님께 헌신해서 "똑바로" 될 것인지를 물은 적이 있다. 나는 전형적인 교인인 그녀에게 (나는 남부에 살고 있으니까 감안해 주시길) 그녀가 말한 그 젊은 여성은 이미 신앙고백을 했음을 상기시켜 주었고, 나로서는 그녀가 올해 박람회에서 강아지를 살지 안 살지 모르듯이 그녀가 이성애적 매력을 개발할지 여부도 모르겠다고 대답했다.

이들은 동성애적 욕망이 고의적인 죄, 나쁜 선택, 불타는 정욕, 그리고/또는 예수에 대한 지식이나 진정한 믿음의 결여에 뿌리박고 있다고 믿는다. 그래서 의도치 않게 성에 대한 번영 복음, 즉 그리스도께서 십자가에서 죽고 부활하신 것은 이 땅에서 당신에게 행복과 번영을 주기 위해서라는 잘못된 믿음을 전한다. 인간은 누구나 인생 여정을 거치는 동안 선택을 하게 된다. 그런데 만일 죄가 단지 나쁜 선택의 문제에 불과하다면 우리에게는 구원자가 필요 없다. 죄는 나쁜 선택보다 더 크고 더 깊고 더 긴 문제다. 모든 죄는 타락의 흔적이고 하나님의 법을 위반하는 것이지만, 그렇다고 유혹의 패턴 자체가 우리가 능동적으로 죄를 짓고 있다는 증거는 아니다. 우리가 회심할 때 그리스도 안에서 새로운 피조물이 되는 것은 사실이지만, 부활의 이편에서 (하나님이 허용하시면 동성애적 욕망을 포함하여) 온갖 죄와 씨름하리란 것 또한 사실이다. 그것이 뜻밖의 장애물이다. 나는 "하나님은 동성애적 기준선(homosexual baseline)을 지닌 사람은 결코 만드시지 않는다"라는 소리를 항상 듣는다. 정말 그럴까? 원죄란 우리가 도덕적으로(그래서 믿음을 통해 우리를 성화시키는 하나님의 능력을 받을 필요가 있다), 선천적으로(그래서 의료적이거나 초자연적 치료는 필요하지만 구원에 이르는 믿음이 반드시 필요한 것은 아니다) 타락한 상태로 태어난다는 뜻이다. 때로는 선천적인 장애(양성을 다 갖고 태어나는 경우처럼)로 인해 성적 역기능이 초래되기도 하는 것처럼 성이 이 선을 중심으로 양다리를 걸칠 수도 있다. 그렇다, 우리는 모두 "이렇게 태어났다." 그리고 거듭난 이후에도 죽어서 영광의 상태로 들어가거나 예수님이 재림하실 때까지는 계속 죄와 씨름하게 될 것이다.

현재 당신이 겪는 고통이 당신이 지은 죄의 결과든지 타인이 지은 죄의 결과든지 간에, 하나님의 섭리와 구원에 이르는 믿음의 견지에서 보면 로마서 8장 28절 말씀은 여전히 진리이다. "우리가 알거니와 하나님을 사랑하는 자, 곧 그의 뜻대로 부르심을 입은 자들에게는 모든 것이 합력하여 선을 이루느니라." 당신을 신자로 만드는 것은 죄의 부재가 아니다. 신자를 칭찬하고 세상에서 구별된 자로 만드는 것은 당신의 몸부림 가운데 함께하시는 그리스도의 임재이다. 당신이 진실로 회심하면 사망의 음침한 골짜기를 지날 때에도 그리스도가 함께하신다. 타락의 사건은 모든 것—나의 속 깊은 욕망들을 포함한—을 타락시켰다. 그리고 이 사건은 하나님의 등 뒤가 아니라 하나님의 섭리의 눈 아래서 일어났다.

세 번째 렌즈는 그리스도의 구원의 은혜를 받고 있다고 믿지만, 하나님이 모든 죄를 회개하도록 자신들을 부르신 게 아니라고 믿는 사람들이 사용하는 것이다. 이것은 그들이 부분적으로 그릇된 성경적 렌즈를 쓰고 있어서다. 그들은 성경 이야기에 구멍들이 있고, 이 구멍들은 오직 개인적 경험이나 우리 문화의 "도덕적 논리"로만 메울 수 있다고 믿는다. 이러한 사람들은 예수님을 믿기는 하지만 인간의 상태를 이해하는 더 나은, 새로운 방법이 있다고 주장하면서 하나님의 말씀으로부터 예수님을 빼낸다.

물론 성경은 과학책이 아니라서 컴퓨터를 수리하는 방법이나 망원경을 만드는 방법은 일러주지 않지만, 인간의 도덕적 상태는 정확하게 진단한다. 이 그룹에 속한 사람들이 그리스도를 믿는다고 주장하되 예수님의 대속적 희생을 지워 버리는 해석학을 견지할 때는, 종종 성경의 가르침과는 다른 도덕에 관한 새로운 증거를 찾았다는 근거에 의해서이다. 세대가 바뀔 때마다 성경의 진리를 적당히 둘러대는 새로운 증거를 찾는 듯하다. 당신의 자매나 형제를 사랑하는 한 가지 방법은 당신의 간증을 성경의 거울에 비춰보는 것이다. 개인의 간증이 만일 성경이 말하는 신앙생활과 회개를 반영하지 않는다면, 당신의 친구와 그리스도의 증언을 위해 차라리 생명의 말씀에 비춰 당신의 회심을 주장하는 편이 더 낫다.

나는 이 책이 이런 겸허한 탐구에 도움이 되길 바란다. 예수님은 성경에서 분리될 수 없다. 구약성경은 없어도 되는 책이 아니고 하나님의 도덕법도 마찬가지다.[7] 이 그룹에 속한 친구들에게 나와 함께 잘 버텨줘서 고맙다고 말하고 싶다. 아담 안에서 태어났다는 것은 **원죄**를 피할 수 없다는 뜻이다. 즉, 우리는 악을 행하고 싶은 일차적 욕망을 안고 태어났고, 하나님이 죄라고 부르시는 육신을 즐기려는 성향을 갖고 있다. 원죄는 우리를 나쁘게 만들 뿐만 아니라 맹인으로 만든다. 원죄가 가장 심층적인 차원에서 우리를 왜곡시킨다는 사실에 압도당할 수 있다. 그러나 원죄의 의도는 이것이 아니다. 원죄는 누구든지 부끄럽게 만들려는 교리가 아니라 오히려 인류 역사에서 모두를 가장 평등하게 만드는 개념이다. 우리 모두가 동일한 배를 타고 있다는 의미이기 때문이다. 우리가 그리스도 안에 있으면 그 어떤 죄의 패턴이나 망가짐도 우리를 규정할 수 없다. 그리스도의 동정녀 탄생은 크리스마스를 둘러싼 야단법석에도 불구하고 그분의 높아짐이 아니라 낮아짐을 표현한다.

죄로 인해 깨어진 우리는 그리스도의 낮아짐을 붙들고 또 그 낮아짐과 동일시하는데, 이는 중요한 그리스도인의 미덕이자 자세이다. 그러나 그리스도는 더 이상 낮아지지 않는다. 그분은 하나님의 오른편에 앉아서 우리가 우리 앞에 놓인 경주를 할 때 우리를 위해 간구하신다. 생명을 얻는 회개란 우리가 죄를, 심지어 정체성의 죄악까지도 회개해야 한다는 것을 의미한다. 이것이 직관과 반대되는 것처럼 들린다는 것을 안다. 당신이 이 책에서 정체성을 다루는 대목에 진입하면 그중 일부가 무척 난해하고 생경하게 느껴질 수도 있다. 부디 양해해 주길 바란다. 당신이 교수를 대학 강의실에서 끌어낼 수 있을지는 몰라도 교수에게서 대학 강의실을 끌어낼 수는 없다!

내 손을 잡고 이 여정에 합류하길 바란다. 당신이 그리스도인인데 성적인 죄와 씨름하고 있다면, 이 책이 당신을 매일의 삶에서 예수님과 함께 믿음의 여정을 걷도록 구비시키고 격려해 줄 것이다. 만일 당신이 아직 그리스도인이 아니라면, 나는 이 책을 통해 당신의 손을 잡아 우리 구원자의 손에 넘겨주고 싶다.

당신이 그리스도인으로 자처하면서도 당신의 정체성과 마음과 몸까지 요구하는 죄를 회개할 필요를 느끼지 못하고 있다면, 이 책이 당신에게 경각심을 불러일으켜 주길 기도한다. 이것은 당신의 영혼이 달린 문제인 만큼 당신 마음에 거슬리더라도 나는 당신을 돕고 싶다. 구원은 상하고 통회하는 마음을 품은 모든 사람에게 제공되는 선물이다(시 51:17). 하나님은 상한 마음을 품은 사람에게 부드러운 손길을 약속하신다. "그 잃어버린 자를 내가 찾으며 쫓기는 자를 내가 돌아오게 하며 상한 자를 내가 싸매 주며 병든 자를 내가 강하게 하려

니와.” 반면에 죄를 범할 권리를 옹호하는 자들에게는 심판을 약속하신다. “살진 자와 강한 자는 내가 없애고 정의대로 그것들을 먹이리라”(겔 34:16). 겸손하고 깨어진 마음은 하나님에게서 오는 선물이다. 그리스도의 바위에 부딪혀서 깨어지는 마음을 달라고 기도하라. 죄에 민감한 양심을 위해 기도하고, 당신의 가장 은밀하고 원초적인 죄에 대해 예민해지도록 기도하라.

구원은 선물이고, 무엇보다 우리가 달라고 기도하기에 좋은 선물이다! 선물을 받으면 당신은 어떻게 행동하는가? 선물이 주는 풍성한 유익에 따라 행동하게 되지 않는가. 혹시 당신의 자녀든 배우자든 당신이 사랑하는 사람이 성적인 죄에 빠졌다면 이 책을 통해 위로와 통찰을 얻게 되기를 바란다.

1장

회심

새로운 정체성의 불꽃

내 세계로 들어온 것을 환영한다. 나는 낮에는 홈스쿨링 엄마이자 목사의 아내고, 어둑어둑한 아침에는 작가다. 때로는 이 완벽한 거품이 사라지고, 나는 그리스도 안에서의 번잡한 삶에 관해 강연하기 위해 비행기를 타고 교회와 대학교를 찾아간다. 어떤 날들은 그리스도 안에서 영위되는 내 삶의 복잡한 무늬가 의미를 지니기도 하지만 대다수의 날들은 그렇지 않다. 내 간증은 녹말 위의 요오드와 같다. 그 간증이나 나 자신, 또는 예수 그리스도 안에서의 삶에는 중립적인 면이 없다.

여기서 내 간증이란, 레즈비언 관계를 즐기면서 시러큐스 대학교 영문학과 종신교수로 막 임명받고 퀴어 이론 분야에서 일할 준비를 갖추던 1999년, 그러니까 서른여섯 살의 내게, 우주의 하나님이 예수님의 모습으로 나의 세속적인 세계와 무신론적 세계관을 뚫고 들어오신

이야기다. 웬일인지 나는 "그 운명적인 1999년"을 파티를 즐기듯 즐거워하지는 못했다. 내 세계는 거꾸로 뒤집히고 안팎이 완전히 뒤바뀌어 버렸다.

나는 그리스도를 믿는 참된 신자가 되기 전에 이미 진정한 신자였고, 열정적으로 진리와 정의를 추구하는 성향이 내 핏속을 흐르고 있었다.

이 모든 이야기는 내가 쓴 『뜻밖의 회심』에 담겨 있다. 내가 그 작은 책을 쓴 것은 회심한 이후 세월이 흐를수록 내가 위험할 정도로 말끔하게 정화된 것처럼 보이기 시작했기 때문이었다. 그러나 실은 그렇지 않다. 교인들 중에 모태신앙인으로 자랐고 스스로 좋은 선택을 했다고 자부하는 젊은 여자들이 나를 그들 중 하나로 생각했다. 퀴어 문화의 용어를 빌리자면, 나는 "합격한" 셈이었다. 그러나 나는 그들 중 하나가 아니다. 나는 막달라 마리아이고, 창녀 라합이다. 홀로 내버려 두면 옆집 소녀보다는 옆집 창녀에 훨씬 더 가까운 사람이다. 나는 과거가 있는 여자다. 그리스도의 부름은 뇌엽절리술이 아니었고, 내게 그리스도인이 더 낫고 더 멋지고 더 정직하고 더 재미있는 친구들이란 정서를 주지도 않았다. 우리는 그렇지 않다. 적어도 내 경험상 결코 그렇지 않다.

내가 회심하자 옛 친구들과 가족은 나를 미치광이로 생각했다. 개방적이고 포용적인 세계관 대신 원죄를 믿고, 하나님의 법을 귀하게 여기며, 회심과 중생을 추구하고, 성경에 나타난 하나님 말씀의 진실한 존재론을 믿으며, 오직 그리스도를 통해서만 구원받을 수 있다고 주장하고, 고난의 구속적 성격을 내세우는 그런 세계관을 받아들이는 것이 어떻게 가능하단 말인가? 단 한 가지 이유밖에 없다. 예수님은 부활하셔서 지금도 살아계신 주님이고, 그분이 나를 그의 소유로 삼으셨기 때문이다.

인생은 혼란과 모순과 치욕으로 가득하다. 내 인생이 그렇다.

나는 『뜻밖의 회심』 출간 이후 배운 것을 나눈 만큼, 더욱 배우기 위해서 이 책을 썼다. 만일 당신이 기독교에 관해 알고 싶다면, 이 책이 예수가 누군지 그리고 그리스도인이 무엇을 믿는지에 대한 당신의 궁금증을 풀어 주길 바란다. 만일 당신이 죄와 씨름 중이고 하나님의 기대와 목적에 따라 유혹들을 이기고 싶다면, 모든 만남과 생각과 관계와 결정에 예수님의 명예가 걸려 있는 만큼 이 책을 통해 선한 싸움을 싸워야겠다는 결심을 하게 되길 바란다. 만일 당신이 그 싸움에 져서 이제는 성경과 하나님을 신뢰할 수 없다고 믿고 있다면, 이 책을 통해 우리가 감당할 수 없는 치욕스런 현실을 발견하고 아직도 — 다시 — 회개하고 하나님께 돌아가기에 늦지 않았다는 것을 알게 되길 바란다. 예수님이 당신 자신보다 당신을 더 잘 알고 계신다. 제발 내 손을 잡고 나와 함께 이 여정을 밟아 가자.

예수님이 당신 자신보다 당신을 더 잘 알고 계신다.

아직 『뜻밖의 회심』을 안 읽은 독자들을 위해 나에 관해 짧게나마 이야기하고 싶다.

나는 정상적으로 어린 시절을 보냈다. 가톨릭 가정에서 자랐고 주로 개방적인 가톨릭 학교들을 다녔다. 개방적인 가톨릭 여자 고등학교를 다닌 덕분에 오늘까지 사용하는 인생 기술을 배울 수 있었다. 거기서 나는 글을 깊이 읽는 법, 문장을 해석하기 전에 그것을 도식화하는 법, 사랑받지 못하는 이들을 찾아 끌어들이는 법을 배웠다. 아울러 성경은 문학적 장치의 렌즈로 이해할 수 있는 하나의 문학 텍스트라고 배웠다. 나는 예수 그리스도의 부활을 언어의 세계 안에서만 강력한 힘을 발휘하는 하나의 은유로 보았다. 나는 언어의 세계를 좋아했기에 은유적 힘을 지닌 은유적인 신으로 만족했다. 하나님은 적극적 사고방식의 힘이 표출된 또 하나의 표상에 불과했다. 적어도 나에게는 그랬다.

사춘기 시절에는 이성애적 성향을 지녔다. 내가 다닌 가톨릭 여자 고등학교는 엄격한 학문 훈련으로 대학에 갈 준비는 갖추게 했으나 대학에서 만날 섹스 상대를 물색하는 장소는 대비시켜 주지 못했다. 나는 그러한 장소와 애증관계를 맺었다.

한편으로는, 남자 대학생들이 보여 준 눈길에 신바람이 났다. 늘 눈에 안 띄는 평범한 소녀였던 나는 대학에서 마치 꽃이 피듯 피기 시작했고 사람들의 주목을 받았다. 그러나 다른 한편으로는, 이러한 것들이 나를 안으로 곪게 만들었다. 나는 남자들의 환심을 사면서 여성과의 관계를 공상하게 되었다.

대학에서 첫 남자친구를 만났다. 꽤 자극적인 경험이었다. 그런데 졸업한 뒤에야 나는 겉으로 드러나지 않은 깊은 갈망이 여성들과의 강렬한 우정 속으로 밀려들어왔다는 것을 깨달았다. 이 갈망은 강한 호기심으로 나를 사로잡았고 나는 그 길을 무작정 좇아갔다.

나는 성을 억제할 수도 이해할 수도 없었다. 성이 나를 완전히 압도했다. 그 이십대 시절처럼 스스로를 통제할 수 없음을 느끼고 은유적으로 그렇게 도취된 적이 없었다. 대학과 대학원 시절의 과도한 성관계와 성욕은 서로 뒤엉켜 혼란과 희열과 무질서를 몰고 왔다.

22세부터 28세에 이르기까지 나는 남자들과 데이트를 즐기는 동시에 여자 친구들을 갈망하고 이들과 관계를 맺고 싶은 욕망을 품고 있었다. 특히 레즈비언과 페미니스트 공동체에 속한 친구들에게 그런 갈망을 느꼈다.

나는 결코 남성을 미워하지 않았다. 그저 그들이 내 레이더에 의미심장하거나 중요한 존재로 잡히지 않았을 뿐이다. 나는 결혼이나 자녀를 꿈꾼 적이 없었고, 스스로를 정상이라고 생각했다. 남자들은 나를 좋아했고 나는 성적 접근을 묵인했다. 그리고 마음속으로는 여성과 함께하는 것에 대한 호기심을 품었다.

이런 반복되는 레즈비언 감수성은 내 안에 뿌리를 내리고 자라났고, 나는 여성들과 어울리는 것을 더 좋아하게 되었다. 이십 대 후반이 되자 페미니스트 철학과 LGBT를 지지하는 정치적 입장에 힘입어 동성과의 교제를 선호하는 성향이 동성애로 탈바꿈했다. 이 변형은 부지불식간에 일어났지만 놀랍지는 않았다. 나의 레즈비언 정체성과 LGBT 공동체에 대한 사랑은 레즈비언 성생활과 함께 발달했다. 삶은 마침내 하나로 통합되어 상당한 의미를 지니게 되었다.

나는 지그문트 프로이트를 공부했고, '정신 장애 진단 및 통계 편람'이 오래전에 동성애를 장애 목록에서 제거한 것을 기뻐했다(따라서 동성애를 세상과 학계의 눈에 정상인 것으로 만들었다). 오하이오 주립대학교에서 영문학과 비평이론 분야의 박사학위를 받고 졸업했을 때, 나는 그 어떤 장애나 구속 없이 나의 첫 레즈비언 애인과 함께 오하이오 주를 떠났다. 시러큐스 대학교 영문과에서 종신 교수직을 얻는 과정을 시작하기 위해 뉴욕 주로 향한 것이다. 1992년의 일이다.

레즈비언 생활은 정상으로 보였다. 나는 그 삶을 진보되고 선택된 길로 생각했다. 레즈비언주의가 더 깨끗하고 더 도덕적인 성행위인 것처럼 느껴졌다.[1] 항상 비대칭보다 대칭을 선호하는 나로선, 내 진정한 자아를 찾았다고 믿었다. 내가 속한 레즈비언 공동체에 몸담은 다수의 여성이 이성애자였던 과거를 갖고 있었는데, 우리는 그것이 레즈비언 시인이자 영문학 교수였던 고(故) 애드리엔 리치의 말에 따라 이성애가 강제적이고 의무적인 것이었기 때문이라고 믿었다. 내가 처음으로 여성과 사랑에 빠졌을 때, 나는 내 진정한 자아를 발견했다고 생각했다. 나는 완전히 거기에 빠졌고, 뒤를 돌아보고 싶은 마음이라곤 조금도 없었다.

내가 받은 가톨릭 교육은 어떻게 되었는가? 하나님에 대한 신앙은 미신에 불과하며 지적으로 지지할 수 없는 것이라고 믿게 되었다. 소녀 시절 기도할 때면 내 혀에서 굴러 나왔던 예수란 이름이 대학 시절에는 내 등 뒤로 굴러 떨어졌고, 이제는 그 이름을 들으면 분노하며 뒷걸음질 치기에 이르렀다.

영문학 겸 여성학 교수로서 도덕과 정의와 연민에 관심이 있었다. 19세기를 전공한 학자로서 프로이트와 헤겔, 마르크스와 다윈의 세계관들에 매료된 나머지 소외된 자들 편에 서려고 애썼다. 당시 나는 행복하고 뜻깊고 충만한 삶을 살았다.

두 번째 레즈비언 애인과는 중요한 관심사를 다수 공유했다. 몇 가지 예를 들자면, 에이즈 행동주의, 어린이의 건강과 읽고 쓰는 능력, 골든리트리버 구출운동, 우리가 다니던 유니테리언 교회 등이었다. 그녀와 나는 좋은 시민이자 약자를 잘 돌보는 자들임에 틀림없었다. LGBT 공동체는 손님 대접을 중요시해서 기술적으로, 희생적으로, 그리고 성실하게 남을 대접한다. 내가 오늘 목사의 아내로서 사용하는 손님 대접의 은사는 그 공동체에서 갈고닦은 것이다.

나는 종교적 우파 및 나 같은 부류에 대한 그들의 증오 정치에 대해 연구하기 시작했다. 이 연구를 위해 성경을 읽기 시작했고, 이 복잡한 책을 읽어나가는 데 도움을 줄 만한 성경학자를 찾았다. 나는 성경이 온갖 장르와 비유와 유형이 즐비한 문학 전시장 같다는 사실에 주목했다. 거기에는 신랄한 시, 깊고 복잡한 철학, 그리고 흥미진진한 이야기들이 담겨 있었다. 또한 내가 미워했던 세계관도 구현되어 있었다. 죄, 회개, 소돔과 고모라, 터무니없는 것들이 그 안에 있었다.

1997년 이때, PK(Promise Keepers: 미국에서 시작된 남성 회복운동 단체-옮긴이)가 그 도시에 와서 대학교 내에서 집회를 열었다. 나는 그 어리석은 운동에 전쟁을 선포하고 지역 신문에 한 기사를 실었다.

수많은 그리스도인들이 그 글을 미워했고, 다수가 내게 지옥에 떨어질 것이라는 저주의 편지를 보냈다. 그런데 켄 스미스(Ken Smith)의 편지만은 달랐다. 나는 내 이웃이기도 한 그의 어투가 마음에 들었다. 나는 이 편지에 응답했고 우리는 친구가 되었다. 우정에 의한 복음전도가 아니라 진정한 친구가 된 것이다. 나는 켄에게 하나의 연구 대상이나 과제가 아니었다. 나는 그의 이웃이었고, 그는 내게 그리스도인들이 이웃을 소중히 여긴다는 것을 가르쳐 주었다.

그 편지를 계기로 켄이 교회를 내게 데려오는 2년에 걸친 과정이 시작되었다. 나는 게이 행진 때 플래카드에 적힌 성경 구절을 본 적이 있다. 나를 조롱하던 그리스도인들이 나를 비롯해 내가 사랑하는 모든 이들이 지옥에 가는 것을 기뻐했던 모습이 여전히 너무나 선명했다. 그러나 켄의 편지는 나를 조롱하지 않았고 오히려 내 마음을 사로잡았다. 그래서 그가 이 문제들을 좀 더 토론하자며 나를 그의 집 저녁 식사에 초대했을 때 내가 수락했던 것이다. 당시 내 동기는 분명했다. 내 연구에 도움이 될 것이란 생각뿐이었다.

그런데 다른 일이 벌어졌다. 켄과 그의 아내(플로이)와 내가 친구가 된 것이다. 그들은 내 세계로 들어와 내 친구들을 만났고, 우리는 책을 교환했으며, 성과 정치에 관해 솔직하게 얘기했다. 그들은 그런 대화가 그들을 오염시키는 것처럼 행동하지도, 나를 모든 것에 무지한 백지 상태인 것처럼 대하지도 않았다.

함께 음식을 먹을 때, 켄은 내가 그때까지 들어본 적 없는 방식으로 기도했다. 무척 친밀한 기도였다. 그는 내 앞에서 자신의 약점을 내놓으며 죄를 회개했고, 모든 것에 대해 하나님께 감사했다. 켄의 하나님은 거룩하고 확고하되 자비가 넘치는 분이었다. 켄 부부의 집에서 처음 식사를 했을 때, 그들은 그리스도인이 나 같은 이방인을 다룰 때

마땅히 밟아야 했을 두 가지 중요한 단계를 빼먹었다. 하나는 나와 함께 복음을 나누지 않은 것이고, 다른 하나는 나를 교회로 초대하지 않은 것이었다. 그들이 기독교 규칙서(書)에 엄연히 들어 있는 단계들을 생략하는 바람에, 켄이 우정의 손을 내밀었을 때 나는 그 손을 잡아도 안전하다고 느꼈다.

나는 켄과 플로이를 정기적으로 만나기 시작했고, 펜을 들고 무릎에 노트를 놓은 채로 성경을 진지하게 읽기 시작했다. 마치 탐식가가 음식을 해치우듯이 성경을 읽어 내려갔다. 그러다가 내 또래인 남자 교인과 가까운 친구가 되었는데, 당시에 나는 성적인 죄의 복잡한 내력을 안고 있었으나 신앙고백을 하여 신인(神人)인 예수님의 추종자가 된 상태였다. 그는 내가 성경을 읽고 던지는 질문에 많은 도움을 주었다. 나는 훈련받은 대로 텍스트의 권위, 저자, **정경성**, 내적 해석학 등을 검토하면서 성경을 읽기 시작했다. 일 년 후 우리는 약혼했다(긴 이야기인 만큼 자세히 알고 싶으면 『뜻밖의 회심』을 읽기 바란다). 그러나 나는 버림을 받았고, 그때야 비로소 내가 오직 그리스도께만 속해 있다는 사실을 깨달았다. 나는 그때 배운 교훈과 그가 가르쳐 준 성경 읽는 법—성경을 큰 덩어리로 나눠 읽는 법, 일 년에 창세기에서 계시록까지 여러 번 읽는 법 등—으로 인해 언제나 감사할 것이다.

첫해에 나는 그런 식으로 성경을 읽으면서, 성경의 젠더 정치, 노예제에 대한 진술과 논쟁을 벌였다. 그래도 성경을 읽는 것은 멈추지 않았다. 시간이 흐르면서 천천히 성경은 생명을 덧입고 의미를 갖기 시작하며 나를 놀라게 했다. 닳고 닳은 내 패러다임 중 일부가 더 이상 달라붙지 않았다. 성경을 공부하면서 나는 내가 처음에 던진 비난에 대한 답변을 찾았다. 나는 성경의 정경성, 해석학, 상반되는 신학적 접근들을 파고들었다. 박사과정에서의 훈련 덕분에 나는 하나의 책이 말하고자 하는 것을 알 수 있었고, 그 텍스트의 내력과 정경성을 평가하고, 그 권위에 대해 물어볼 수 있었다. 하나님은 내 생애 가장 중요한 책을 공부하는 데 이 촌스런 기술을 사용하신 셈이다.

성경은 미처 발굴되지 않은 텍스트였고, 이 책은 나를 격려하는 동시에 화나게 했다.

적어도 내가 숙고하지 않을 수 없었던 것은, 이 책은 거룩한 하나님의 영감을 받아 쓰인 것으로 본래 참되고 믿을 만하기 때문에 다른 모든 책과는 다르다는 해석학적 주장이었다. 이로 말미암아 나는 그 의미의 정확성을 점검하기 위해 전제적인 진리 주장들을 훑어봐야 했다. 그 논리는 하나님의 속성, 특히 그의 선함과 거룩함과 권위와 함께 시작된다.

1) **하나님의 선하심.** 만일 하나님이 선하다면, 그의 선함은 시간의 제약을 받지 않고 어떤 민족이든 학대받는 것을 경계한다. 이 책은 성령의 영감을 받았다고 주장한 사람들이 쓴 것이다. 나는 죄를 진술한 뒤에는 회개와 용서를 제공한다는 것을 알아챘다. 우리가 하나님을 어떻게 대하는지에 따라 그분은 우리를 다르게 대하신다.

2) **하나님의 거룩함과 권위.** 만일 하나님이 만물의 창조자라면, 그리고 성경이 그분이 보증한 진리와 능력을 갖고 있다면, 성경은 나의 삶과 문화를 심문할 권리를 갖고 있다. 거꾸로는 성립되지 않는다.

이 책이 만일 성령의 영감을 받은 사람들이 쓴 것이라면, 거기에 나온 죄에 관한 훈계들은 응용된 문화적 혐오증이 아니다. 나는 성경을 직접 읽기 전만 해도 죄의 범주는 그저 응용된 문화적 혐오증에 불과하다고 믿었다. 그러나 포스트모던 독자의 입장에서도 권위란 것은 그보다 높은 무엇에 의존하지 않을 수 없다는 생각을 이해했다. 만일 하나님이 존재한다면, '하나님보다 더 높은 존재가 있을까' 하는 궁금증이 생겼다.

내 친구들은 내가 성경을 읽고 있는 것을 알았다. 먼저, 채플 학장이 나와 점심을 먹으면서 구약성경은 없어도 되는 책이기에 성과 부도덕에 대한 모든 금지규정도 필요 없다는 그의 믿음을 피력했다. 당시에 나는 구약성경의 세 가지 내러티브를 읽고 또 공부하는 중이었다. 그런데 정경성에 대한 근본적인 규칙—정경 속에서 정경을 만들지 말 것—을 위반하지 않고는 구약성경을 통째로 버릴 수 없다는 것이 자명해 보였다. 실은 내가 지도하던 대학원의 퀴어 이론 세미나에서 그것을 막 다룬 뒤라서 그 채플 학장이 내 강의에 참석해야 하지 않을까 하고 생각하던 참이었다. 그의 입장은 편의 위주의 해석학처럼 보였다. 그것은 텍스트를 내 경험에 끼어 맞추는 것이지 텍스트가 그 내적 사명을 실현하도록 기회를 주는 온전한 해석학이 아니었다는 말이다.

독자의 반응을 중시하는 포스트모던 비평가라도 각 텍스트가 내적 사명을 갖고 있음을 알고 있다. 성경의 내적 사명은 인류의 본성을 변화시키는 것이다. 이것이 불신자들이 성경을 위험한 텍스트로 이해하는 이유다. 나보다 성경을 더 잘 연구했던 학장이 그 정도밖에 모르고 있다는 사실이 나를 당혹스럽게 했고, 이를 계기로 모든 영문과 교수들이 세상에 대해 의심하는 바가 무엇인지 확인하게 되었다. 바로 이제는 책을 읽는 법을 정말로 알고 있는 사람이 하나도 없다는 것이었다.

어느 날, 애인과 내가 주최한 저녁식사 모임에서 트랜스젠더 친구인 J가 나를 거들기 위해 부엌으로 들어오더니, 그녀의 큰 손을 내 손 위에 올려놓고는 이렇게 말했다. "로자리아, 네가 성경을 읽기 시작하더니 변하고 있어."

나는 들켜버린 것만 같았다. 그녀가 옳았다. 항상 그랬다. "그런데 만일 성경이 옳다면? 만일 예수가 정말로 부활한 주님이라면? 우리 모두가 곤경에 빠져 있다면 어떻게 하지?" 하고 내가 물었다.

J는 심호흡을 하더니 내 건너편 의자에 앉아 지혜로운 눈빛으로 나를 바라보며 말했다. "로자리아, 나는 15년 동안 장로교 목사였던 사람이야. 하나님께 나를 고쳐 달라고 기도했지만 고쳐 주시지 않았어. 네가 원한다면 너를 위해 기도할게."

이 대화를 계기로 나는 계속 성경을 읽어도 좋다는 허락을 암묵적으로 받은 셈이었다. 나의 절친 J도 이미 성경을 처음부터 끝까지 여러 번 읽었고 인생의 목적을 깨닫고 도움을 얻기 위해 그 깊숙한 곳을 두루 살폈던 것이다. 그녀가 떨어뜨린 폭탄은 나를 화나게도 했다. 일부는 치유하고 나머지는 치유하지 않는 이 예수는 도대체 누구인가? 평화와 사회정의 운동을 벌이는 행동주의자는 기회 불균등의

일부는 치유하고 나머지는 치유하지 않는 이 예수는 도대체 누구인가?

하나님을 원하지 않는다.

이튿날 퇴근해서 집에 와 보니 신학서적이 가득 든 큰 우유 상자 두 개가 있었다. J의 책들로 그녀가 내게 준 것들이었다. 칼빈의 『기독교 강요』 여백에는 로마서의 한 단락에 대해 J가 써 놓은 경고문이 있었다. "이 대목에 주의할 것. 로마서 1장을 잊지 말라."

로마서 1장에는 이런 대목이 나온다.

> 21 하나님을 알되 하나님을 영화롭게도 아니하며 감사하지도 아니하고 오히려 그 생각이 허망하여지며 미련한 마음이 어두워졌나니
>
> 22 스스로 지혜 있다 하나 어리석게 되어
>
> 23 썩어지지 아니하는 하나님의 영광을 썩어질 사람과 새와 짐승과 기어다니는 동물 모양의 우상으로 바꾸었느니라.
>
> 24 그러므로 하나님께서 그들을 마음의 정욕대로 더러움에 내버려 두사 그들의 몸을 서로 욕되게 하게 하셨으니
>
> 25 이는 그들이 하나님의 진리를 거짓 것으로 바꾸어 피조물을 조물주보다 더 경배하고 섬김이라. 주는 곧 영원히 찬송할 이시로다. 아멘
>
> 26 이 때문에 하나님께서 그들을 부끄러운 욕심에 내버려 두셨으니 곧 그들의 여자들도 순리대로 쓸 것을 바꾸어 역리로 쓰며…

여기에 나오는 동사절들이 특히 인상적이었다. 하나님을 영화롭게 아니했고, 감사하지 않았고, 생각이 허망해졌고, 어리석게 되었고, 썩지 않을 것을 썩을 것으로 바꾸었다는 것. 하나님은 우리를 우리의 정욕대로 행하도록 내버려 두신다. 그래서 우리가 우리의 정욕을 통해 세상을 볼 때는 우리의 몸을 욕되게 하고 세상을 숭배하게 된다. 이 구절은 창세기 3장을 상기시키는데, 하나님의 권위와 상관없이 살려고 하는 하와의 욕구가 내게 충분히 이해되었다. 내가 하와였더라도 똑같은 짓을 했을 것이다. 악의 없는 죄처럼 보이는 하와의 죄와 아담의 죄가 지렛대 역할을 해서 온 세상이 난폭해지고 처절하게 고꾸라졌다.

이 두 장, 곧 창세기의 한 장과 로마서의 한 장이 내 인생의 받침대로 자리 잡았다. 하지만 그것은 내 인생에만 국한되지 않는다. 싫은 소리임에는 분명하다. 성경은 스스로 소유주가 만든 인류의 매뉴얼이라고 선언한다. 나는 이 대목들을 싫어했지만 나의 일면은 창세기 3장과 로마서 1장이 세상을 아프게 하는 것들의 목차임을 알아보기 시작했다. 사실 로마서 1장은 동성애를 죄의 극단적 본보기로, 즉 우리를 창조하신 하나님을 영화롭게 하지 않는 죄의 최악의 예로 부각시키는 것으로 끝나지 않는다. 이 대목의 최고조는 여기에 있다.

> 29 곧 모든 불의, 추악, 탐욕, 악의가 가득한 자요 시기, 살인, 분쟁, 사기, 악독이 가득한 자요 수군수군하는 자요
> 30 비방하는 자요 하나님께서 미워하시는 자요 능욕하는 자요 교만한 자요 자랑하는 자요 악을 도모하는 자요 부모를

거역하는 자요

31 우매한 자요 배약하는 자요 무정한 자요 무자비한 자라

32 그들이 이 같은 일을 행하는 자는 사형에 해당한다고 하나님께서 정하심을 알고도 자기들만 행할 뿐 아니라 또한 그런 일을 행하는 자들을 옳다 하느니라.

하나님에게나 세상에게 동성애가 문제의 종점은 아니다. 여기에 그것은 그 여정의 한 단계로 묘사되어 있다. 그래서 동성애는 원인이 아닌 결과로 보였던 것이다. 하나님의 관점에서 보면, 동성애는 원죄의 윤리적 결과에 뿌리박은 하나의 정체성이라 할 수 있다. 내가 태어나기 오래전 동산에서 죄가 세상에 들어왔을 때, 아담의 타락이 나의 깊은 원초적 감정을 믿을 수 없고 거짓된 것으로 만들어 버렸다. 성경에 따르면, 동성애—그리고 내가 범했던 이성애적 죄—는 모든 죄의 뿌리가 아니고 심지어는 내 죄의 뿌리도 아니었다. 로마서가 이미 이 점을 확실히 말했다. 성적인 죄는 그 자체의 욕망보다 더 큰 어떤 것의 열매라고 말이다.

나는 과거에 이와 전혀 다른 동성애 개념을 가르쳤고, 읽었고, 그에 따라 살았었다. 내 인생 처음으로 혹시 내가 틀릴지도 모른다는 생각이 들었다. 그래서 나는 즉시 멈췄다.

성경이 나와 싸울 태세를 취했을 때는 성경을 미워하기가 더 쉬웠다. 성경이 제멋대로 나를 지목하여 나 자신과 나와 비슷한 사람들을 압박하거나 소외시킬 때에는 그것을 제쳐놓는 것이 쉬웠다. 그러나 이

제는 내 심기를 불편하게 만드는 바람에 더욱 위협적인 적이 되었다.

"예수를 아는 것"은 누군가의 상상 속의 예수가 아니라 성경의 예수를 영접하는 것을 요구한다.

나는 성경을 던져 버리고 그 가르침을 쓰레기통에 내던지려고 애썼다. 정말로 그랬다. 그런데 켄은 나에게 성경을 계속 읽으라고 격려했고, 나는 그를 신뢰했기에 그의 말을 따랐다.

나는 성경을 읽고 또 읽으면서 날마다 날개가 꺾이곤 했다. 성경이 영감을 받은 무오한 책이란 개념에 반기를 들고 있었다. 말하자면, 성경의 의미와 목적이 거룩하고 초자연적인 권위를 갖고 있으며, 이것이 정경의 형태를 갖춘 후 오랜 세월에 걸쳐 성경을 보호해 왔다는 주장과 싸웠던 것이다. 어떻게 나처럼 똑똑한 사람이, 진리조차 믿지 않는 포스트모더니스트인 내가 이런 것을 받아들일 수 있을까? 나는 진리라고 주장하는 가설들은 믿었다. 그리고 독자가 텍스트를 구성한다고 믿었다. 즉, 텍스트의 뜻은 오직 독자의 해석을 통해 그 힘을 찾는다고 믿었던 것이다. 내가 학생들에게 거듭해서 말했듯이, 독자가 없으면 책은 한갓 종이와 풀에 불과하다. 그런데 어떻게 이 책만은 다른 모든 책과 달리 생득권을 갖고 있다고 주장할 수 있는가?

성경을 읽으면서 이런 것들을 켄에게 나누었을 때 켄은 이렇게 지적했다. 예수는 육신이 된 말씀(the Word)이고, "예수를 아는 것"은 누군가의 상상 속의 예수가 아니라 성경의 예수를 영접하는 것을 요구한다고 말이다. 성경 전체를, 심지어 내 삶을 사로잡은 대목들까지 받아들여야 한다는 것이었다.

나는 2년 동안 두 세계와 두 가지 삶에 양다리를 걸치고 있었다. 어떤 날에는 모든 위선자들 중 내가 최악이라고 느꼈다. 실제로 그랬기 때문이다. 또 어떤 날에는 나와 매우 다른 사람들을 정말로 사랑하고 그들과 함께하는 진정한 자유주의자처럼 느꼈다. 이것도 사실이었다. 나는 두 마음을 품은 자였는가? 그 득실을 계산하고 있었는가? 그렇다. 양쪽 모두에 대해 그랬다.

수년 뒤에 무슨 일인가 일어났다. 성경이 내 속에서 나보다 더 커진 것이다. 성경이 흘러넘쳐 내 세계 속으로 들어왔다. 나는 온 힘을 다해 성경에 대항해 싸웠다.

내가 켄과 플로이를 만나고, 또 연구차 성경을 읽기 시작한 지 2년 뒤인 어느 일요일 아침, 나는 레즈비언 애인과 함께 누웠던 침대를 떠났고, 한 시간 후에는 시러큐스 개혁 장로교회의 좌석에 앉아 있었다. 이 말을 하는 것은 충격을 주기 위해서가 아니라 주일마다 교회를 찾아오는 사람들이 얼마나 불안정한 길을 걸었는지 우리가 모른다는 사실을 일깨워 주기 위해서이다. 외모가 유별났던 나는 거기에 하나님을 만나러 왔지 사람들과 어울리려고 오지 않았다는 점을 명심했다.

내가 처음 들은 켄의 설교는 어린이용이었다. 내가 따라잡기 좋은 속도였기에 다행이라고 생각했다. 켄은 좁은 문과 넓은 문에 관해 얘기하며 주머니 속의 소품에 대해 한참 떠들었는데, 그 대목은 이해하지 못했다. 사실 그 설교를 제대로 이해하지 못했던 것이다. 내 마음은 나와 같은 부류에게 활짝 열려 있었던 작년의 게이 행진을 거닐고 있었다. 그것이 나는 무척 의아했다. '왜 내 마음은 계속 넓은 길로만

향하는 것이지?'

나는 설교를 더 듣고 싶어서 계속 교회로 갔다. 이즈음에는 이미 교인들과 친구관계를 맺은 상태였고, 나는 그들이 일주일 내내 설교에 관해 얘기하는 방식과 하나님의 말씀이 어떻게 그들 속에 거하는지, 그리고 그들이 일상생활에서 어떻게 설교를 참고하는지 등을 알게 되었다. 영문학 교수들은 크로스 텍스팅(cross-texting: 두 사람 간에 복수의 텍스트가 헷갈리게 정돈되는 것)을 좋아한다. 그래서 나도 머릿속으로 이런 생각을 해 보았다. 성경을 하나님의 존재론 속 당신의 위치와 크로스 텍스팅하면 어떻게 될까? 이것은 안전한가? 이것은 치명적인가?

켄은 온갖 인물과 문제들이 등장하는 마태복음을 처음부터 끝까지 설교하고 있었다. 의심하지 않는 민중이 "복음을 위해 구별되는" 장면, 세상이 씨앗의 숨을 막는 대목, 어떤 가난한 무명의 아이가 가져온 빵과 물고기로 수천 명을 먹이는 사건, 예수님이 성급한 베드로에게 "아직도 깨닫지 못하느냐?"(마 15;16)라고 날카로운 질문을 던지는 모습 등 여러 이야기가 등장했다.

어느 주일, 켄 목사가 베드로를 향한 예수님의 질문에서 멈추더니 푸른 눈을 교인들에게 돌리고 한숨을 쉰 뒤 이렇게 물었다. "교인 여러분, 그리스도께서 여러분에게 이 말씀을 하신 적이 있습니까?" 나는 깜짝 놀랐다. 내가 나에게 던지던 질문이었기 때문이다. 이 질문은 나를 위한 것이었다. **나는 아직도 깨닫지 못하는가?** 지금 여기서 말하는 이는 누구인가? 강단 뒤의 저 사람인가, 아니면 하나님의 백성을 만들고 구속한 그 신인(神人)인가?

설교의 해석학에는 나를 무장 해제시키는 어떤 것이 있었다. 사실 세월이 한참 흐른 뒤에도 여전히 그렇다. 나와 내가 사랑하는 모든 사람이 지옥에서 고통 받는 모습이 성난 파도처럼 나를 덮쳤다. 우리가 동성애자라서가 아니라 교만하기 때문에 지옥에서 고통을 당하는 모습이다. 우리는 자율적 존재가 되길 원했다. 처음에는 마음이 그랬고 나중에는 몸도 따라갔다. 나는 이것을 깨달았다. 마침내 그 메시지를 들은 것이다.

나는 대가를 헤아려 봤고, 그 계산은 마음에 들지 않았다.

이것은 나의 시금석이었고, 지금도 마찬가지이다. 만일 성경이 옳다면 나는 죽은 사람이었다. 만일 성경이 틀리다면 나는 지구상에서 가장 어리석은 사람이다.

그런데 하나님의 약속들이 또 한차례의 파도처럼 내 세계 속으로 밀려왔다. 어느 주일 켄이 요한복음 7장 17절에 관해 설교하던 중이었다. "사람이 하나님의 뜻을 행하려 하면 이 교훈이 하나님께로부터 왔는지 내가 스스로 말함인지 알리라." 이 구절이 내가 처한 위험한 상태를 밝혀 주었다. 나는 사고훈련을 받은 사람이었다. 돈을 받고 책을 읽고 그 책들에 관한 글을 쓰는 사람이었다. 내 삶의 모든 영역에서 이해가 순종보다 먼저 오는 것으로 기대했다. 순종이 이해보다 앞선다고 생각한 적은 없었다. 그래서 하나님께서 내 방식대로 동성애가 어째서 죄인지를 보여 주시길 원했다. 나는 심판관이 되고 싶었지 심판을 받는 자가 되길 원치 않았던 것이다.

어쩌면 나는 에덴동산의 하와처럼 선악과를 따 먹고 하나님이 되고 또 그분을 대체하고 싶었는지도 모른다. 나는 곰곰이 생각했다. 내가 이미 그렇게 한 것은 아닐까? 어쩌면 우리 모두가? 만일 성경이 주장하듯이 내 의식이 아담의 죄에 빠졌다면, 내가 스스로 이 곤경에서 벗어날 길을 생각할 수 없는 것은 놀랄 일이 아니다. 이것은 사고 게임과 위트 겨루기가 아니었다. 내 마음은 과연 순종하라는 하나님의 부르심에 반응할 수 있는가? 이번만이라도 내가 "하나님의 뜻을 행하려" 할 수 있는가? 굉장히 중대한 문제였다. 그리고 이것은 언제나 중대한 문제이다.

그런데 그 구절은 순종한 뒤에야 이해가 따라올 것이라고 약속했다. 나는 다음 질문을 붙들고 씨름했다. '나는 정말로 동성애를 하나님의 관점에서 이해하고 싶었는가? 아니면 그냥 하나님과 논쟁하길 원했는가?'

그날 밤 나는 하나님께 내가 이해하기 전에 기꺼이 순종할 마음을 달라고 기도했다. 내가 안고 있던 성문제로 시작하는 것은 도무지 불가능한 일이었다. 너무 두려웠기 때문이다. 그래서 예수님과 함께 시작했다. 하나님께서 내 속에 그의 아들을 기꺼이 드러내 주시기를 기도하며, 예수님의 그릇이 되고 싶다는 고백과 함께 나를 경건한 여성으로 만들어 달라고 기도했다. 이 비상식적인 기도를 드린 후 큰 소리로 웃었다. 그리고 내 죄를 근본적으로 회개할 믿음을 달라고 기도했다. 내 죄의 뿌리는 도대체 무엇인가?

전혀 죄로 느끼지 않는 문제, 남에게 피해를 주지 않는 정상적인 삶으로 생각하는 문제를 어떻게 회개할 수 있을까? 나는 어떻게 이 자

전혀 죄로 느끼지 않는 문제, 남에게 피해를 주지 않는 정상적인 삶으로 생각하는 문제를 어떻게 회개할 수 있을까?

리까지 왔는가? 성적 정체성의 죄의 뿌리는 무엇인가? 레즈비언이 된다는 것은 단지 내가 원하는 섹스의 유형을 묘사하는 것이 아니었다. 그것은 감정과 인식, 성품, 감수성 등 온갖 것을 다 포함했고, 내가 맺는 비(非)성적인 친구관계의 깊이와 여성들과 함께 세우기 원했던 통합 공동체의 모습도 반영했다. 또한 내가 어떤 교수인지와 내가 했던 강의, 읽은 책들, 지도했던 논문들도 반영했다. 나는 그 안에 흠뻑 젖어 있었다. 나는 정서적으로 혼란스러웠다. 성경에 따르면, 내가 공동체라 불렀던 것을 하나님은 우상숭배라고 부르셨기 때문이었다.

나는 어찌할 바를 몰라 주님께 이런저런 것을 가르쳐 달라고 요청하던 켄의 기도 방식대로 주님께 내 삶을 그분의 관점으로 보게 해 달라고 기도했다. 그 순간 나는 무언가를 알아챘다. 집안을 돌아보니 자만을 표명하는 PRIDE 포스터들, 티셔츠, 커피잔들이 상당수 시선에 들어왔다. 우리 집 현관에서 바람에 나부끼는 깃발도 PRIDE 깃발이었다. 자만이 가장 친한 친구가 되어 있었던 것이다. LGBT 세계에서는 **자만**을 건강한 자존감으로 정의했다. 그러나 무언가 조금씩 거기에 금을 내기 시작했고, 나는 감히 이런 질문을 던졌다. 내가 호랑이를 길들이고 있진 않은가? 만약 게이 프라이드가 없다면 나는 과연 어디에 있을까? 우리 중 누구든 과연 어디에 있는 것일까? LGBT 공동체에서 자만의 반대는 자기혐오이다. 그러나 성경에서는 자만의 반대가 믿음이다. 그렇다면 자만이 나를 믿음으로 나아가지 못하게 막는 걸림돌이었는가, 아니면 나로 하여금 자기혐오를 품지 못하게 하는 것이었는가? 바로 그때 어떤 의문이 슬그머니 마음속으로 들어왔다. 혹시 정욕이 사랑을 왜곡하듯이 자만이 자존감을 왜곡하는 것은 아닐까? 나는 LGBT 공동체를 여러 차례 배신했는데, 이것이 첫 번째였다. 나는 누구의 사전을 신뢰했던가? 창설을 도왔던 LGBT 공동체의 사전인가, 아니면 나를 창조하신 하나님을 반영하는 사전인가? 그 의문을 말로 표현하자마자 나는 자만의 죄를 깨닫게 되었다. 자만이야말로 내 몰락의 원인이었다. 나는 하나님께 내가 자만을 근본적으로 회개할 수 있도록 자비를 베풀어 달라고 기도했다.

이튿날 거울 속 나는 그 전과 달라진 것 없는, 똑같은 모습이었다. 그러나 성경의 거울을 들여다보았을 때 내게는 이런 의문이 생겼다. 나는 누구인가? 나는 무신론자인가? 레즈비언인가? 나는 어떤 범주를 갖고 있어야 하는가? 내가 스스로 꾸며낸 이 인생은 단지 잘못된 정체성의 사례에 불과한가? 당시 내가 품고 있던 가장 강한 자아의식은 레즈비언 정체성이었는데, 그마저도 온갖 것들을 이어 붙여 만든 것이었다. 만일 예수님이 세상을 갈기갈기 찢고, 영혼과 영을 나눠 놓고, 마음의 생각과 의향을 판단할 수 있다면, 그분이 나의 참된 정체성이 승리하도록 만들 수 있을까? 나는 과연 누구인가? 하나님은 나를 어떤 사람이 되게 하실까?

나는 몸과 마음으로는 여전히 레즈비언으로 느껴졌다. 그것이 내가 느끼는 실제적인 정체성이었다. 그런데 나의 **참된** 정체성은 무엇인가? 성경은 실제적인 것과 참된 것이 영원의 이편에서는 어려운 관계를 맺고 있음을 분명히 밝힌다. 성경에 나오는 많은 사람들의 참된 정체성과 소명은 하나님, 광야, 꿈, 희망, 계획과의 오랜 씨름으로부터만 나온다. 성경은 나의 장래와 나의 소명이 언제나 하나님의 속성을 반영한다고 분명히 밝힌다. 모든 선택이 하나같이 어떤 희생을 함축하듯이, 순종은 무언가를 요구하고 언제나 고난을 반영한다. 어느 것이 더 큰가? 나의 레즈비언 정체성과 이를 부추기는 페미니스트 및 포스트모던 세계관인가? 아니면 나를 다스리시는 하나님의 권위와 세계를 다스리시는 하나님의 거룩한 주권인가?

이 예수는 누구인가? 나는 그분을 알았는가? 나는 여전히 깨달음이 부족한가? 나는 그분을 신뢰할 수 있는가?

이후 어느 평범한 날, 나는 예수님께 다가갔다. 예배 후 회심할 사람을 불러내는 자리에서의 공개적인 선언이 아니었기에 대대적인 축하나 사전 조작은 없었다. 우리는 시편 119편 56절을 찬송으로 부르던 중이었다. "이것이 내 것이니 내가 주의 법도를 영원히 지키기 때문입니다." 이 찬송을 부른 후 나는 혹시 인쇄상 실수가 있지 않은지 확인하려고 성경을 뒤져 보았다. 내 성경(NASB)은 조동사를 사용해서 이렇게 번역했다. "이것이 내 것이 되었으니." 그 조동사의 무언가가 내 속에 어떤 변화를 불러일으켰다. 마음속에서 그동안 두 개의 짐을 지탱하던 벽들이 무너져 내렸다. 첫 번째 벽은 내가 방금 나 자신에게 정죄의 노래를 불렀기 때문에 와르르 무너졌다. 이 성경은 내 것이 아니었다. 나는 성경을 조롱하고 저주하고 멸시했었다. 하지만 나는 그동안 이 책을 계속 읽어 왔고, 여기에 사용된 조동사("has become"에 나오는 has)가 나를 괴롭혔다. 2년에 걸친 고된 성경 읽기를, 그 힘든 과정, 여정, 순례, 그리고 위험을 조동사 "has"가 대변했다. 그러나 나는 아직 "그리스도 안에" 있지 않았다. 그러므로 이 하나님의 법도를 말이나 심경의 변화나 행동으로 지킬 수 없었다.

두 번째 벽은 다음과 같이 허물어졌다. 나는 이미 성경을 여러 번 통독한 상태라서 거룩한 저자(a holy Author)가 있다는 것을 알고 있었다. 말하자면, 성경이 통합된 성경적 계시를 지닌, 정경으로 인정된 66권의 모음집임을 본 것이다. 다 함께 찬송하는 중에 내 입에서 "이것이 내 것이니"란 말이 흘러나왔을 때, 나는 하나님께서 그의 백성을 위해 지정하신 이 소통의 글귀가 성경과 씨름하도록 요구했다는 것과 내가 진심으로 내 삶 속에서 말씀하시는 하나님의 음성을 듣고 싶고 또 하나님이 내 호소를 듣기를 바란다는 단순한 진실을 증언하고 있었던 것이다.

안개가 사라져 버렸다. 성경 전체가, 그 세세한 부분까지, 거룩한 하나님께로 가는 열린 고속도로였다. 내 손은 스스로 만들어 낸 핸들을 놓아 버렸다. 나는 빈손을 들고 벌거벗은 채로 예수님께 나아갔다. 나를 받쳐 줄 존엄성은 하나도 없었다. 평화와 사회정의를 옹호하는 사람으로서 나는 내가 친절과 정직과 배려의 편에 서 있다고 생각했다. 따라서 내가 시종일관 핍박하고 있던 대상이 예수님이란 사실을 발견하는 것은 치명적이었다. 그저 예수라고 불렸던 어떤 역사적 인물이 아니라 나의 예수님, 나의 선지자, 나의 제사장, 나의 왕, 나의 구원자, 나의 구속자, 나의 친구인 그 예수였다는 사실이 말이다.

이 두 개의 세계관이 싸우고 있는 동안 켄과 플로이가 거기에 있었다. 나를 가장 잘 옹호했던 R이란 교회 친구도, 한동안 나를 위해 기도해 왔던 교회도 거기에 있었다. 결국 예수님이 승리하셨다. 그리고 나는 엉망진창이 되었다. 애완견을 제외한 모든 것을 잃어버렸다.

당신이 살아계신 하나님을 만날 때 할 일은 단 한 가지뿐이다. 바닥에 엎드려서 당신의 죄를 회개하는 것이다. 회개는 달콤 쌉싸름한, 괴로우면서도 즐거운 일이다. 회개는 회심의 연습에 불과한 것이 아니라 그리스도인의 자세이다. 마치 무용수의 몸이 자연스럽게 동작을 기억하고, 기수가 자신의 체중을 말의 움직임에 합하듯이, 그리스도인은 자기 의지를 녹여 하나님의 뜻에 맞추는 법을 배운다. 회개는 하나님께 이르는 문지방이다. 얼음이 열을 만나면 고체 형태의 얼음은 완전히 녹아 버리지 않는가. 회개는 육신의 뜻을 녹여 버린다. 회개는 우리가 매일 맺는 열매이자 매시간 씻는 행위이고, 매분 울리는 경종이며, 하나님의 창조와 예수님의 피와 성령의 위로를 상기시키는 일이다. 회개는 하나님이 항상 옳았다는 너무도 자명한 사실을 증명하기 때문에 그리스도인의 양심을 일깨우는 유일한 해결책이다. 성적인 죄인은 회개를 죽음과 같이 느낀다. 실제로 죽음이기 때문이다. 당신의 옛 감정은 남을지언정 과거의 "당신"은 더 이상 존재하지 않는다.

회개는 하나님이 항상 옳았다는 너무도 자명한 사실을 증명하기 때문에 그리스도인의 양심을 일깨우는 유일한 해결책이다.

죄의식은 단지 당신이 느끼는 감정 속에 있는 것이 아니라 예수가 누구인지, 그분이 무슨 일을 하셨는지 안에서 더 강력하게 존재한다. 그리스도께서 당신을(그리고 나를) 위해 하나님의 공의를 어떻게 만족시키셨는지를 알게 되면, 당신의 관점과 그리스도의 속죄는 슬로 모션 자동차 사고처럼 충돌한다. 당신은 이따금 피 냄새를 맡고 터져 나오는 고통의 부르짖음을 듣게 된다. 그리고 갑자기 당신 때문에 예수께서 생명과 존엄과 존경과 평안 등 모든 것을 희생하셨다는, 예전에는 결코 보지 못했을 것을 보게 된다. 그분은 이런 희생을 당할 이유가 조금도 없었다. 하지만 그분은 이 운명을 받아들이는 것 이상의 일을 하셨다. 나를 사랑해서 그 운명을 수용하셨고, 이런 하나님-사랑만이 보여 줄 수 있는 신비로운 영광도 포용하셨다. 당신이 구속의 영역 속으로 들어가면 당신은 더 이상 구경꾼이 아니다. 그 피는 이제 당신의 손에 있다. 당신이 죄를 회개할 때에 예수님을 보게 되기 때문이다. "그는 피로 물든 옷을 입으셨고, 그의 이름은 '하나님의 말씀'이라고 하였습니다"(계 19:13, 새번역).

내가 의자에 앉아 이 글을 쓰고 있는 동안 아이들은 CD로 '마법사의 조카'(C. S. 루이스)를 듣고 있다. 때로는 내가 여기에 쓰고 있는 이 삶이 백만 마일이나 떨어진 듯이 보이고, 때로는 내가 다른 누군가에 관해 쓰고 있는 것처럼 느껴진다. 그래도 나는 여전히 그 피를 본다. 죄를 회개할 때마다 다시금 도무지 뗄 수 없는 피와 사랑을 목격한다. 회개는 여전히 문지방이다. 이런저런 우상 안에서 정체성을 상실하는 일은 여전히 죄의 결과다. 그런데 그리스도 안의 새로운 피조물이 가끔 가벼운 기억상실 증상을 보인다. 내가 당신에게 예수님에 관해 더 많이 이야기하게 만드는 것이 이 기억상실에 대한 두려움이다. 나는 지금 10년도 넘은 일에 관해 쓰고 있다. 하나님께서 나로 하여금 기나긴 여정을 걷게 하셨다. 대부분의 순례길이 그러하듯 나의 여정도 해답보다 더 많은 의문을 불러일으킨다.

의문들은 회개한 뒤에도, 수년이 흐른 뒤에도 나를 못살게 군다. 언젠가 나는 평범한 오십 대 그리스도인 여성으로 대우받고 싶다. 그런데 이런 의문들이 나를 괴롭힌다. 동성애는 어떤가? 나는 동성애가 왜 죄인지에 대해 성령으로부터 특별한 통찰을 얻은 적이 있는가? 나는 회심 직후에 로마서 1장이 묘사하는 동성애 섹스에 대해 "부자연스러움"을 느꼈는가? 지금까지 그렇게 느낀 적이 있는가? 또는 최근에 한 친구가 물었듯이 "로자리아, 네가 동성애 섹스에 대해 '왝'하고 구역질을 느낀 적이 언제였지?"(친구로서 경고하건대, 네가 이런 질문을 던지면 너는 책에 등장할 수밖에 없어.) 글쎄, 그런 일은 일어나지 않았다. 내가 동성애의 죄성을 점점 더 인식하게 된 것은 성경의 권위 있는 가르침, 그리스도와의 연합을 더욱 즐거워하는 것, 마음의 성화를 천천히 경험하는 것과 함께 이뤄졌다. 어느 시점에 이르러서는 인생의 핸들을 하나님께 넘겨야 한다는 것을 알았다. 알츠하이머 환자가 제정신이 잠깐 돌아오는 순간 자기 권리를 유능한 간호인에게 양도하듯이, 신자는 해석의 권리를 성경의 하나님께 양도하게 된다. 레즈비언 성관계를 부자연스럽게 느낀 것은 아니었다. 부자연스럽다는 것을 믿기 위해 굳이 그렇게 느낄 필요는 없다고 생각했다. 이 생각을 계기로 성경이 완전히 새로운 방향으로 활짝 열렸다. 나의 느낌도 타락과 함께 타락했으니 말이다. 이는 부끄러운 것이 아니다.

나는 또한 회개가 하나님께 영광을 돌리는 것처럼, 어떤 죄와의 싸움도 하나님의 영광을 위해 치를 수 있다는 것을 배우기 시작했다. 하나님께서 자신을 내게 나타내셨을 때, 그분은 나에게 하나님이 감싸시는 여성으로서 세상에서의 내 위치를 성경적으로 이해하고픈 강렬한 (모순적인) 욕구를 남겨 두셨다. 내가 기억하는 한 언제나 나는 이성애 관계와 동성애 관계 둘 다에서 규범적인 젠더 역할을 저주했지만, 갑자기 나는 하나님이 감싸시는 삶이 어떤 것인지, 그리고 경건한 남편의 보호 아래 사는 것이 어떤 것인지를 알고 싶었다. 회심은 내게 성에 대한 새로운 인식을 품게 했다. 하나님의 형상을 지닌 다른 사람들을 너무도 사랑하고 귀하게 여긴 나머지 그들의 순결을 위해 나의 정욕을 희생한다는 것과 언젠가 나와 같은 여성도 경건한 남편의 경건한 아내가 될 수 있지 않을까 하는 생각이었다.

이 영적 깨달음을 계기로 나는 전혀 새로운 방식으로 성경과 주님께 나 자신을 활짝 열 수 있었다. 나의 느낌이나 감정이 내가 표준에 미치지 않는다는 증거가 아니었다. 내가 회개의 길에 접어든 것이 바로 내가 하나님의 소유이고 잃어버린 양이며, 그분이 나를 인도하고 지도하고 보호하고 위로하신다는 증거였다.

이 호된 시련의 장 속에서 나는 일반은총(믿지 않는 친구들이 어째서 믿는 친구들보다 때로는 더 낫고 더 친절하고 더 연민이 많은지를 설명해 주는 교리)과 구속받은 삶에서 자라는 열매를 조심스레 구별하는 법을 배웠다. 일반은총은 강력한 힘이 있고 나는 그것을 감사하지만, 그 자체가 기독교적인 열매의 징표는 아니다. 기독교적 열매는 그 뿌리(그리스도)로 인해 알려지는 것이지, 세상을 더 낫게 만들기 때문에 알려지는 것이 아니다. 물론 일반적인 미덕에서 오는 일반은총이 존재하지만, 오직 그리스도만이 누군가에게 구원에 이르는 은총의 열매가 맺히게 할 수 있다. 시편 87편의 마지막 행은 "나의 모든 기쁨의 근원이 네 안에 있다"(NASB)라고 선포한다. 하나님은, 우리가 성격이나 지능에 근거해 소유하는 찢어진 미덕들에 반창고를 덕지덕지 붙이시지 않는다. 하나님은 우리에게 그분의 샘에 이르는 새로운 통로를 열어 주신다. 그 샘으로부터 우리에게 그분의 생수가 흘러 들어오고, 그 샘을 통해 우리는 그리스도와 하나가 되는 것이다.

시편 66편 18절은 이것을 이렇게 표현한다. "내가 나의 마음에 죄악을 품었더라면 주께서 듣지 아니하시리라." 우리는 누구나 마음속에 죄악을 품고 있고, 우리는 주님의 듣는 귀가 절박하게 필요하다. 그러나 우리가 그분이 품지 않으신 것을 품고 있을 때, 그분은 듣지 않으실 것이다. 창세기 8장에서는 하나님이 이렇게 말씀하신다. "사람의 마음이 계획하는 바가 어려서부터 악함이라"(창 8:21). 시편 66편은 우리에게 이 마음의 악한 생각을 품지 말라고 말한다. 그런데 도대체 누가 자기 마음을 버릴 수 있는가?

그리스도를 떠나서는 우리가 우리 마음에 저항할 수 없다. 위에서 인용한 구절들은 우리가 죄와 씨름할 것임을 가정하지만, 어떤 죄든 "씻을 수 있는" 속성을 지녔다고 선언하지 말라고 경고한다. 죄를 통해 인생의 귀중한 교훈을 배울지는 몰라도 말이다. 교훈을 얻는 일이 하나님이 자녀들에게 기대하시는 최우선순위는 아니다. 가장 우선인 것은 변화된 성품이다. 여기서 내가 배운 것은 하나님께서 그분의 섭리로 나의 과거에서 선한 것을 끌어내실지 몰라도, 그 선은 죄 때문에 오는 것이 아니라 죄에도 불구하고 오는 것이란 사실이다. 죄를 짓게 하는 것들 속에서 "선한" 것을 보고 싶은 유혹이 매우 강하다. 왜냐하면 원죄가 우리를 몰고 간 만큼 우리가 타락하지는 않은 것처럼 보이기 때문이다. 하나님에 따르면, 죄가 되는 유혹은 나 자신을 위해 예수님의 생명을 희생시키는 무언가를 하고 싶고 무언가가 되고 싶은 성향과 다름없다. 우리는 우리 방식으로 속죄를 하려고 하면 안 된다. 우리의 죄는 선하다거나 선을 낳는다고 고집하는 것은 암을 건강한 상태라고 부르는 것과 마찬가지다.

창세기 8장 21절은 마음으로 품는 애정이 죄가 될 뿐만 아니라 그런 욕망의 의도조차 악한 것임을 보여 준다. 히브리서 4장 12절이 말하듯이 성경은 참으로 마음을 찌르기까지 한다.

> 하나님의 말씀은 살아 있고 활력이 있어 좌우에 날선 어떤 검보다도 예리하여 혼과 영과 및 관절과 골수를 찔러 쪼개기까지 하며 또 마음의 생각과 뜻을 판단하나니

이처럼 마음을 간파하고 정결하게 하는 예리한 하나님의 말씀과 싸우려는 것은 위험한 처신이다. 그런데 내가 죄를 품고 있는지는 어떻게 알게 되는가?

만일 내가 그분의 것이라면 나는 그분이 죄라고 부르시는 것에 다른 이름을 붙여 달라고 요청할 수 없다.

우리가 특정한 죄를 지을 권리를 변호할 때, 그런 죄를 "나 자신"이나 나의 특징으로 주장할 때, 우리는 그 죄를 마음에 품고 있는 것이고 회개와 용서를 통해 우리 영혼에 안식을 주겠다고 약속하시는 하나님에게서 스스로를 떼어놓는 것이다. 예수님은 죄인들과 식탁에서 만나셨다. 그들과 함께 식탁에 앉으셨다. 그러나 그분은 그들의 죄에는 동참하지 않으셨다. 그들과 함께 앉으셨으나 그들과 함께 죄는 짓지 않으신 것이다. 오늘 우리도 예수님이 우리와 함께 죄를 지을 것을 기대해서는 안 된다. 이사야 59장 1-2절은 이렇게 선언한다. "여호와의 손이 짧아 구원하지 못하심도 아니요 귀가 둔하여 듣지 못하심도 아니라, 오직 너희 죄악이 너희와 너희 하나님 사이를 갈라놓았고 너희 죄가 그의 얼굴을 가리어서 너희에게서 듣지 않으시게 함이니라." 마음에 죄를 품고 있으면 우리의 창조주와 우리 사이에 벽을 쌓게 된다. 죄를 마음에 품고 있는 것은 하나님께 (그리스도의 피 때문이 아니라) 세상적인 방식으로 죄를 간과해 달라고 요청하고 있는 셈이다.

나는 레즈비언으로 살 때, 진심으로 내가 남들보다 더 나은 사람이라고 믿었다. 나의 레즈비언주의, 하찮은 존재라는 기분이 들게 하는 사회적 지위, 확대된 레즈비언 공동체와 사회 정의에의 헌신, 레즈비언 관계의 평등주의 등이 그 이유였다. 나는 정말로 그렇게 믿었다. 그러나 회심한 뒤에 하나님은, 만일 내가 그분의 것이라면 나는 그분이 죄라고 부르시는 것에 다른 이름을 붙여 달라고 요청할 수 없다는 것을 보여 주셨다. 왜냐하면 그분은 우리를 구속하기 위해 그의 피를, 마지막 한 방울까지 흘리셨기 때문이다. 하나님이 세상에 지혜와 통찰을 주시기 위해 죄를 창조적인 방식으로 이용하신다고 우리가 믿는다면, 우리는 예수님께 그의 고통은 소용없는 것이라고 말하는 셈이다. 우리가 하나님의 소유가 되는 순간, 우리는 세상에 대해서는 망한다. 이처럼 세상에 대해 망하는 것이야말로 회심의 특징 중 하나이다.

우리의 느낌은 우리를 속일 수 있다. 실제로 종종 우리를 기만한다. 우리가 우리의 죄는 정말로 죄가 아니라고 믿는다면, 그것은 하나님을 거짓말쟁이로 부르고 우리의 개인적 감정을 증거로 삼는 것이다. 우리의 개인적 느낌이 증명하는 것이라곤 원죄와 죄의 기만성이 불가분의 관계라는 사실뿐이다.

하지만 앞의 질문은 여전히 응답되지 않았다. 동성애의 죄란 도대체 무엇인가? 그 욕망은? 유혹이란 무엇인가? 죄를 짓고 싶은 유혹과 죄 자체 사이 어느 곳에 우리는 선을 긋는가?

동성사회성(homosociality)이란 동성과 어울리는 데서 오는 깊고 영속적인 위안과 동성 안에서 가장 중요한 관계를 찾는 것을 말한다. 이것은 죄가 아니고, "게이(gay)"도 아니다. 그러나 일단 위안의 수준이 변해서 당신과 성경적으로 결혼하지 않은 사람에게 성적 욕망을 품게 되면 당신은 죄 안에 있다. 우리는 죄의 본성을 갖고 있기 때문에, 문제는 **만일** 당신이 죄를 범하면(당신은 죄를 범할 것인즉) 어떻게 하느냐가 아니다. 문제는 당신이 죄를 범할 때 어떻게 하느냐 하는 것이다. 유혹에 넘어가기 전에 유혹을 이기기 위해 주님의 능력을 구하는 법을 어떻게 배울 수 있을까?

그런데 당신이 당신 안에서 유혹의 패턴을 발견한다고 하더라도, 그 사실이 당신이 위험한 사람이고 사람들에게 가까이 갈 수 없다는 것을 의미하지는 않는다. 이것이 당신과 나에게 주는 의미는 예수님이 우리의 관계를 중재하실 때 우리가 모두 좋은 동반자라는 것이다. 물론 당신이 그런 관계를 어떻게 대하느냐에 따라 죄스러운 느낌이 들 수도 있다. 그래서 예수님이 이렇게 말씀하시는 것이다. "마음에서 나오는 것은 악한 생각과 살인과 간음과 음란과 도둑질과 거짓 증언과 비방이니, 이런 것들이 사람을 더럽게 하는 것이요, 씻지 않은 손으로 먹는 것은 사람을 더럽게 하지 못하느니라"(마 15:19-20). 나는 동성애적 정욕은 죄지만 이성애적 정욕과 **동성애혐오증**(homophobia) 역시 죄라는 생각으로 인생의 전환점을 통과했다. 당신을 불쾌하게 만드는 방식으로 죄를 짓는다는 이유로 그들을 실패자로 보는 것은 일종의 죄악이다. 하나님은 우리 모두에게 동일한 거울을 갖다 대신다. 그리고 우리 중 그 누구도 그리스도를 떠나서는 의와 거룩함과 지식을 갖춘 하나님의 형상을 반영할 수 없다.

우리는 가장 깊은 차원에서 죄와 싸워야 한다. 나의 레즈비언주의의 뿌리는 자만이었다. 나의 이성애적 죄의 뿌리도 자만이었다. 다른 이들의 경우는 성적인 죄의 뿌리가 정욕이거나 성 중독일 수 있다. 어떤 죄는 다른 죄보다 싸우기가 더 힘들다. 그러나 하나님은 신자들에게 회개라는 선물을 주신다. 회개는 하나님에게서 오는 선물이다. 그리고 회개는 죄인이 단 한 번 드리는 기도가 아니라 날마다 취하는 자세이다. 우리는 민들레의 윗부분만 잘라서 잡초를 제거하듯 표면적으로 죄를 회개해서는 안 된다. 그렇게 하면 우리 자신을 속이게 되고, 하나님의 인자한 부르심을 듣지 못하도록 우리 마음을 완악하게 만들 위험이 있다. 우리를 회개로 이끄는 것은 바로 하나님의 인자하심이기 때문이다(롬 2:4).

유혹에 넘어가서 성적인 죄에 빠지는 독자에게 하고 싶은 말은, 나 역시 수치심과 죄를 감추고 싶은 유혹을 이해한다는 것이다. 그리고 이 글을 읽고 있으나 동성애적 욕망과 씨름하지 않는 그리스도인에게는 동성애를 가장 큰 죄로 생각하거나 그 해결책이 이성애라고 생각한 나머지 그 짐을 더 무겁게 만들지 말라고 부탁하고 싶다. 모든 죄의 궁극적 해결책은 그리스도가 흘린 속죄의 피다. 그리스도 안에서 우리는 새로운 피조물이다. 우리는 "그[그리스도]의 죽으심과 합하여 세례를 받음으로 그와 함께 장사되었던"(롬 6:4) 구속받은 남자와 여자이며, 죄는 여전히 우리의 이름을 알고 있겠지만 우리는 더 이상 한때 우리를 특징지었던 죄의 노예가 아니다. 우리는 거룩하게 되라는 부름을 받았다. 그리고 거룩함은 나의 자기 사랑과 선천적 미덕에 대한 자신감을 침해한다. 성경은 나의 선천적 미덕을 더러운 옷이라 부른다. "무릇 우리는 다 부정한 자 같아서 우리의 의는 다 더러운 옷 같으며, 우리는 다 잎사귀 같이 시들므로 우리의 죄악이 바람 같이 우리를 몰아가나이다"(사 64:6). 하나님은 "우리는 다"라는 말을 세 번이나 반복하신다. 우리 중 일부가 아니다. 우리가 우리의 선천적 미덕을

모든 죄의 궁극적 해결책은 그리스도가 흘린 속죄의 피다.

신뢰한다면 우리 모두 이 덫에 빠져 있는 것이다.

이번 장을 쓰고 있는 현재 나는 52세가 된 목사 아내이고, 네 자녀 중 둘을 홈스쿨링하고, 남편이 목회하는 교회에서 섬기고, “공공연한” 그리스도인으로 살려고 애쓰는 사람이다. 켄트와 나는 그가 신학교를 졸업한 이튿날인 2001년 5월 19일에 결혼했다. 하나님이 우리를 축복하셔서 우리의 결혼관계와 믿음과 가정이 우리의 진정한 쉼터가 되었다. 그러나 아무리 많은 세월이 흘러도 나는 언제나 라합처럼 과거가 있는 여자일 것이다. 그러면 나와 같은 사람은 그런 과거를 어떻게 하는가? 나는 결코 잊지 않았다. 몸의 기억이 내 이름을 알고 있고, 세세한 기억들이 예고도 없이 불쑥 내 세계 속에 들어온다. 가령, 성찬용 빵가루를 반죽하거나 아이들을 홈스쿨링 할 때가 그런 순간이다. 나는 예전의 기억 하나하나를 십자가로 가져가서 기도하고 또 회개하고, 죄와 은혜의 문제에서 하나님이 항상 옳다고 감사를 드리곤 한다. 성경의 이야기 속에 산다는 것과 회개가 날마다 맺는 새로운 생명의 열매라는 말의 뜻을 곰곰이 생각해 본다. 로마서 6장 21절에 나오는 바울의 질문이 곧 나의 자문이다. “그 때에 너희가 이제 부끄러워하는 그 일에서 무슨 열매를 얻었는가?”(NKJV).

그리스도 안에서 영위되는 나의 삶은 언제나 양방향으로 펼쳐진다. 나는 앞날을 내다보고 영원을 준비하면서 생활하고 생각한다. 그러나 주님이 진흙탕 같은 나의 과거에서 어떤 죄를 끌어내실 때마다 나는 수년 전에 범했던 죄를 계속 회개한다. 이렇게 할 때 나의 영혼과 나의 지난날과 나의 미래를 지켜주시는 주님께 가까이 붙어 있게 된다는 것을 알게 되었다.

내 이야기와 같은 것들은 위험하기 짝이 없다는 소리를 들었다. 나의 회심과 같은 것은 "개인적 이야기의 위험" 또는 회심한 사람은 변한다는 신념을 조성할 잠재력이 있다. 둘 다 맞는 말이다. 회심 이야기는 위험하고, 회심한 사람은 하나님에 의해 변한다. 회심한 사람들은 변해서 그들의 죄에서 떠난다. 우리 모두는 하나님이 주시는 칭의의 믿음과 성화에 의해 변했다. 우리는 회개하고, 성령께서 주신 새로운 마음의 선물에 반응하여 믿게 된다. 우리 모두는 우리 손에 구원자의 피를 들고 서 있다. 이것이 성경의 이야기다. 부활한 주님을 만난 사람은 누구나 변했다. 그리고 우리 모두는 주님을 만나기 전에 가장 좋아했던 죄를 버리도록 부름을 받았다.

성경은 오류가 없지만 나의 증언은 그렇지 않다. 하나님께서 내 세계 속으로 들어오셨을 때 나는 누구였는가 하는 증언은 진단이나 금지의 성격을 갖고 있지 않다. 이 문제는 당신이 스스로 생각해 보도록 남겨두고 싶다. 당신이 씨름하는 문제가 있다면 그리스도와 더욱 더 하나가 되라. 그러면 그분이 당신의 씨름을 해결해 주실 것이다. 아울러 그분은 당신에게 새로운 정체성, 이기는 자[2]의 정체성도 주신다.

2장

정체성

그리스도 안에서의 연합의 불길

내가 교회 문화를 어색하게 느끼는 유일한 여성이 아니란 사실을 알고 있다. 어쩌면 나의 성격 유형(INTJ: 내향, 통찰, 사고, 판단형) 때문일지 모른다. (여성 인구 중에 단 1-3%만 이 유형에 속한다는 말을 들었다.) 또는 내가 낙인찍힌 여성이라 그런지도 모른다. 라합, 막달라 마리아라는 이름과 함께 있을 로자리아. 아니면 결혼식이나 베이비 샤워와 같은 낯설고 두려운 영역보다 조직신학이나 비평이론의 세계에서 훨씬 편안함을 느끼기 때문인지도 모른다. 나는 교회에 나를 이해하는 사람이 단 하나만 있어도 좋겠다고 갈망하곤 한다.

내가 과거에 레즈비언이었다는 사실을 알면 교회 여성들은 충격에 빠진다. 언젠가 주일 공동식사를 위해 멋진 시골 부엌에서 채소를 잘랐던 적이 있다. 커튼 사이로 햇살이 쏟아지던 그때, 나는 신앙을 가진 기혼 여성으로서 새로운 삶을 편하게 느끼기 시작하던 때었다. 다른 한 여성이 슬로우 쿠커에 닭고기와 토마토소스를 넣어 버무리고 있었다. 부엌에는 우리 둘뿐이었다.

나는 여성들과 함께 있는 것을 즐긴다. 특히 말없이 무언가를 만들기 위해 나란히 일할 때가 좋다. 고요한 평화를 헛된 수다로 메울 필요는 전혀 느끼지 않는다. 그런데 함께 있던 그녀가 다음 질문으로 침묵을 깨고 말았다. "이렇게 있어도 안전하나요? 부엌에 우리 둘만 있어도?"

그 질문은 나의 침묵도 깨뜨려 버렸고, 나를 무척 당황하게 만들었다. 부엌은 나에게 도서관처럼 안전한 공간이다. 나는 '**여기에 무슨 불안한 요소가 있는가?**' 생각했다. 그리고 그녀가 다음과 같이 질문을 반복하는 바람에 나는 멍한 표정을 지을 수밖에 없었다. "다른 여성과 홀로 있으면 예전의 느낌이 되살아나나요? **그런** 느낌 말이에요."

별안간, 위험한 인물이 밝혀졌다. **바로 나였다.** 내가 불안을 조성할 소지가 있는 존재였다. 그 순간 오싹한 고립감을 느꼈다. 그녀는 '그런 느낌'을 말로 표현할 수조차 없었다. 너무 더럽고 너무 생소하고 너무 위험해서 그랬을까?

나는 당장 도망치고 싶었다. 나는 전혀 해롭지 않은 사람이라고, 거세되고 발톱이 제거된 늙은 고양이 같은 존재라는 식으로 중얼거렸는데 속으로는 '자매여, 제발 잘난 체하지 말라'고 외치고 싶었다. 나는 홀로 자기방어를 꿈꾸는 것은 목사 아내에게 어울리지 않는다는 것을 알고 있다.

나는 그리스도 안에서 새로운 피조물이 되었지만 그것으로 충분하지 않다는 사실에 당혹감에 빠졌다. 그리스도 안에 있는 나의 정체성이 어째서 그녀에겐 충분히 선한 것으로 보이지 않았을까 곰곰이 생각했고, '그것이 하나님께 충분히 선한 것이라면 왜 그녀에게는…' 하고 다시금 의아했다. 원하지 않은 동성애 욕구를 품은(또는 품었던) 그리스도인이, 단지 원하지 않은 그 감정으로 인해 안전하지 않다고 생각한 적이 한 번도 없었기에 나는 당황했다. 그리고 나는 이 부류에 속하는 사람들을 많이 알고 있었다.

그리스도 안에 있는 나의 정체성이 나의 과거보다 더 크다는 것을 왜 그녀는 보지 못했을까? 이유는 매우 두드러지게 보이는 인간됨(personhood)의 또 다른 범주가 있기 때문이다. 바로 성적 지향(sexual orientation)이다. 이 범주와 관련된 문제는 4장과 5장에서 다룰 것인데, 지금은 일단 그 고통스러운 순간으로 되돌아가고 싶다. 내가 이 일화를 나누는 것은 개인의 경험이 중요하다는 점을 밝히기 위해서다. 날마다 나는 사람들에게 이해와 공정한 대우를 받고 싶은 마음이 간절하다. 나는 그리스도 안에서 새로운 피조물이 되었고, 내 과거는 그리스도의 피로 가려졌지만 아직도 일부 사람에게는 그것이 크게 보이는 모양이다. 그리스도 안에서의 정체성은 나로 하여금 한바탕 전쟁을 치르게 한다. 과거에 나를 사로잡았던 유령에 대항하고, 나의 거짓 권리의 탐욕스런 기계에 대항하는 전쟁이다.

내가 속한 교회 공동체에서, 나는 더불어 살아가고, 기쁨과 지루함을 함께 나누며 고난에 동참하고 싶다. 우리가 진정한 공동체를 형성하려면 우리의 인생 이야기를 서로 나눌 필요가 있다. 그리고 누군가의 이야기가 불편하게 들려도 가만히 경청하는 게 필요하다. 이것이 내가 『뜻밖의 회심』을 쓴 부분적인 이유다. 내가 어느 나라에서 이민을 왔는지, 그리고 어느 나라에 나의 영구적 시민권이 있고 영원히 거주하게 될지를 당신에게 알리고 싶었던 것이다. 나는 이 나라의 원어민이 아니다. 진정으로 회심한 사람은 모두 마찬가지다. 새로운 패러다임이 옛 느낌을 다시 읽듯이, 나는 언제나 서툰 경건의 언어를 구사할 것이다.

음악이 내 반추의 배경을 이루고 있으므로 나는 내 과거의 역할을 하모니에 수반되는, 도무지 생략할 수 없는 오블리가토(obligato)로 여긴다. 하나의 배경음으로 생각하는 것이다. 나에게와 당신에게 인생 경험은 중요하다. 그것은 그냥 제쳐 놓을 수 없고 또 그래서도 안 된다. 그리스도와 하나가 되어 개인적 관계를 맺고 있다고 주장하는 우리는 우리의 창조주와 구속주에 대한 경험적 지식을 갖고 있고, 이것이 다른 신자들과 나누는 교제에 영향을 미친다.

경험은 정말로 중요하기 때문에, 경험이 중요한가 아닌가는 문제가 되지 않는다. 문제는 경험이 어떤 면에서 중요한가 하는 것이다. 개인적 경험이 일종의 진리 역할을 하는가? 당신은 당신의 느낌을 신뢰할 수 있는가? 우리는 습관적으로 행하는 일에 능숙해지는 법이다. 순종도 그렇고 죄를 짓는 것도 마찬가지다. 개인적 경험은 (성경을 포함한) 다른 해석의 틀이나 세계관과 어떤 관계에 있는가? 우리가 우리 이야기를 들려줄 때 타인에게 어떤 책임을 가져야 하는가?

많은 장벽이 생기고, 그것은 우리 자신을 명료하게 보지 못하도록 방해한다. 켄 스미스 목사는 우리가 올바른 질문을 던지지 못하는 것과 그런 질문에 답하기 위해 성경을 제대로 사용하지 못하는 것이 자기 인식을 방해하는 큰 장벽이라고 생각한다. 켄은 인간 됨에 관해 다음 네 가지 질문을 던진다. ① 나는 누구인가? ② 나는 어떤 사람인가? ③ 나는 무엇이 필요한가? ④ 나는 어디로 가고 있는가? 이번 장에서는 이중 앞의 세 가지를 살펴보면서 그리스도 안의 정체성이 왜 중요한지를 설명하려고 한다.

그리스도의 역사적 사역 안에서 개인의 정체성 찾기: 나는 누구인가?

개인적 경험과 고통은 그리스도에게 중요하다. 내 죄를 죄로 인식하는 고통을 포함한 개인적 고통은 눈을 멀게 하는 면이 있다. 이런 순간에는 청교도였던 앨리아스 플레저의 말이 큰 위로가 된다. "나는 가라앉는 내 영의 무게를 그리스도의 값없는 은혜 위에 두겠다."[1] 이 설교에 따르면, 내가 죄와 씨름할 때에도 나의 감정보다 그리스도께 더욱 매달릴 필요가 있다. 그리고 이렇게 하는 유일한 길은 하나님의 속성, 그리스도의 고난, 그리고 성령의 위로에 맡기는 것이다. 만일 내가 개인적 고통을 바탕으로 어떤 정체성을 만든다면, 그것이 내 육신의 죄로 인해 만들어진 정체성이라면, 나는 하나님으로부터 분리된 영역에서 영원히 몸부림을 치게 될 것이다. 이 때문에 나는, 개인적 경험보다 삼위일체 하나님이 행하신 일과 삼위일체 하나님이 누구신지가 언제나 우선해야 한다고 믿는다.

개인적 경험을 내려놓아야 하는 것은 그것이 하나님의 영원하고 한시적인 역사로 이어질 수 없기 때문이다. 우리의 시야와 규모는 제한되어 있다. 나는 내가 행한 일에서 나의 정체성을 찾을 수 없다. 나는 오직 하나님이 행하신 일과 행하고 계신 일에서만 내 정체성을 찾을 수 있을 뿐이다.

하나님께서는 창세로부터 한 백성을 구별하셨다. 하나님의 백성은 영원 전부터 선택되었던 것이다. 여기서 하나님의 백성이란 구원을 받기 위해 오직 그리스도만 믿고 그분의 이름을 부를 모든 사람을 일컫는다. 에베소서 1장 4절이 그렇게 선언한다. “곧 창세 전에 그리스도 안에서 우리를 택하사 우리로 사랑 안에서 그 앞에 거룩하고 흠이 없게 하시려고.” ‘창세로부터’는 참으로 기나긴 시간이다. 하나님은 자기 자녀들에 대한 특별한 지식을 갖고 있었을 뿐 아니라 인내심과 자비가 넘치는 분이라 우리가 태어나는 즉시 우리를 파멸시키지 않으셨다. 하나님이 그리스도 안에서 세우신 영원한 목적, 곧 구원이 이뤄져야만 했기 때문이다.

하나님은 그리스도의 피를 통해 그의 백성을 구속하셨고 그리스도의 죽음과 부활을 통해 신자들에게 세례를 베푸셨다. 이는 로마서 6장에 나와 있다.

3 무릇 그리스도 예수와 합하여 **세례를 받은** 우리는 그의 **죽**

으심과 합하여 세례를 받은 줄을 알지 못하느냐?

4 그러므로 우리가 그의 **죽으심**과 합하여 세례를 받음으로 그와 함께 **장사되었나니** 이는 아버지의 영광으로 말미암아 그리스도를 죽은 자 가운데서 살리심과 같이 우리로 또한 새 생명 가운데서 행하게 하려 함이라.

5 만일 우리가 그의 **죽으심**과 같은 모양으로 **연합한** 자가 되었으면 또한 그의 부활과 같은 모양으로 연합한 자도 **되리라**.

6 우리가 알거니와 우리의 **옛 사람**이 예수와 함께 십자가에 못 박힌 것은 죄의 몸이 죽어 다시는 우리가 죄에게 종 노릇 하지 아니하려 함이니

7 이는 **죽은** 자가 죄에서 벗어나 의롭다 하심을 얻었음이라.

8 만일 우리가 그리스도와 함께 **죽었으면** 또한 그와 함께 **살** 줄을 믿노니

9 이는 그리스도께서 죽은 자 가운데서 살아나셨으매 다시 죽지 아니하시고 사망이 다시 그를 주장하지 못할 줄을 앎이로라.

10 그가 죽으심은 죄에 대하여 단번에 죽으심이요 그가 살아 계심은 하나님께 대하여 살아 계심이니

11 이와 같이 너희도 너희 자신을 죄에 대하여는 죽은 자요 그리스도 예수 안에서 하나님께 대하여는 살아 있는 자로 여길지어다. (강조체는 추가한 것)

각 행은 죽음과 삶의 양극단을 뚜렷이 대조시킨다. 마치 그림을 보는 것처럼 생생한 물세례의 서술은 그리스도와 연합한다는 것이 무슨 뜻인지 그 영적 실재를 잘 보여 준다. 각 행은 나에게 내 마음과 발과 손을 움직이라고, 바로 오늘 그렇게 하라고 일러준다. 우리가 이 소망을 신뢰할 수 있는 것은 예수님이 진리의 구현체이기 때문이다. 여기에 나오는 "세례를 받은"(have been baptized into), "장사된"(have been buried with), "연합한"(have become united to)과 같은 어구들에 나오는 동사는 모두 현재완료진행형 시제로 되어 있다. 이 시제는 그리스도의 사역이 완료되었음을 전달하기 위해 사용된 것이다. 그 사역은 물론 우리가 태어나기 전에 완료되었으나, 신자들은 창세전에 구별되었기 때문에 우리는 오늘 그리스도의 사역의 열매를 삶으로 나타내는 중이다.

끝으로, 이 어구들에 조동사("have")가 사용되어 그 동사를 완료진행형으로 만들어 준다. 말하자면, 그리스도의 사역은 완료된 동시에 진행형이란 뜻으로, 불완전하게나마 그가 구속한 백성 속에 계속 살아 있다는 것이다. 여기서 그리스도 안에 있는 우리의 정체성이 한시적임을 알게 된다. 우리가 현재의 우리가 된 것은 오늘 우리의 모습 때문일 뿐 아니라 그리스도가 우리 안에서 이루신 **중재적** 죽음과 부활의 의미 때문이기도 하다. 그래서 우리와 하나님의 개인적 관계는 우리의 의식을 선행하는 내력을 갖고 있다. 우리 부모가 우리 자신의 기억보다 앞서는 우리에 대한 기억을 갖고 있는 것처럼, 우리 아버지이신 하나님도 태초 이전부터 우리를 기억하고 계신다.

내가 1장에서 나눈 인생 이야기는 하나님의 완전한 계획을 충분히 밝혀 주지 않는다. 하나님이 품고 계신 장래의 영광은 보여 주지 않는다. 아울러 인간의 타락으로 망가진 역사, 이른바 원죄를 통해 우리 모두를 두렵게 했던 그 역사도 보여 주지 않는다.

정체성은 내가 누군지를 일러준다. 그리고 결과적으로, 내가 누가 아닌지도 말해 준다.

그리스도 안의 정체성이 부여하는 또 하나의 중요한 선물은 나 자신을 사탄의 고발로부터 보호한다는 것이다. 그리스도와의 연합은 성도가 입은 갑옷의 일부다. 사탄은 거짓말의 아비요 대단한 사기꾼이라 그 교활한 유혹은 아담의 타락을 주도했다. 사탄은 나를 공격할 때 나에 대한 옛 소유권을 주장한다. 별것 아니라고, 그 결과는 치명적이지 않다고 속삭이면서 당신이 죄를 짓도록 유인한다. 그래서 그가 하와에게 처음 던진 질문이 "하나님이 정말로 말씀하셨나?"였던 것이다. 그러나 일단 당신이 죄를 지으면 사탄은 하나님의 심한 분노를 들먹이며 당신을 고발한다. 그는 이 분노를 특히 잘 알고, 신자들 또한 부당하게 이 분노를 갖기를 바란다. 사탄은 내가 과거에 지은 죄와 현재 짓는 죄를 공갈 수단으로 이용한다. 만일 내 죄가 모두 드러나면 누구나 내가 가짜이고 정죄받은 죄인임을 알게 될 것이라고 날마다 나에게 말한다. "나는 네가 누군지 알고 있어. 나는 네가 행한 일도 알아" 하며 야유를 보낸다. 그러나 사실 사탄은 반쪽 진리를 말하고 있는 셈이다. 내가 중대한 죄를 범했다는 말은 옳다. 하

> 사탄은 내가 과거에 지은 죄와 현재 짓는 죄를 공갈 수단으로 이용한다.

나님은 죄를 심판하시고 나의 죄는 사형선고를 받아야 마땅하다는 말도 옳다. 사탄은 로마서 3장 23절을 알고 있다. "모든 사람이 죄를 범하였으매 하나님의 영광에 이르지 못하더니."

그러나 나의 정체성은 부활한 그리스도 안에 있다. 그것은 내가 완전히 깨끗해졌다는 도덕주의적 관념이나 내가 그리스도를 "영접했을" 때 대충 회개한 것으로 충분하다는 얄팍한 신학 속에 있는 것이 아니다. 나의 정체성이 그리스도 안에 있기 때문에 『천로역정』에 나오는 크리스천과 같이 나는 오해를 바로잡아야 한다. 그리고 나의 결의를 다져주는 것은 하나님께 드리는 매일매일의 깊은 회개이다. 나를 고발하는 자에게 나는 이렇게 말한다.

"네가 나의 심각한 죄를 지적하는 것은 옳다. 너는 네가 아는 것보다 더 옳다. 나는 그 죄를 지었고 그 이상의 죄도 지었다. 그리고 내가 행한 일에 대한 하나님의 형벌이 죽음이란 말도 옳다. 그런데 네가 알지 못하는 것이 있다. 너는 로마서 6장 3-11절을 모르는 것 같다. 너는 이 단락의 의미를 아는가? 나는 그리스도와 하나가 되었기 때문에 재판에 회부되었다. 나는 수감되었고, 침 뱉음을 당하고 발가벗겨졌으며, 본디오 빌라도에게 쇠 채찍으로 맞았다. 나는 고문을 당했고 십자가에 매달려 죽었다. 나는 지옥에 떨어지도록 저주를 받았다.

그리고 나는 은혜의 수단을 가슴으로 안을 때마다, 하나님의 말씀을 읽고 말씀이 내 죄를 깨닫게 할 때마다, 회개하고 죄를 고백함으로써 하나님의 지혜에 반응할 때마다, 하나님을 예배하고 그분의 몸과 피를 마실 때마다, 나는 예수 그리스도의 능력으로 무덤에서 일어나서 빛 가운데로 부활한다. 예수 그리스도의 부활의 능력으로 그분의 의로운 옷을 입었기 때문에 나에게는 더 이상 정죄함이 없다고 그분이 말씀하신다. 내가 속한 부활하신 그리스도는 네가 더 이상 나에게 요구할 것이 하나도 없다고 선언하신다."

나는 날마다 사탄과 이런 대화를 나누지 않으면 안 된다. 이러한 이유로 그리스도 안에 있는 나의 정체성이 감상적인 정서에 의해 깨어질 수 없는 것이다. 나는 그 정체성을 내 것으로 삼고 피로 봉인해야 마땅하다.

개인의 정체성과 타락: 나는 어떤 사람인가?

에베소서 1장에 따르면, 나의 개인적 내력은 내가 누구인지 또는 내가 어떤 사람인지에 대한 나의 의식적 이해와 함께 시작되지 않았다. 나의 개인적 내력은 "창세 이전부터" 시작되었다. 그러나 에덴동산에서 사태가 뒤집혔다. 내가 몸으로 거기에 있진 않았지만 아담이 나의 대표적 머리(federal head)이기 때문에, 내가 어떤 사람인지, 그리고 개인적 정체성이 왜 나 자신의 행위와 정의(定義)로 인해 생기는 것이 아닌지를 알려면 그 동산으로 돌아가야 한다.

아담이 처음 지은 죄가 단지 최초의 죄라는 이유로 나쁜 본보기가 되거나 신학적 중요성을 갖는 것은 아니었다. 그 죄는 우리의 출생 순간부터 시작되는 나쁜 선택의 무대를 설정하기 때문에 그릇된 음조를 설정했거나 신학적 중요성을 지닌 것에 불과하다는 뜻이다.[2] 죄는 그보다 더 복잡하고 유혹적이다. 죄는 매체와 의지를 갖고 있다. 죄는 살아 있고, 신자의 영적 전쟁에서 활동하는 능동적인 힘이다. 아담의 최초의 죄는 원죄(Original Sin)라 불리고, 그것은 내가 태어나기 오래 전에 이미 나의 의식이 타락했다는 사실을 알려준다.

내가 죄를 짓기 때문에 죄인인 것이 아니라는 말은 부당하게 들린다. 오히려 내가 죄인이기 때문에 죄를 짓고, 아담이 에덴에서 나를 대표했기 때문에(롬 5:12-14) 내가 죄의 본성을 갖고 태어났다는 것이다. 우리는 잉태될 때부터 죄가 있었고(시 51:5), 완전히 악을 좋아하는 성향을 안고 태어났다(엡 2:1-3). 우리의 죄는 하나님의 얼굴 앞에(coram Deo) 있는 것이지 인간 관계상의 불화에 불과한 것이 아니다. 아담을 통해 우리는 이른바 죄의 이중적인 문제, 곧 죄책감과 타락을 물려받는다.[3] 솔직히 말해서 말도 안 되게 불공평하다고 느낀다. 그러나 우리가 이런 불공평한 느낌을 판단할 때, 하나님께서 우리가 아담 안에 있을 때보다 그리스도 안에 있을 때 우리에게 더 나은 길을 은혜롭게 제공하신다는 사실을 기억할 필요가 있다. 아담의 계열 안에 서 있는 것은 복음에 이르는 전제이자 가정이다. 조엘 비키가 말하듯이, "사람이 죄를 지어 타락했음을 부인하는 것은 그리스도의 죽음에서 그 구속적 의미와 구원의 능력을 빼앗는 것이다."[4]

여기서 종교개혁자들이 사용했던 용어인 **전적 타락**(total depravity)에 공감이 간다. 전적 타락이란 우리가 언제나 최악의 죄를 짓는다거나 가능한 만큼 나쁜 존재라는 뜻이 아니라 죄가 우리의 몸과 존재와 영혼의 모든 부분에 영향을 미치기 때문에 우리는 이 곤경에서 스스로를 구원하기에 전적으로 무능하다는 뜻이다. 날마다 우리는 하나님과 친구들에게 죄를 범함으로써 아담 안에 있는 우리의 유산을 키운다. 우리가 품은 최상의 의도도 우리를 실망시키고, 회심한 뒤에도 우리 안에 있는 죄가 조종의 능력을 갖고 있다는 데서 그렇다. 그것도 계속적으로 반복해서 말이다. 내가 바로 이런 사람이다.

우리가 먼저 성경이 그리스도와 하나님의 관계 속에 있지 않은 사람을 어떻게 묘사하는지를 생각하지 않으면, 예수님이 흘리신 속죄의 피를 통해 얻는 평화의 결과를 이해할 수 없다. 성경은 그런 사람을 전면전에 참여하는 적으로 묘사한다. 하나님께서 자신의 외아들을 보내어 우리를 대신하는 죄가 되게 하셨을 때, 하나님은 우리를 단 하나로부터 구원하셨다. 바로 그분 자신이다. 우리는 하나님이 우리를 그분 자신으로부터 구원하신다는 이 진리를 가볍게 다룰 수 없다. 시편 7편에 그 전쟁이 기록되어 있다. 하나님의 활이 준비되었고, 그 화살이 회개하지 않는 모든 죄인들의 가슴을 꿰뚫을 것이라고 말이다.

우리가 하나님께 나아갈 수 있는 유일한 길은 그리스도의 중재 사역, 즉 예수님의 헤아릴 수 없는 고난을 통해 얻은 사역(롬 3:9-18)을 통과하는 것일 수밖에 없기 때문에, 하나님의 분노는 그 피로 가려지지 않은 모든 남자와 여자와 아이를 겨냥하고 있다. 설상가상으로 사탄은 으르렁거리는 사자처럼 온 세상을 두루 돌아다닌다. 베드로전서 5장 8절이 이렇게 말한다. "근신하라 깨어라 너희 대적 마귀가 우는 사자 같이 두루 다니며 삼킬 자를 찾나니." 으르렁거리는 사자만 해도 충분히 무서운데, 사자들은 무언가를 죽인 뒤에 포효하면서 숨어 있던 먹잇감이 도망치도록 위협한다는 것 또한 생각해 보라. 이것은 사탄의 위협이 쏟아진 피, 이긴 싸움과 함께 온다는 것을 알려준다. 이것은 아름다운 그림이 아니다. 러셀 무어는 이렇게 표현한다. "성경의 정경은 에덴동산의 변두리로부터 바깥쪽으로 난 피의 흔적을 보여 준다. 성경 이야기는 낙원에서 즉시 방향을 바꾸어 살인, 술 취함, 근친상간, 집단 강간, 일부다처제 등을 거쳐 당신에게 현재 일어나는 일을 묘사하는 것으로 이어진다."[5] 우리에게 던져진 무거운 질문은 '당신과 나에게 무슨 일이 일어나고 있는가?' 하는 것이다. **오직 성경**(sola scriptura)이란 용어가 신자에게 위로를 주는 것은 성경을 통해 우리의 완전한 내력에 접근할 수 있기 때문이다. 우리가 의사에게 갔는데 우리 개인의 의료 내력에 접근할 수 없다면, 의사는 매우 중대한 사항을 놓칠 수도 있다. 나는 아이들을 입양한 엄마라서 의사에게 갈 때마다 이에 관해 생각하게 된다. 내 딸이 처음 페니실린을 맞은 것은 16개월이 된 때였다. 주사를 맞은 지 다섯 시간이 지나자 아이는 심각한 알레르기 증상을 보였다. 하나님의 은혜로 그런 반응을 통제할 수 있었지만, 그 일은 내 딸의 생명을 구하는 데 필요한 중대한 정보가 내게 없는 것은 아닌지 깊이 생각하게 만들었다. 이처럼 나는 그녀의 페니실린 알레르기에 대해 어렵게 배웠다. 더 중요한 사실은 내 딸도 그렇게 배웠다는 것이다.

우리가 좋은 의도, 선한 행실, 그리고 선의의 자기 진단에 기초해 살아갈 때도 마찬가지다. 우리가 아담의 혈통에서 나오는 정확한 내력을 알지 못하면 정보 결여에 따른 위험에 처하게 된다. 온전한 성경의 역사 없이 좋은 의도만으로는 우리가 누군지, 우리에게 필요한 것이 무엇인지 정확히 알 수 없다. 삼위일체 하나님은 불가해한 우리의 결론이다. 성경의 지혜는 생경한 지혜이기 때문에 그것이 없으면 실마리도 찾지 못한다. 성령께서 당신의 굳은 심장을 그리스도의 피가 흐르는 심장으로 바꾸고, 당신이 성경적으로 살아갈 수 있게 된 뒤에도 전쟁은 여전히 계속된다.

그런데 나의 옹호를 받으려고 날마다 경쟁하는 또 다른 용어가 있다. 바로 **오직 경험**(sola experiencia)이다. '오직 성경'은 성경이 개인적 경험보다 우선한다고 주장함으로써 고난의 손을 구원자의 손에 넣어 준다. 반면에 '오직 경험'은 나를 그 하나님에게서 분리시킨다. 그 하나님이란 나를 만드신 분, 나를 돌보시는 분, 섭리에 따라 나의 환난을 허용하시는 분, 그분께 순종하려고 할 때 나를 위로하시는 분, 유혹에서 자유롭게 하거나 주님의 용서가 간절히 필요한 나를 겸손케 하셔서 나에게 승리를 주시는 분, 나와 동행하시고 나를 사랑하고 나와 함께하는 동료 신자들을 통해 소망을 새롭게 하시는 분을 말한다. 내가 그리스도를 알기 전에는 개인적 경험과 더불어 어떻게 하면 품위 있는 삶을 영위할 수 있을까 하는 최선의 의도가 내가 가진 전부였다. 회심을 통해 하나님은 나를 일깨우시고, 내게 눈부신 심문자의 빛을 비추셨으며, 그리스도 안의 정체성은 하나님의 능력과 내주하는 은혜로만 가능한 영웅적인 희생을 요구한다는 것을 보여 주셨다.

성경은 내가 하나님과 함께한 내력이 내가 기억하는 것보다 더 길다고 일러주면서 나를 에덴동산을 지나 "창세 이전"이라고 불리는 장엄한 곳까지 데려간다. 이것이 성경 이야기이며 참된 이야기다. 그러나 이것은 나의 가장 깊은 감정에 대한 실제적이거나 경험적인 이야기가 아닐 수 있고 또 종종 아니다. 타락으로 인해 모든 피조물이 신음했을 때, 죄가 세상에 들어와서 몰래 모든 사람의 본성 속으로 기어들어 갔을 때, 실제적인 이야기(육체로 사는 내 인생)와 참된 이야기(하나님의 이야기와 나를 향한 그분의 은혜)가 에덴동산에서 분리되었다. 실제적인 이야기(내가 느끼는 것)와 참된 이야기(하나님이 선언하시는 것)가 하나로 합해지지 않을 때에는 타락의 아픈 증거를 느끼게 되고, 우리 자신과 하나님 사이의 선택이 죽음의 문제라는 것을 뼈아프게 알게 된다. 이는 그리스도의 속죄를 통해서만 상상할 수 있는 것이다.

느낌이란 것이 성경적 지혜로 해석되지 않으면, 우리의 닻이 없어져 버린다. 우리는 닻을 잃은 채 왜 하나님이 우리에게 느낌에 따라 행동하도록 허락하지 않으시는지 의아해한다. 우리의 직관이 우리의 경험과 일렬을 이룰 때에는 특별히 괴롭다. 그리스도인은 폭넓은 개인적, 직관적인 결정을 묘사하기 위해 "하나님이 내게 말씀하셨다"는 표현을 자주 사용한다. 우리는 하나님의 부르심과 뜨거운 개인적 욕망을 구별하기가 매우 어렵다는 것을 안다. 우리는 그리스도 안에서 새로운 피조물이 되었지만 여전히 부패한 마음을 갖고 있다. 예레미야 17장 9절이 우리의 마음 상태를 이렇게 진단한다. "만물보다 거짓되고 심히 부패한 것은 마음이라."

하나님은 친밀하게, 사랑을 담아, 개개인에게 맞는 방법으로 그의 부르심을 이해시키시는 개인적인 하나님이다. 때로는 가슴을 찢는 아픔도 사용하신다. 잠언 23장 7절은 이렇게 이야기한다. “무릇 그 마음의 생각이 어떠하면 그의 사람됨도 그러하니…”. 우리는 우리가 생각하는 것과 동일한 존재다. 결국, 우리 삶에 나타난 하나님의 부르심에 대한 우리의 직관은 하나님의 말씀으로 중재되어야 한다. 존 오웬이 말하듯이, “우리 가슴에 쓰인 은혜의 법은 하나님의 말씀으로 쓰인 법에 응답해야 한다.”[6] 다른 말로 하면, 하나님의 은혜는 느낌이 좋다고 해서 죄 가운데로 무작정 돌진하는 것을 허락하지 않는다. 그와 달리, 은혜는 스스로의 죄나 개인적 욕망의 법이 아니라 말씀 안에서 발견되는 하나님의 법에 응답한다.

하나님은 우리의 일상생활에 나타나는 그분의 말씀을 통해 우리에게 말씀하신다. 나는 대학에서 본래 음악을 전공했는데, 내가 좋아한 과목 중 하나는 시창과 청음이었다. 거기서 우리는 음을 듣고 정확하게 알아내는 법, 악보를 읽고, 귀로 들은 것을 상기하여 악기 없이 오선 위의 음표로 노래하는 법을 배웠다. 침묵이나 소음의 세계 한복판에서 마음속에 있는 참된 음악을 듣는 법, 무슨 일이 벌어지든 간에 음과 감정을 분별하는 법을 배웠다. 그리스도인도 마찬가지다. 우리는 세상의 불협화음과 적의 유혹으로부터 하나님의 음성을 분별하는 것을 배운다.

우리는 세상의 불협화음과 적의 유혹으로부터 하나님의 음성을 분별하는 것을 배운다.

슬프게도 적은 죽이고 강간하고 약탈하기 위해 종종 우리의 약점을 이용한다. 사탄의 전공은 반쪽 진리를 말하고, 진리를 왜곡하고, 하나님이 죄라고 부르는 것을 되찾는 것이다. 나는 데살로니가전서 5장에 나오는 다음 구절들을 자주 묵상한다. "예언을 멸시하지 말고, 범사에 헤아려 좋은 것을 취하고, 악은 어떤 모양이라도 버리라"(20-22절). 이 대목은 그리스도의 배타적 주장이 언제나 우위를 점령할 것이고 나는 내 마음의 소원을 통해 그것을 접할 것임을 상기시켜 준다. 이 대목에서 바울은 우리에게 복음의 진리를 세상의 염려와 뒤섞을 자유를 주지 않는다. 성경은 하나님의 변함없는 성품을 보여 주기 때문에 성경의 지혜는—창세 이전에 지음을 받았음에도— 오늘 우리의 필요를 미리 내다본다. 여기에는 우리 자신을 사탄으로부터 보호하는 데 필요한 지혜로 우리를 구비시키는 일도 포함된다. "하나님이 정말로 말씀하셨는가?"라고 사탄이 하와에게 물었다. 표면적으로 보면 무척 단순한 질문 같다.

그러나 사탄에게서 좋은 것이 나올 수 없다. 그러한 일은 절대 일어날 수 없다. 사탄의 입에서 나오는 질문조차 결코 순수하지 않다. 하나님의 권위에 도전하라는 부추김은 우리 속의 탐욕스러운 짐승을 불러내는 소리다. 그런데 사탄의 물음을 기다리지도 않고 우리가 먼저 구덩이에 뛰어드는 경우도 적지 않다. 우리는 세상의 진미와 사상의 일부를 느껴보고, 또 스스로가 세속 문화나 인기에 어울릴 수 없는 괴짜로 느껴지고 싶지 않아서 세상의 맛을 조금은 보고 싶어 한다. '공존'이란 딱지가 때로는 무척 지혜롭고, 매우 우호적이고, 사람들을 있는 그대로 만나고 싶은 마음을 전달하는 듯하다. 때때로 이런 생각도 든다. 연합한다는 것은 사물을 세상적인 관점에서 보는 것에 달려 있지 않는가? 그렇지 않으면 어떻게 소외된 자들과 함께할 수 있는가? 그렇게 하는 것이 왜 잘못인가?

그리스도 안에 있는 정체성을 유지하려면 이 점을 경계할 필요가 있다. 하나님의 관점을 갖는다는 개념이 아무리 생소하고, 우리의 상황이 아무리 불가능해 보일지라도, 또는 우리가 친구들에게 아무리 이상하고 비정상적으로 보일지라도, 그분의 관점이 나의 것이 되어야 한다. 경계심은 분명히 우리를 지치게 한다. 그래서 나는 데살로니가전서의 그 말씀을 적용하려고 애쓸 때 그리스도께서 나를 붙잡아 주셔서 너무나 감사하다.

사탄이 나에게 퍼붓는 첫 공격은 종종 나의 관점과 관련이 있다. 그 옛날 광야에서 그리스도를 공격할 때에도 사탄은 그분의 관점을 겨냥했다(눅 4). 나는 지난 2년 동안 사탄을 한 번 이상 만났는데, 사탄은 그리스도인의 연합과 평화를 추구하는 형제나 자매의 모습으로 위장하고는 내가 개인적으로 절감한 하나님의 진리를 왜곡시키곤 했다. 최근에 평판이 좋은 어느 교회의 목사가 나에게 그의 상담 팀의 일원인 어느 여성을 만나 달라고 요청했다. 내가 그녀의 사무실에 들어가자 그녀는 나에게 편안한 의자를 권하고는 이렇게 부탁하는 것이었다. "로자리아, 나는 당신이 당신의 메시지를 바꾸면 좋겠어요." 이것이 나를 무장 해제시키려는 대담한 부탁인 것을 알고, 나는 평화의 복음을 들고 온다고 말했다.

그녀가 "당신의 메시지를 바꾸세요"라고 말했다.

나는 내가 부활한 그리스도 안에 서 있다고 응답했다.

그녀가 또 "당신의 메시지를 바꾸세요"라고 말했다.

마침내, 나는 내 메시지 가운데 무엇을 바꿔야 하느냐고 물었다.

그녀는 "동성애 행위가 죄라는 것은 당신의 의견일 뿐이라고 사람들에게 말하세요"라고 이야기했다.

나는 이런 의견을 가질 만큼 똑똑하지 않고, 이것은 영감을 받아 쓰인 무오한 하나님의 말씀이 견지하는 입장이라고 대답했다. 이 입장은 역사적 교회로부터 나에게 전수된 것으로서 사도신경에서 성경을 거쳐 여러 경로를 통해 우리에게 전달된 것이다. 나는 그녀에게, 내 메시지를 바꾸는 것은 성경의 명백한 뜻, 교회의 증언, 예수님의 삶과 죽음과 부활, 그리고 복음을 부인하는 셈이라고 말했다.

그런데 포스트모던 지성에게는 이런 사고노선이 설득력을 지니기 어렵다. 포스트모던 관점에서 보면, 나의 입장을 그저 개인적인 의견으로 여기라는 그녀의 부탁은 충분히 합리적이다. 그러나 보편적 진리를 단지 개인적 선호의 사안으로 주장하는 것은 중요한 사실을 생략한 거짓말과 다름없다. 이것은 성경의 메시지이다. 내가 그리스도를 제외하면 나는 이 부탁을 한 그 여성보다 성경에 의해 더 정죄를 받게 된다.

다음과 같은 질문이 여전히 남는다. 성경의 메시지는 과연 나의 개인적 경험에 의해 규제를 받는가(신발이 잘 맞으면 그냥 신어라. 맞지 않으면 당신에게 맞도록 고쳐라)? 아니면 성경의 메시지는 세계적인가? 선천적인 미덕으로 충분한가? 아니면 우리 모두는 그리스도를 떠나서는 하나님의 기대를 반영하기에 무능력한가?

그리스도인의 연합은 하나님이 우리에게 주신 구체적인 정체성을 포기하거나 위장한다고 도모될 수 있는 것이 아니다. 우리는 오직 하나님 안에서 그리고 그분을 통해서만 우리 자신을 정의하도록 부름받았다. 연합은 성경적 진리에 의존해 있고, 우리는 온갖 형태의 악을 피해야 한다. 악의 형태가 우리의 의식 속에서 달갑잖지만 끈질기게 춤을 출 때도 마찬가지다. 우리가 이미 구속을 받았지만 이런 타락의 흔적이 남은 것을 보면 우리의 불완전한 성화는 영화롭게 될 때에야 완성될 것임을 알게 된다. 우리가 천국을 갈망하면서 회개의 열매를 통해 날마다 새롭게 되기 위해선 그리스도를 붙잡는 것 말고 무엇을 할 수 있겠는가?

하나님은 우리가 하나님의 말씀, 성령의 분별, 그리스도의 피를 통한 구속받은 삶의 즐거움을 통해 그분의 음성을 듣기를 원하신다. 예컨대, 음높이는 흑과 백이다. 그것은 정음, 올림표, 또는 내림표이다. 정음인 동시에 내림표일 수는 없다. 둘은 서로 배타적인 것이다. 합창은 하모니나 불협화음으로 부를 수 있지만, 독창은 정음이나 올림표 또는 내림표 중 하나일 수밖에 없다. 성경도 마찬가지다. 언어는 언어학자가 말하는 의미론적 뜻의 범위[7]를 갖고 있지만(이에 관해서는 나중에 "게이 그리스도인"이란 말을 거론할 때 다룰 예정이다) 우리가 분명히 해야 할 것이 있다. 말은 제대로 사용될 수도 있고 오용될 수도 있는데, 하나님은 그분의 말씀과 뜻에 관한 한 우리가 핵심을 파악하기를 기대하신다는 사실이다. 말하자면, 우리는 결코 성경의 명백한 뜻이나 교회 안에 있는 그 역사적 증언을 에둘러 설명할 수 없다는 것이다. 성경은 하나로 통일된 성경적 계시이다. 그리고 선택된 사람들을 통해 그 메시지를 전달하지만 각 사람이 성령의 영감을 받은 만큼 통일된 하나님의 음성이다. 우리는 하나님의 직접적인 말씀과 그로부터 나오는 신학적 원리들을 앎으로써 하나님의 음성을 듣는 훈련을 하게 된다.

나는 지금 사람이 만든 찬송가나 예술품, 또는 춤으로 표현하는 기독교의 주제들에 관해 말하고 있는 것이 아니다. 우리가 만든 것 중에 구원하거나 분별하거나 거룩하게 하는 능력을 가진 것은 하나도 없을 것이다. 기독교 문화가 우리를 향상시킬 수는 있어도 하나님의 말씀을 희생시키면서 그럴 수는 없다. 우리가 만든 어떤 창작물도 우리 구원자의 예리한 날과 거룩케 하는 피에 견줄 수 없다.[8] 우리는 성경의 예수님, 하나님의 모든 율법을 성취하러 오신 육신이 된 말씀에게 우리의 삶을 헌신한다. 우리의 개인적 경험은 자비롭고 자애로운 하나님의 섭리 아래 일어나는 것인 만큼 중요하지만, 그것이 하나님의 명령의 타당성을 평가하지는 않는다. 우리는 하나님을 판단하도록 부름받은 것이 아니라 자아를 죽이기 위해 부름받았다. 하나님이 토기장이이고 우리는 진흙이다. 그리고 우리의 구원자는 하나님의 말씀과 불가분의 관계에 있다. "또 그가 피 뿌린 옷을 입었는데 그 이름은 하나님의 말씀이라 칭하더라"(계 19:13).

그리스도와의 연합을 통한 개인적 정체성: 나에게 필요한 것은 무엇인가?(1부)

그리스도와의 하나 됨은 신자들이 "오직 그리스도 안에서 하나님을 통해서만" 생명을 발견한다는 말의 깊이와 넓이를 설명해 주는 개념이다. 골로새서 3장 3절은 "이는 너희가 죽었고 너희 생명이 그리스도와 함께 하나님 안에 감추어졌음이라"라고 말한다. 개혁주의 신학자들은 신자들이 상호의존적인 세 가지 방식으로 그리스도와 하나가 된다고 가르친다.[9]

1) 내재적 연합: 하나님께서 창세 이전부터 그 자신을 위해 한 백성을 구별하셨은즉(엡 1:4) 영원 전부터 그리스도와 연합되어 있는 것

2) 한시적 연합: 그리스도의 죽음과 부활 안에서 그분과 연합되었고, 이로부터 태어난 우리의 정체성을 갖는 것(롬 6:3-11)

3) 적용된 연합: 오늘과 영원토록 그리스도께서 우리 안에 거하시고 우리를 인도하시는 것을 현재는 물론 지속적으로 삶에 적용하는 것(엡 2:5-7)[10]

우리와 그리스도의 연합은 은혜로 말미암고 영광에 이르기까지 지속된다. 그리스도와의 연합이 기본적인 것이고, 역사적이고 존재론적이며, 영원하고 영구적인 것임을 우리가 알 때 두 가지 결과가 따라온다. 먼저 우리가 그리스도의 형상을 본받도록 우리 자신을 내어놓을 가능성이 커지고, 또한 예수님을 우리가 원하는 모든 것을 눈감아 주는 친구로(우리가 예수님을 믿는다는 이유로) 상상할 가능성이 작아진다.

그리스도와의 연합은 우리가 (현재의) 개인적 경험의 한계를 통해 일하도록 돕는다. 그것은 나로 하여금 나의 회심에 관한 중요한 것을 이해하도록 돕는다. 나를 주님 안에서 자매로 봐야 할 사람이 나를 오해했던—이런 일이 많이 일어났다—그 주일 오후 시골 부엌에서의 사건을 다시 생각하도록 해 준다.

주님이 나의 세계에 들어왔을 때 나는 복음이 점화한 "새로운 애정의 배제적 힘"(토마스 챔버스의 유명한 설교 제목을 인용한 것)을 경험했다. 그 새로운 애정은 이성애가 아니라 예수님, 나의 친구이자 구원자인 나의 예수님이었다. 나는 동성애가 아니라 불신에서 회심한 것이었다. 회심을 하고 하나님이 주시는 은혜의 수단(성경 읽기, 기도, 교회 소속, 성찬 참여)을 통해 신앙생활을 영위한 뒤에 깨달은 것은, 내 죄가 오로지 여성에 대한 성적 욕망만이 아니라는 점이었다. 여성에 대한 나의 성적 욕망은 또 다른 죄에 달려 있었다. 그 욕망은 번쩍이는 자만의 칼날 위에서 춤을 췄다. 나는 가부장제를 최고의 위험으로 배척한 자만을 다루고 있었고, 이것을 여성에 대한 친화성(이것이 성행위로 이어진다)과 합치면서 스스로 레즈비언으로 자처하기가 쉬웠던 것이다.

하나님께서 나를 구원하셨을 때, 내 마음을 새롭게 하다 보니 마치 내 마음을 잃는 것만 같았다. 내 삶의 모든 것이, 말 그대로 모든 것이 바뀌었다. 회심 이후에는 더 이상 여성과 성적 관계를 맺으면 안 된다는 것이 분명해졌고, 몸의 기억이 여전히 나의 주목을 끌었지만 나는 그것을 떨쳐 버렸다. 그리고 하나님은 그리스도와의 연합을 통해 내게 평안을 주셨다. 정체성의 위기는 감당하기 어려울 만큼 고통스러웠지만, 동시에 그것은 그리스도 안에서 정체성을 찾지 않을 수 없게 만들었다. 나는 예전에 혐오하고 비웃었던 그런 존재가 되었다. 마침내 하나님은 나에게, 주님이 원하시면 경건한 아내가 되고 싶다는 깊고도 진정한(약간 아이러니한) 욕망을 주셨다.

타락한 우리의 몸은 물론이고 구속받은 몸이라 할지라도 성은 복잡한 연속체 위에서 움직인다. 하나님도 그것을 아신다(그래서 그분은 희생적 독신의 성을 포함해 창조질서에 부합하는 성에 그토록 신경을 쓰시는 것이다). 복음이 하나님의 양떼 중에서 그분의 질서에 어긋난 성적 정체성과 행위를 만나면 예수님은 그에게 사랑의 멍에를 씌우신다. 과거의 정체성을 잃는 것이 가볍게 느껴지지 않더라도 예수님이 이 십자가의 무거운 부분을 지고 가시는 만큼 그것은 좋은 일이다. 내가 처음 그리스도와의 연합을 경험했을 때가 그랬다. 그래서 다음 말씀을 깨닫게 되었다. "고난당한 것이 내게 유익이라, 이로 말미암아 내가 주의 율례들을 배우게 되었나이다." 이 구절의 첫 절에 나오는 "유익이라"는 말은 쉽게 나오는 것이 아니다. 이것은 당신이 그리스도와 하나가 되면, 당신에게 순종을 가르치시기 위해서 하나님이 고난을 통해 당신을 축복하신다는 뜻이다. 예수님조차 고난을 통해 순종을 배우셨다(히 5).

그리스도와의 연합과 그리스도 안의 정체성이 합쳐지는 것은 우리가 하나님의 형상으로 창조되었기 때문이다. 그런데 하나님의 형상은 남자와 여자 속 어디에 계시는가? 존 칼빈(1509-1564)은 하나님의 형상이 일차적으로 남자와 여자의 영혼 속에 있다고 주장하는데, 이것이 인간을 다른 모든 피조물에게서 구별시키는 것이기 때문이라고 한다.

영혼은 인간에게 찍으신 하나님의 지문이지만 장차 몸 또한 부활하게 될 것이다. 『웨스트민스터 신앙고백』에 나와 있듯이 인간은 "신체적-영적 존재가… 총체적으로 (하나님의 형상을 담고 있다기보다는) 하나님의 형상이다."[11] 타락 이전에는 아담과 하와가 "참된 지식과 의와 거룩함"[12]으로 하나님의 형상을 지녔었다. 그리고 비록 굉장히 변형되긴 했지만 하나님의 형상은 타락 이후에도 여전히 인간 속에 남아 있다. 칼빈은 타락이 단지 인간이 하나님의 모양을 잃었다는 것만을 뜻하지 않는다고 주장했다. 타락은 외관상의 결함 이상을 의미했다. 타락 이후 사람의 이성과 의지가 모두 왜곡되고 곡해되었다.

창세기 1장은 타락 이전의 창조행위를 묘사한다. "하나님이 자기 형상 곧 하나님의 형상대로 사람을 창조하시되 남자와 여자를 창조하시고"(27절). 이는 남자와 여자 모두 하나님의 형상으로 창조되었다고 일러준다. 지금은 타락한 피조물일지언정 우리는 하나님의 형상으로 창조된 자들이다.

그런데 우리가 하나님의 부르심을 받아 그리스도에 의해 구속되고 성령에 의해 새롭게 된 뒤에 하나님은 우리에게 "새 사람을 입으라"(골 3:10)고 명령하신다. 에베소서 4장 24절도 "하나님을 따라 의와 진리의 거룩함으로 지으심을 받은 새 사람을 입으라"고 명한다. 이 명령은 그 주변 구절들에 보다 철저하게 구체화되어 있다.

> 22 너희는 유혹의 욕심을 따라 썩어져 가는 구습을 따르는 옛 사람을 벗어 버리고

23 오직 너희의 심령이 새롭게 되어

24 하나님을 따라 의와 진리의 거룩함으로 지으심을 받은 새 사람을 입으라.

25 그런즉 거짓을 버리고 각각 그 이웃과 더불어 참된 것을 말하라, 이는 우리가 서로 지체가 됨이라.

이 명령과 약속들은 하나님께서 그의 백성을 공정하게 구별하셨음을 보여 준다. 또한 언제나 누군가의 삶으로 진입하는 복음의 통로가 있다는 것도 보여 준다. 왜냐하면 죄라는 것이 우리 모두에게 똑같은 조건을 부여하여 우리를 평준화시키는 역할을 하기 때문이다.

성화를 통한 개인적 정체성: 나에게 필요한 것은 무엇인가?(2부)

구원은 크나큰 선물이자 신비이다. 하나님은 그리스도의 속죄의 피를 통해 죄인을 의롭게 하신다. 그분은 우리에게 믿음의 선물을 부여하신다. 믿는 능력은 하나님에게서 오지만 믿음의 행위는 그래도 우리의 것이다. 그리스도는 어렵게 얻은 새로운 생명을 불어넣으신다(또는 퍼부으신다). 그러면 구원은 어디에서 시작되는가? 구원은 하나님 아버지의 선택, 의롭게 하시는 사랑, 법적인 용서와 함께 시작된다. 칭의는 하나님이 베푸시는 값없는 은혜의 행위이다. 하나님은 용서를 주실 때 반응을 요구하신다. 하나님이 죄인을 자기에게 부르실 때, 우리는 우리의 삶을 믿음의 창시자요 완성자이신 예수님께 의탁한다(히 12:2). 이후 우리는 구별되어 거룩하게 된 존재로 평생에 걸친 성화의 여정을 시작한다. 내가 아무리 열심히 노력한다 해도 나 자신을 구원할 수 없는 것은 오직 그리스도의 속죄의 피만이 하나님이 요구하시는 공의의 요건을 충족시킬 수 있기 때문이다. 성령께서 한 사람에게 새로운 마음을 주실 때, 우리 구원자의 피가 그의 온 인격을 "하나님의 형상으로" 회복시킨다.[13] 신약성경은 죽음과 부활의 은유를 사용하거나 죄에 대해 죽고 새로운 삶에 대해 사는 것으로 이것을 묘사한다. 그런데 온 인격이 회복된다는 말은 정확히 무슨 뜻인가?

로마서 6장 6절은 성화가 죄와 싸움을 벌이도록 신자를 구비시킨다고 밝히면서 이 점을 상기시켜 준다. "우리의 옛 사람이 예수와 함께 십자가에 못 박힌 것은 죄의 몸이 죽어 다시는 우리가 죄에게 종노릇 하지 아니하려 함이니." 여기서 말하는 약속은 우리가 죄를 다스리는 완전한 자유를 받았다는 것이 아니라 성화되는 과정 중의 미완성품이라는 뜻이다. 죄를 정복하고 승리를 거두는 과정은 싸움의 맥락에 묘사되어 있다(롬 8:13). 싸움은 시간과 피 흘림과 용기가 필요하다. 따라서 성화는 하나의 과정이고, 때로는 그 과정이 느리고 제자리를 도는 것처럼 느껴지기도 한다. 그러나 당신이 하나님에 의해 의롭게 되었다면, 당신은 분명히 성화의 과정 중에 있다.

실질적으로 말하면, 당신이 여전히 사악한 욕망을 품고 있을지 몰라도 하나님은 그에 따라 행동하지 않도록 당신을 구비시키신다는 뜻이다. 만일 당신이 기질과 습관상 분노의 죄를 문제로 느낀다면, 하나님은 성화의 선물을 통해 당신 자신을 통제할 수 있는 능력을 주실 것이다(이는 당신이 은혜의 수단을 통해 사랑으로 반응할 때 가능하다). 이것은 당신이 반드시 분노를 그칠 것이란 말이 아니고 분노가 생길 때 달리 반응할 능력을 갖게 되리라는 뜻이다. 『웨스트민스터 신앙고백』에 나와 있듯이, 죄는 성화를 통해 정복되지만 영광에 이르기까지 반드시 근절되지는 않는다.

우리는 또한 성경을 통해 모든 신자의 성화의 정도가 다 똑같지 않다는 사실을 알게 된다. 어떤 이들은 다른 이들보다 죄를 더 잘 다스리는 능력이 주어진다. 요한일서 2장은 이렇게 말한다.

> 12 자녀들아, 내가 너희에게 쓰는 것은 너희 죄가 그의 이름으로 말미암아 사함을 받았음이요.
> 13 아비들아, 내가 너희에게 쓰는 것은 너희가 태초부터 계신 이를 알았음이요. 청년들아, 내가 너희에게 쓰는 것은 너희가 악한 자를 이기었음이라.
> 14 아이들아, 내가 너희에게 쓴 것은 너희가 아버지를 알았음이요. 아비들아, 내가 너희에게 쓴 것은 너희가 태초부터 계신 이를 알았음이요. 청년들아, 내가 너희에게 쓴 것은 너희가 강하고 하나님의 말씀이 너희 안에 거하시며 너희가 흉악한 자를 이기었음이라.

이 대목은 자녀, 아비, 아이, 청년 등 다양한 신자들에게 다양한 정도의 성화의 은혜가 주어졌음을 밝히고 그로 인해 하나님께 영광을 돌린다. 이 범주들은 문자적인 나이가 아니라 새로운 신자들로부터 검증된 신자들에 이르기까지 영적인 나이를 가리킨다. 이 단락은 하나님께서 당신에게 당신의 몫을 주신다는 것과 하나님께서 의롭게 하신 사람을 또한 성화시키시고 언젠가 영화롭게 하실 것임을 우리가 신뢰할 수 있음을 보여 준다. 우리는 죄를 "죄"라 부르고 우리 마음을 하나님께 드림으로써 하나님과 함께 성화의 작업을 이뤄가되, 우리 자신이나 타인을 완전하게 해 달라는 요구로 하나님과 싸우지는 않는다. 성화를 통해 하나님은 "지각을 사용함으로 연단을 받아 선악을 분별하게" 하신다(히 5:14).

성화는 그리스도인의 평생에 완성되지 않는다. 이것은 신자가 무언가를 실패하고 있다는 징표가 아니다(우리가 자신을 늘 점검하고 은혜의 수단을 활용할 필요는 있지만). 자칫하면 성화를 우리가 행하는 어떤 것으로 보는 오류에 빠지기 쉬운데, 사실 성화는 하나님께서 우리 안에서 이루시는 일이고 우리는 사랑과 겸손으로 반응할 뿐이다. 성경은 성화가 왜 불완전하고 불안정한지 한 가지 이유를 제공한다. 우리가 거듭난 이후에도 우리 속에 남아 있는 죄의 본성 때문이다. 히브리서 12장 1절에 따르면, 우리는 얽어매는 죄에 빠질 소지가 있어도 달려야 한다. "이러므로 우리에게 구름 같이 둘러싼 허다한 증인들이 있으니 모든 무거운 것과 얽매이기 쉬운 죄를 벗어 버리고 인내로써 우리 앞에 당

자칫하면 성화를 우리가 행하는 어떤 것으로 보는 오류에 빠지기 쉬운데, 사실 성화는 하나님께서 우리 안에서 이루시는 일이고 우리는 사랑과 겸손으로 반응할 뿐이다.

한 경주를 하며." 우리는 종종 죄 때문에 절름발이가 되었다고 느끼지만 절름발이일지언정 하나님은 여전히 우리에게 달리라고 말씀하시고 달리도록 구비시키신다.

나는 종종 하나님께서 자기 기도는 듣지 않으신다고 믿는 사람들과 이야기를 나눈다. 평생에 걸쳐 원치 않는 동성애적 욕망의 죄를 없애 달라고 기도했지만 하나님이 그렇게 해 주지 않으셨기 때문이라는 것이다. 이 문제는 다음 장에서 우리가 날마다 씨름하는 세 종류의 죄—원죄, 자범죄, 내재하는 죄—를 살펴볼 때 다룰 생각이다. 여기서는 성화가 당신과 당신의 죄 사이에 쐐기를 박고 죄에 대한 충성심을 옮겨 주지만, 유혹은 오랫동안 살아남을 수 있다는 것을 기억하면 된다. 유혹의 패턴은 좀처럼 사라지지 않는다. 하지만 그것이 더 이상 당신의 삶을 지배하지 않고 당신을 규정짓지도 않는다. 유혹의 패턴은 그리스도 안에 있는 당신의 참된 본성에 문외한이다. 남아 있을지라도 그리스도와 함께 다스리지는 않는다. 그러나 당신이 살아 있다면 유혹과 씨름하기 마련이고, 만일 특정한 죄를 짓는 데 전문가가 되었다면 그 죄를 생각나게 할 수 있는 몸의 기억을 갖고 있는 것이 확실하다. 나는 확실히 그렇다. 내재하는 죄를 오랫동안 키워 왔던 사람들은 나의 적을 아는 것이 꼭 필요하다. 만일 당신이 이런 유혹의 패턴에 감상적인 마음을 품고 그런 것이 들어설 약간의 여지라도 만들려고 한다면 당신에게 화가 미칠 것이다.

교회와 대학교에서 강연을 할 때, 청중들은 때때로 내가 치유를 받았는지 묻는다. 예컨대, 이렇게 말한다. "하나님은 사람을 게이로 만들지 않지요. 그러니 당신의 동성애적 욕망이 평생에 사라지지 않는다면, 당신은 신자가 아니든지 열심히 기도하지 않든지 둘 중 하나겠죠." "치유"란 말과 "기도로 동성애를 쫓아낸다"는 철학은 내게 비성경적으로 들린다고 질문자에게 말해 줬다.

나는 주님이 내 죄를 용서하시고 그로부터 나를 구출하신 것을 직접 경험했다. 하지만 그렇다고 유혹이 남아 있지 않다는 뜻은 아니다. 죄는 어디까지나 죄다.

죄는 반역이지 비염이 아니다. 하나님은 죄를 용서하시지 치유하시는 게 아니다. 하나님께 스스로 강건해지는 데 필요한 것만 달라고 기도하는 것은 기만적인 속성을 품고 있다. 복음이 약속하는 강건함은 오직 그리스도께 의존할 때만 생기는 것이다. 성경에 따르면, 영광에 이르기까지는 우리가 완전한 성화와 죄성의 완전한 근절을 경험할 수 없다고 한다. 그렇다고 해서 오늘 그리스도 안에서 생명력을 얻을 것이란 희망을 버리지는 말라. 오늘이야말로 당신과 나에게 구원의 날이요 성화의 날이다. 야곱처럼 우리는 하나님을 붙잡고 놓아 주지 말아야 한다(창 32:24-32).

내가 이 책을 쓰는 한 가지 이유는 원치 않는 성적 유혹과 씨름하는 이들에게 목회적 돌봄을 베풀기 위해선 죄와 회개와 성화에 대한 탄탄한 이해가 필요하다고 믿기 때문이다. 우리는 더 이상 죄와 성화를 오로지 우리의 어떤 행위로만 보아서는 안 된다. 평생에 걸친 어떤 죄의 패턴에서 구출된다는 것은 당신이—하나님의 힘과 더불어—하나님의 금지사항을 위반하지 않고 하나님의 혐오사항을 좋아하지 않을 능력을 갖고 있다는 뜻이다. 아울러 넘어지면 회개를 통해 회복될 수 있고, 넘어짐이 떨어져 나감을 뜻하는 것이 아니며, 당신이 매 순간 주님이 필요하다는 것을 알고 점점 더 겸손해지는 것을 의미한다. 하나님은 당신이 죄를 이길 수 있도록 해 주시지만 당신을 멍청하게 만들지는 않으신다. 하나님은 우리에게 우리 자신을 신뢰하지 말고 오직 그분만 신뢰하라고 경고하신다. "그런즉 선 줄로 생각하는 자는 넘어질까 조심하라"(고전 10:12). 하나님은 죄와 싸우도록 당신을 구비시킴으로써, 그리고 매 순간 당신에게 그분이 필요함을 알고 겸손하게 하심으로써 승리를 주신다. 전사들은 싸우다가 지칠 수 있으므로 하나님은 우리에게 서로 동행하며 위로를 베풀라고 말씀하신다. 야고보서 5장 16절은 이렇게 우리를 위로한다. "그러므로 너희 죄를 서로 고백하며 병이 낫기를 위하여 서로 기도하라. 의인의 간구는 역사하는 힘이 큼이니라."

우리가 죄를 이기고 싶은 것은 하나님께 더 가까이 나가고 싶어서다. "하나님께 가까이 함이 내게 복이라"고 시편 73편 28절은 말한다. 나는 싸움 중에 있는 동료 신자들과 나란히 걷고 싶다. 그런데 성경은 우리가 원치 않는 죄와 싸우고 있을지라도 우리의 죄를 부인하지 말라고 경고한다. 말하자면, 우리의 관점을 하나님의 관점과 싸우게 하지 말라는 것이다. 그래서 요한일서 1장 8절은 이렇게 말한다. "만일 우리가 죄가 없다고 말하면 스스로 속이고 또 진리가 우리 속에 있지 아니할 것이요." 따라서 나에게는 하나님의 관점에서 내 삶을 볼 수 있는 능력이 필요하다. 그리고 하나님의 영이 날마다 우리를 새롭게 해 주실 때, 우리의 죄를 용서하신 하나님이 또한 우리를 죄의 유혹에서 건져 주실 것으로 바랄 수 있다. 나는 이 달콤한 선물을 맛보고 있고, 주님은 이 은총을 자기를 찾는 이들에게 값없이 주신다.

우리는 또한 하나님이 성화의 은혜를 각 사람들에게 각각 다른 정도로 베푸신다는 사실에 대해 고민한다. 미국의 그리스도인은 하나님이 어떤 이들에게는 한 개의 십자가를, 또 다른 이들에게는 열 개의 십자가를 주는 모습을 수용하기가 무척 어렵다. 우리가 생각하는 공정함과 공의에 위배되기 때문이다. 그러나 하나님이 우리에게 주시는 몫은 우리가 선택하는 것이 아니다. 또한 우리는 그리스도를 따르는 일이 어렵고 우리의 모든 것을 잃을 수도 있다는 것을 부인하면 안 된다. 빌립보서 3장은 바울이 줄곧 죄와 싸우는 모습을 잘 보여 준다.

> 12 내가 이미 얻었다 함도 아니요 온전히 이루었다 함도 아니라 오직 내가 그리스도 예수께 잡힌 바 된 그것을 잡으려고 달려가노라.
> 13 형제들아 나는 아직 내가 잡은 줄로 여기지 아니하고 오직 한 일 즉 뒤에 있는 것은 잊어버리고 앞에 있는 것을 잡으려고
> 14 푯대를 향하여 그리스도 예수 안에서 하나님이 위에서 부르신 부름의 상을 위하여 달려 가노라.

바울처럼 우리도 하나님의 힘으로 달려가고 죄와 계속 싸우도록 부름을 받았다. 우리는 하나님은 죄가 무엇인지 아는 분이라고 신뢰할

수 있다. 만일 우리가 하나님에 의해 의롭게 된 신자라면, 우리는 날마다 하나님과 그분의 은혜의 수단을 사랑하는 마음으로 하나님의 선물에 반응할 필요가 있다. 구원을 통해 하나님은 영광을 받으시고, 구원과 성화를 선물로 받는 우리는 축복을 받게 된다.

너무 급하게 성경을 읽고 기도하면 복과 능력을 놓치게 된다. 때로는 우선순위를 잘못 두는 바람에 성경을 제대로 먹지 못해 비실거리게 되고, 성경 읽기가 끝나는 순간 우리의 사기꾼이요 고발자인 사탄과의 약속이 있다는 사실을 잊어버린다. 하나님의 말씀과 기도는 우리를 분명히 변화시킨다. 그것을 통해 우리는 변화되고, 구비되고, 격려를 받고, 준비되어야 한다. 성경 읽기와 기도를 소홀히 하면 영적 위기에 빠지게 된다는 것을 반드시 알아야 한다.

그런데 우리가 축복을 받는다면 왜 때때로 수치심의 문제로 고민하는가? 우리가 그리스도 안에서 누군지를 기억하는 것이 왜 어려운가?

수치심이야말로 내게 가장 끔찍한 악몽이다. 만일 당신도 성적인 죄에 빠져 있다가 그리스도께 나아온다면 나와 똑같이 느낄 것이다. 로마서 2장 14-16절, 즉 하나님께서 장차 사람들의 은밀한 것을 심판하실 것임을 마음속 깊이 확실히 알고 이것이 가슴에 와 닿으면 우리는 수치심을 느낄 수밖에 없다.

3장

회개

하나님께 이르는 문지방,
수치와 유혹과 죄에 대한 해답

아무도 수치심을 좋아하지 않는다. 수치를 당하고 싶은 사람은 아무도 없다. 수치(shame)란 단어의 뿌리를 찾아보면 노출과 성에 직접 연결된다는 것을 알 수 있다. 수치는 무언가를 들켰을 때, 그리고 하나님께 심판할 권한과 책임이 있음(롬 2:14-16)을 알았을 때 보이는 자기혐오이자 본능적 반응이다. 아담과 하와가 죄를 범한 후 처음 보인 감정적 반응이 바로 수치심이었고, 그들은 하나님의 눈을 피하고 몸을 가림으로써 그 수치를 다루려고 했다. 우리 역시 악행이 노출되면 그와 똑같이 회피와 은폐로 반응한다.

그리스도께서 나를 그분의 소유로 삼고 내가 그분께 항복했을 때, 나는 수치와는 거리가 멀 것이라고 생각했다. 내가 그리스도 안에서 새로운 피조물이 되면 나의 수치스러운 삶, 신성모독적인 무신론(그리고 이 관점에서 수많은 학생을 가르친 것), 이성애적 및 동성애적인 죄, 사람을 기쁘게 하려는 잘못된 자만심에서 차단될 것으로 생각했다.

그러나 실제로 벌어진 일은 내가 상상했던 그리스도인의 삶과는 달랐다. 나는 그리스도의 피로 깨끗해졌다고 느끼는 대신 오히려 수치심을 느꼈다. 나를 구원하신 분의 삶과 죽음과 사랑의 렌즈 아래서 오직 거룩한 하나님만 나를 용서할 수 있다는 것을 깨달았다. 그런데 어떤 연고인지 나는 계속 하나님의 사랑을 의심했다. 문제는 수치가 나의 과거에만 머물러 있지 않으려 했다는 것이다. 성경을 읽으면 읽을수록 하나님이 내 삶에서 더 많은 죄를 들춰내셨고, 내가 현재 신자로서 범하고 있는 죄가 그리스도를 알기 전에 범한 어떤 죄보다 훨씬 더 가증스러워 보였다.

이 문제를 도와주려고 애쓴 시러큐스 교회의 한 친구가 제프 반 본데렌이 쓴 『표준에 도달하려다 지치다』(*Tired of Trying to Measure Up*)[1]란 책을 줬다. 나는 한자리에서 그 책을 다 읽었다(이런 식으로 많이 읽는다). 제1부의 전반적인 주제는 수치심이 어떻게 사람들에게 상처를 주는지와 그 상처가 어떻게 우리로 하여금 다른 이들이 설정한 표준에 도달하도록 더 열심히 노력하게 만드는지에 관한 것이라 무척 기쁘게 읽었다. 마치 1부의 매 페이지에 내가 등장하는 것만 같았다. 나는 일 중독자이다. 만일 성적인 죄가 나를 사로잡지 않았다면 나는 대단한 바리새인이 되었을 것이다. 나는 매우 독선적이다. 자만이 가장 두드러진 나의 특징이다. 그리스 신화에 나오는 시지프스처럼 나는 나를 괴롭히는 짐을 이길 만큼 결코 열심히 또는 빨리 달릴 수 없다(시지프스는 만성적 거짓에 대한 벌로 무거운 돌을 산꼭대기로 밀어 올렸다가 그것이 떨어지는 것을 보고, 다시 그것을 꼭대기로 올리는 일을 영원히 반복해야 했던 왕이다).

그런데 2부에 이르렀을 때 나는 내 문제와 함께 책 속의 길을 걷는 일을 그만두었다. 2부의 전반적인 주제는 수치가 사람들에게 상처를 줄 때 은혜가 그것을 치유한다는 것이었다. 우리의 삶을 그리스도께 의탁했다는 것을 기억하고, 성령 안에 서기로 선택함으로써 말이다. 이것이 왜 문제냐고 당신이 물을지 모르겠다. 아니, 어떻게 은혜에 대해 왈가왈부할 수 있는가? 도대체 누가 회심 이후에 선물로 주어지는 성령의 열매에 대해 논쟁할 수 있는가? 나는 은혜를 수치의 해결책으로 보는 것을 이해할 수 없었다. 내게는 한 단계가 빠진 것처럼 보였다. 나중에야 그 단계가 바로 회개라는 것을 알았고, 누군가에겐 이것을 놓치는 것이 치명적인 실수가 될 수도 있다.

문제는 시편 119편이 내 귀에 계속 맴돌았다는 것이다. 이 시편은 다윗이 안고 있는 수치의 문제와 함께 시작된다. "내 길을 굳게 정하사 주의 율례를 지키게 하소서. 내가 주의 모든 계명에 주의할 때에는 부끄럽지 아니하리이다"(5-6절). 여기서 다윗은 수치를 해결하기 위해 율법에 의지한다. 은혜를 요청할 수 없었기 때문이 아니다. 많은 시편은 절박한 상황에서 은혜와 자비와 구조를 요청하는 울부짖음으로 가득하다. 그러나 다윗은 죄의 요새를 무너뜨리는 데 율법이 힘을 발휘하도록 간청한다. 다윗은 자기가 "주의 모든 계명(도덕적 율법)에 주의할 때에는" 부끄러움을 당하지 않을 것이라고 말한다. 다윗은 율법이 자신을 구원하지 않는다는 것을 알았지만, 반본데렌이 은혜에 대해 놓치고 있는 것을 보여 준다. 은혜는 내 아들이 주사를 맞을 때 주의를 돌리려고 의사가 주는 사탕 같은 것이 아니다. 은혜는 순종을 협상 가능한 것으로 만들지 않는다. 은혜는, 나의 가정교사인 율법이 내 타고난 독선의식을 정죄할 때 나를 수렁에서 건져주는 것이다(시 40). 율법이 나의 죄를 밝히면 하나님의 은혜가 나에게 내가 타인뿐만 아니라 하나님에게도 죄를 지은 것임을 알게 하고 회개하도록 강권한다(시 51).

당신은 회개를 건너뛰고 은혜에 이를 수 없다. 그리스도는 우리의 불순종이 아니라 우리의 겸손으로 밝히 드러난다. 우리의 불순종 때문에 예수님이 모든 것을 희생하신 것이다. 죄의 대가는 언제나 피, 그리스도의 피다. 은혜가 있다고 해서 나에게 율법이 불필요한 것이 아니다.

그런데 내가 신자가 된 뒤에도, 죄에 대해 더 잘 알게 되었으면서도, 계속 죄를 범하다니 무엇이 잘못된 것인가? 생명을 얻는 회개가 하나님께 이르는 문지방이라면, 나는 왜 예수님을 닮아가는 면에서 그토록 느린가?

그리스도인은 왜 여전히 죄를 짓는가?

때로는 모든 생일과 명절 선물 포장지에 '당신의 기대치를 낮추라, 당신의 기쁨을 늘려라'는 문구가 적히면 좋겠다는 생각이 든다. 하나님이 나에게 자녀들을 주시기 오래전에 내가 만든 문구이다. 아이들은 애니메이션 영화가 약속한 모든 것을 욕심내기 시작했고, 나는 회심할 때 품었던 불합리한 기대치의 문제를 정면으로 다루기 시작했다. 내게는 표준(하나님의 법, 또는 성경에 제시된 교리에 관한 높은 지식)과 기대치(이 표준에 맞춰 살 수 있는 능력) 사이에 차이가 있는 것처럼 보였다.

내가 안고 있던 수치의 문제가 (하나님의) 표준이 아니라 (나의) 기대치와 관계가 있음을 깨달았다. 우리가 정말로 회심했다면 그리스도인이 죄와 씨름해서는 안 된다고 나는 생각했다. 그리스도 안에 있는 만큼 이제 모든 죄스러운 느낌이 사라져야 한다고 생각했다. 더 잘 알게 되면 반복적인 죄의 문제가 해결되리라고 기대했던 것이다. 그런데 회심한 뒤에 죄와의 싸움은 오히려 늘어나는 것만 같았다. 나에게 제자훈련을 시키던 목사와 교인들은 특히 로마서 5-7장이 그 이유를 설명해 준다고 가르쳐 주었다. 우리가 옛 사람을 벗어버리고 새로운 피조물이 되었다면(고후 5:17) 왜 아직도 죄와 씨름하고 있는 것인가?

그리스도인이 접하는 가장 불쾌하고 헷갈리는 문제는 우리가 어째서 계속 죄를 짓는가 하는 것이다. 우리가 죄를 선택하는 것인가? 죄가 여전히 신자들 속에 거하는가? 우리가 그리스도 안에서 새로운 피조물이라면, 왜 우리는 완전하고 만족스런 방식으로 회심하는 동시에 성화되지 않았는가? 하나님이 우리를 사랑하신다면, 왜 그분이 우리의 죄스러운 욕망을 포괄적으로 바꾸지 않으시는가? 신자들이 왜 여전히 죄를 짓는가? 내 마음속 욕망들은 내 자아의식과 불가분의 관계에 있고, 그 욕망들이 성품을 이루는 자아의 실체를 형성하며, 내 마음속의 별개의 영역이 아니라 나의 모든 경험을 요구하는데, 어떻게 그 욕망들이 죄스러울 수 있는 것인가? 달리 표현하면, 만일 은혜가 나를 치유하도록 되어 있다면, 어째서 나는 여전히 발목이 잡히고 아픈 것인가? 하나님께서 나를 지나쳐 버리셨는가? 하나님은 내 기도를 듣지 않으시는가?

왜 신자들은 죄를 짓는가 하는 어려운 문제에 대해서는 두 가지 견해가 있다. 지배적인 복음주의 입장에 따르면, 수치에 대한 하나님의 해결책은 우리가 그리스도 안에서 새로운 피조물임을 온전히 아는 것이라고 한다. 은혜를 더 달라고 간청하되 율법에 순종하려고 애쓰지는 말라. 실패할 것이 뻔하기 때문이다. 그리고 실패는 하나님의 은혜를 밝히 보여 주기 때문에 덕스럽고 피할 수 없으며 좋은 것이라고 이 입장은 이야기한다. 젠 윌킨이 말하듯이, 실패가 하나의 미덕이 되었다.[2] 그녀의 블로그는 실패를 미화하는 입장의 위험성을 잘 드러내고 있다.

성경에는 실패를 미덕으로 보는 대목이 전혀 없다. 겸손을 실패와 섞어 버리는 사람은 겸손의 중요성과 실패의 심각성을 이해하지 못한다. 개혁주의 입장은 이 문제에 대해 다른 관점을 제공하는 만큼 다른 해결책도 내놓는다. 청교도 존 오웬이 대변하는 개혁파 복음주의 입장은 죄가 우리 속에 거하며(이를 내주하는 죄라고 부른다) 새로운 피조물의 삶 속에 계속 남아 있다고 가르친다. 죄를 다룰 때는 실패를 미화하는 태도가 아니라 전투의 자세를 취해야 한다. 우리는 하나님이 주시는 은혜의 수단을 총동원해서 무기로 사용해야 한다. 이 입장은 회심이 당신에게 죄로부터의 자유를 주고, 회개와 순종을 통해 하나님의 은혜인 회심에 반응할 자유를 준다고 가르친다. 회심은 당신에게 실패를 예상할 자유가 아니라 회개할 자유를 부여한다. 그때서야 비로소 나는 회개와 하나님을 향한 사랑—그리고 이 둘에서 나오는 율법에 대한 순종—이 바로 수치와 은혜 사이의 잃어버린 연결고리라는 점을 깨달았다.

내가 한 신학적 입장을 다른 신학적 입장과 싸우게 해서 분열을 조장하는 듯이 보일지 모르겠다. 우리 모두 예수님을 사랑한다고 그냥 동의할 수는 없을까? 나는 그리스도인으로 자처하는 사람은 누구나 예수님을 사랑한다고 믿는다. 더 많은 은혜를 갈구하는 그리스도인들과 더 깊은 회개를 갈구하는 그리스도인들 모두 예수님을 사랑한다. 그러나 슬프게도, 우리 모두가 예수님이 누군지와 예수님이 무슨 일을 하셨는지에 대해 반드시 동의하는 것은 아니다. 이것은 매우 큰 문제이다. 이 문제를 우회하는 길은 없다. 우리의 신학이 그만큼 중요한 것이다.

이제 고린도후서 5장 17절로 돌아가자. "그런즉 누구든지 그리스도 안에 있으면 새로운 피조물이라 이전 것은 지나갔으니 보라 새 것이 되었도다." 개혁주의 신학은 그리스도 안에 있는 새로운 피조물은 육신을 정복해야 하고 우리를 유혹하는 육신과 세상의 정욕들을 죽여야 한다고(롬 8:13) 일깨워 준다. 그렇게 함으로 은혜가 죄를 거부하는 전쟁을 위해 우리를 구비시켜 준다는 것을 우리가 알게 된다. 회개는 하나의 기술이자 영속적인 영적 실천이며 예수님이 재림하실 때까지 또는 우리가 죽어서 영화롭게 될 때까지 계속될 것이다. 우리 속의 옛 사람은 죽었으나 뿌리가 잘린 나무와 같다. 여전히 소수의 푸른 잎이 열린다. 영화 〈프린세스 브라이드〉(The Princess Bride)에 나오는 늙은 마법사의 말을 빌리자면, 회심 이후에 우리 안에 거하는 죄는 "대체로 죽은" 상태에 불과하다.

예상이 중요하다. 표준도 마찬가지로 중요하다. 우리의 타락한 본성 때문에 우리는 영광에 이르기까지 계속 죄를 회개할 것으로 예상한다. 하지만 회개가 실패의 증거만은 아니다. 더 중요한 점은, 회개가 우리 위에 하나님의 손길이 머물고 있다는 징표라는 것이다. 구원을 받은 사람만이 죄를 회개할 수 있기에 회개는 회심의 증거라고 할 수 있다. 하나님은 의로운 분이시니, (지위가 낮은) 다른 직업을 얻어야 하거나 더 좋은 친구들을 선택해야 하거나, 또는 스마트폰을 내던져야 하는 한이 있더라도 우리는 깨어서 모든 우상을 없애고 우상제작을 거부함으로써 하나님의 표준을 존중한다.

왜 우리는 그냥 잘 지낼 수 없는가? 무슨 이유로 죄에 대해 소란을 피우는가?

존 오웬에 따르면, 죄는 그리스도 안에 있는 새로운 피조물의 삶 속에 거하면서 활동하고, 모든 신자가 수행할 우선적인 작업은 죄를 죽이는 일이다. 로마서 7장 15-17절에 나오는 바울의 통절한 부르짖음은 이 교리를 특히 중시한다. "내가 행하는 것을 내가 알지 못하노니 곧 내가 원하는 것은 행하지 아니하고 도리어 미워하는 것을 행함이라. 만일 내가 원하지 아니하는 그것을 행하면 내가 이로써 율법이 선한 것을 시인하노니, 이제는 그것을 행하는 자가 내가 아니요 내 속에 거하는 죄니라." 이에 대해 곰곰이 생각해 보자.

나는 그리스도 안에서 새로운 피조물이지만 여전히 나의 옛 본성과 씨름하고 있다. 하나님께서 나의 죄를 깨닫게 하시고, 또 나를 대신해 죄가 되시는 은혜를 베푸심으로써 내가 그분과 함께 십자가에 못 박히고 다시 살아나게 하신 것을 나는 알고 있다.

> 그러므로 우리가 그의 죽으심과 합하여 세례를 받음으로 그와 함께 장사되었나니 이는 아버지의 영광으로 말미암아 그리스도를 죽은 자 가운데서 살리심과 같이 우리로 또한 새 생명 가운데서 행하게 하려 함이라 (롬 6:4)

내가 율법이 선하다고 증언하는 것은 나로 하여금 구원을 받기 위해 그리스도께 도망가게 만들기 때문이다. 나는 행위가 아닌 오직 은혜로 구원을 받는다.

> 너희는 그 은혜에 의하여 믿음으로 말미암아 구원을 받았으니 이것은 너희에게서 난 것이 아니요 하나님의 선물이라…
> (엡 2:8)

죄는 하나님께서 창세기 4장 7절에서 선언하신 방식으로 번창한다. 죄는 매개적 수단을 갖고 있고, 내 이름을 알고 있으며, 잠복해 있고, 나를 찾아내고, 내 속에 그리고 나와 함께 거주한다.

나는 신자이다. 좋든 싫든 나는 은혜의 언약 안에 서 있으므로 내 죄를 죽여야 한다. 나는 은혜의 언약 안에 서 있으므로 날마다, 매시간 죄를 죽일 능력이 있다. 이 죄가 얼마나 오랫동안 내 동반자였는지는 상관없다. 그 죄에 대해 감상적이 되면 안 된다. 하나님은 그 죄를 죽이라고 나를 부르셨다. 하나님의 은혜가 내 속에서 일하고 계신다는 큰 증거는 비록 어떻게 해야 할지 모른다고 할지라도 그렇게 할 필요가 있다는 것을 내가 **알고 있다**는 사실이다.

그런데 옛 로자리아와 새 로자리아 사이에 벌어지는 이 내면의 전쟁은 성경적인가? 존 오웬은 그렇다고 말한다. 그는 나에게 나 자신 및 나의 옛 본성과 싸우게 될 것을 예상하라고 일러준다.

반면에 제프 반본데렌은 그렇지 않다고 말하면서 이 생각을 "사탄의 속임수"라고 부른다.

> 신자의 내면에서 두 본성이 싸우고 있다는 생각은 사탄의 속임수이다. … 그 싸움은 두 개의 나 사이에 일어나는 것이 아니다. 내가 하나님의 영과 싸우고 있는 것도 아니다. 그리스도인의 삶에서 벌어지는 싸움은 성령을 따라 행할지, 아니면 육신을 따라 행할지를 **선택하는** 문제이다.[3]

우리를 괴롭히는 이 문제에 대해 그리스도인들 사이에 서로 상반되는 결론이 있는 셈이다. 내가 내면에서 느끼는 전쟁은 사탄의 책략인가, 아니면 내가 그리스도인의 자유를 누리며 행하기 위해 반드시 이해해야 할 나의 죄성이 있는 것인가? 내가 속으로 느끼는 이 전쟁은 마귀의 거짓인가 그리스도의 진실인가? 무척 뚜렷한 분열이다! 나는 성령 안에서 행하기로 **선택하지** 않는 바람에 하나님이 값없이 베푸신 은혜를 이해하지 못하고 있는가? 성경은 나에게 실패를 예상하고 더 많은 은혜를 간청하라고 말하는가? 그리고 만일 나에게 더 많은 은혜가 필요하다면, 죄를 회개한다는 것은 정말로 무슨 뜻인가? 내가 신자로서 죄를 지을 때, 나는 내 구원자의 피를 짓밟는 것인가, 아니면 실패를 통해 하나님을 영화롭게 하는 것인가?

이것은 중요한 문제이다. 앞장에서 논의했듯이, 사탄은 진정한 적으로서 속이며 고발하는 존재이기 때문이다. 내가 느끼는 옛 자아와 구속된 자아 간의 싸움은 과연 마귀의 책략인가, 아니면 성경이 성령의 능력으로 나를 구비시켜 치르게 하는 신앙생활의 전투인가? 우리는 더 많은 은혜가 필요한가, 아니면 율법을 더 잘 다루는 기술이 필요한가?

우리가 율법과 은혜를 조화시키는 법을 알지 못하면 죄를 다루는 두 가지 대립되는 방법에 던져지게 된다. 한편으로는 죄를 시인하고, 다른 한편으로는 죄를 고백하는 것이다.

죄를 시인하는 것과 고백하는 것의 차이점

죄를 시인하는 것

우리는 **시인하다**(admit)[4]란 단어가 진실을 말하거나 명백한 점을 진술하는 것 또는 굳이 숨기고 싶지 않은 바를 알리는 것을 의미한다고 생각한다. 하지만 이 단어는 행위자가 경험하는 실체로의 접근을 허용한다는 뜻을 함축하고 있다. 달리 말해서, 시인한다는 것은 당신이 행하거나 느낀 것이 옳지 않다는 것을 알고 있으며, 심지어는 성경이 그런 감정이나 행위를 죄스러운 것으로 부른다는 것 또한 당신이 알고 있다는 뜻이다. 하지만 당신은 죄로 인한 이 두근거림은 당신의 가장 은밀한 곳에 살고 있어서 도무지 떨쳐버릴 수 없다는 것도 알고 있다. 어쩌면 당신은 이게 나라고, 나는 이렇게 지음받았다고 생각할지 모른다. 그리고 당신이 할 수 있는 일이 없다고 믿기 때문에 그저 당신 자신과 평화롭게 지내기로 선택한다. 또는 당신은 몇 십 년 동안 이 죄를 지어 왔고, 그것이 당신을 노예로 삼았을지도 모른다. 당신은 그 죄를 자백하면 평판을 잃을 것임을 알기에 그저 그것을 숨기려고 더 노력한다.

이 생생한 현실은 죄의 문제에 관한 한 무척 중요하다. 내가 만일 "나는 성질이 급한 이탈리아인이라서 어쩔 수 없이 자녀들과 가족에게 화를 분출한다"라고 말한다면, 이것은 분노 표출과 홧김에 말하는 문제와 씨름하고 있음을 표현하는 것에 그치지 않는다. 또 어떤 점에서는 죄가 나를 그렇게 만든 것이 아니라 그것은 내 정체성의 고유한 요소임을 내비치는 셈이다. 어느 정도는 분노의 죄가 내 정체성에 진입하도록 승낙하고 있는 것이다. 그런데 내가 신자라면, 죄가 곧 "나의 됨됨이"인가, 아니면 다른 어떤 것인가? 만약 내가 "나는 그리스도 안에서 새로운 피조물인즉 이 문제를 다루려면 더 많은 은혜가 필요한데, 만일 하나님이 은혜를 공급하지 않으신다면 그것은 그분의 잘못이다"라고 말한다면, 이는 스스로 죄의 책임에서 벗어나려는 것이므로 경주자들이 출발선에 서기도 전에 게임에서 진 것과 다름없다.

> 우리가 스스로에게 물을 첫 질문은 바로 '나는 누구의 관점으로 죄에 접근해야 할까?'이다.

우리의 죄는 우리보다 앞서가는 동시에 우리에게 붙어 다닌다. 우리가 죄를 지을 만한 이유가 있는지 여부는 중요하지 않다. 이것이 성경이 죄에 대해 말하는 것이다. 그래서 우리가 스스로에게 물을 첫 질문은 바로 '나는 누구의 관점으로 죄에 접근해야 할까?'이다. 지그문트 프로이트 이후에 태어난 모든 사람에게 기본 관점은 개인적인 것이다. 우리 문화는 내가 어떻게 느끼고 인지하는가 하는 관점에서 인생을 해석해야 한다고 철저히 믿는다. 부분적으로 이 때문에 우리는 죄를 고백하기보다는 시인하고, 고백과 시인의 차이점을 알기 위해 십자가 앞에 충분히 머물지 않는 기독교 문화를 조성한 것이다.

하나님께서 가인의 제물을 거부하신 뒤에 그에게 다가가서 이렇게 말씀하신다. "네가 분하여 함은 어찌 됨이며 안색이 변함은 어찌 됨이냐? 네가 선을 행하면 어찌 낯을 들지 못하겠느냐? 선을 행하지 아니하면 죄가 문에 엎드려 있느니라. 죄가 너를 원하나 너는 죄를 다스릴

지니라"(창 4:6-7). 하나님은 가인의 제물을 거부하실 때 가인의 관점을 고려하지 않으신다. 가인의 의향 때문에 그의 입장을 재고하지 않으신다. 제물이 가치를 지니려면 피를 흘려야 한다. 이 기본 진리는 나의 선한 의도가 아니라 하나님의 관점을 통해서만 이해될 수 있다. 그래서 하나님은 토라진 가인을 책망하시고, 만일 그가 변하지 않으면 더 나쁜 일이 닥칠 것이라고 경고하신다. 하나님은 가인에게 우리가 죄라고 부르는 이 적에 관해 중요한 것을 선포하신다. 그것은 바로 죄가 네 삶의 입구에 잠복해 있고, 너를 알고 너를 원하고, 네 마음과 애정을 여는 열쇠를 쥐고 있으며, 네가 죄와 싸워야 한다는 것이다. 그것도 날마다 말이다.

그러나 우리가 그저 우리의 죄를 시인하기만 한다면, 그것은 치명적인 휴전을 부르는 일이다. 이 휴전이 치명적인 이유는 일방적이기 때문이다. 우리는 영적 전쟁의 무기(엡 6:10-17)를 내려놓을지 모르나 사탄은 그렇지 않고, 우리의 선천적 부패성은 심화된다. 죄는 결코 쉬지 않는다. 따라서 우리가 우리의 관점을 하나님의 관점보다 더 중요시하면, 우리는 속임과 배신을 당할 것이다. 우리가 옳지 않다고 생각하는 어떤 문제나 사안이나 차이점을 그저 시인하는 것에 그치면, 우리는 그것을 남의 탓으로 돌리고, 스스로 선택한 것이 아닌 만큼 적어도 우리의 관점에서 볼 때 우리에게 책임이 없다는 자세를 취하게 된다.

부분적으로는 옳은 이야기이다. 우리는 우리의 죄스러운 본성을 선택하지 않고, 원죄가 우리의 욕망 위에 지문을 남기는 방식을 선택하지도 않는다. 그러나 우리가 죄를 시인하는 것에 그친다면 원죄가 나를 타락한 자요 죄인으로 묘사한다는 성경적 개념을 부인하는 셈이다. 그리고 우리가 원죄를 부인한다면, 그것은 죄값을 지불할 능력이 없는 우리를 위해 우리의 죄값을 지불한 예수님의 십자가 고난을 부인하는 것이다.

죄를 고백하는 것

죄를 시인한다는 개념과 '고백하다'란 말의 정의를 비교해 보라.[5] 우리가 죄를 고백할 때는 그 죄를 내 것으로 인정하는 것이다. 이는 죄가 변호사와 함께 오지 않는다는 뜻이다. 즉, 하나님이 죄라 부르시는 것이 왜 내 삶에서는 은혜인지 온갖 변명을 늘어놓는 변호사를 동반하지 않는다는 말이다. 내가 나 자신을 성질이 급한 이탈리아인으로 생각하기 좋아한다고 해서 하나님이 내게 자녀들에게 고함칠 자유를 허락하신다는 의미는 아니다. 내게 고함치는 성질이 있는 것은 국민성의 문제가 아니라 아담의 후손이기 때문임을 의미한다. 내가 죄인이기 때문에 고함을 치는 것이지 다른 이유가 있는 것이 아니다.

시편 51편은 고백이 어떤 것인지를 보여 주는 안내자이다. 우리가 성만찬을 먹기 전에 종종 부르는 찬송이기도 한 이것은, 성령께서 나단을 통해 다윗에게 여러 죄악—간음, 살인, 속임—을 깨닫게 하신 뒤에 다윗이 지은 시편이다. 나도 내 죄를 지적받을 때 고백의 영이 시편 51편과 같이 선언한다.

> 2 나의 죄악을 말갛게 씻으시며 나의 죄를 깨끗이 제하소서

3 무릇 나는 내 죄과를 아오니 내 죄가 항상 내 앞에 있나이다

다윗은 자기의 죄악을 알고 있다. 그는 자신의 죄가 거룩한 하나님에 대한 반역이었고 오직 하나님만 그를 용서하실 수 있다는 것을 알고 있다.

4 주께서 말씀하실 때에 의로우시다 하고 주께서 심판하실 때에 순전하시다 하리이다

다윗은 변명을 하거나 자신의 동기를 변호하려고 애쓰지 않는다. 그는 하나님이 죄를 판단하실 때 흠이 없고 옳다는 것을 알고 있다.

5 내가 죄악 중에서 출생하였음이여 어머니가 죄 중에서 나를 잉태하였나이다

다윗은 자기가 아담 안에서 출생해서 죄를 짓는 성향을 갖고 태어났다는 것을 알고 있다. 이것은 변명이 아니라 사실이다.

10 하나님이여 내 속에 정한 마음을 창조하시고 내 안에 정직한 영을 새롭게 하소서
11 나를 주 앞에서 쫓아내지 마시며 주의 성령을 내게서 거두지 마소서

12 주의 구원의 즐거움을 내게 회복시켜 주시고 자원하는 심령을 주사 나를 붙드소서
13 그리하면 내가 범죄자에게 주의 도를 가르치리니 죄인들이 주께 돌아오리이다

이 대목에서는 그리스도인의 삶에 나타나는 고백의 열매의 축소판을 보게 된다. 하나님은 창조하고 재창조하시는 분, 우리 구원의 기쁨을 회복시키시는 분, 그의 영으로 우리를 지탱하시는 분, 우리의 회개를 통해 다른 이들을 그분께로 이끄시는 분이다.

이 시편은 다윗이 하나님의 중요한 속성을 기억하는 것으로 끝난다. "하나님이여, 상하고 통회하는 마음을 주께서 멸시하지 아니하시리이다"(17절). 하나님은 우리가 죄를 고백하기를 원하신다. 죄의 고백은 그분을 영화롭게 한다. 우리가 고백하고 회개할 때에만 안전하게 사역할 수 있다. 이 시편은 하나님께 교회를 세워 달라는 기도로 끝난다. "주의 은택으로 시온에 선을 행하시고 예루살렘 성을 쌓으소서"(18절). 죄의 고백은 산들을 움직인다.

시편 32편은 하나님의 죄 용서와 우리의 회개에 대한 또 다른 통찰을 더해 준다. 이렇게 시작한다. "허물의 사함을 받고 자신의 죄가 가려진 자는 복이 있도다." 회개를 통해 하나님은 우리의 죄를 없애시고, 믿음을 통해 그리스도의 의로움으로 우리를 입히신다(가리신다). 하나님이 우리의 죄를 가리실 때 우리는 구원을 받는다. 우리가 부인이나 변명으로 죄를 가릴 때는 하나님의 무거운 손이 우리를 짓누른

다. 하나님의 무거운 손은 하나의 축복이다! 하나님이 우리를 미혹된 상태로 두지 않으신다는 사랑의 징표이기 때문이다. "주의 손이 주야로 나를 누르시오니"(4절). 우리가 우리의 죄를 시인하거나 갖고 놀 때는 하나님의 손이 무겁다. 반면 우리가 죄를 고백할 때는 하나님의 손이 움직여서 우리를 지탱시켜 준다. "내가 이르기를 '내 허물을 여호와께 자복하리라' 하고 주께 내 죄를 아뢰고 내 죄악을 숨기지 아니하였더니 곧 주께서 내 죄악(iniquity)을 사하셨나이다"(5절).

죄악(iniquity)은 불의한 행동을 의미하는 강도 높은 단어이다. 나의 죄는 거룩한 하나님께 거슬리는 불의한 행동이다. 그러나 내가 죄를 고백하면 믿고 의지할 만한 하나님이 응답하셔서 그분이 나를 가리고 숨기는 장소가 되어 주신다. 하나님은 나의 생명을 보존하시고, 나의 성실함을 세우시고, 나에게 평안과 목적과 자유를 주신다.

이는 우리의 성격이나 욕구로 말미암은 죄에도 적용된다. 우리가 죄를 고백할 때는 하나님이나 타인에게 그것을 우리의 관점이나 의도, 동기의 관점에서 보도록 요청하는 게 아니다. 그 대신 우리는 하나님의 관점을 사용한다. 우리는 하나님의 의로운 손에 항복한 채 성경이 옳고 하나님의 법이 우리를 정죄한다는 데 동의한다. 이것은 우리를 심한 우울증에 빠지게 하거나 우리의 구원자 예수 그리스도의 품에 안기게 한다. 이 결과는 폭넓은 영향을 미친다. 죄의 고백은 우리의 유익과 그리스도의 영광을 위해 우리를 그리스도께 몰고 가야 마땅하다.

그런데 죄를 고백하기보다 시인하는 습관에 빠진 그리스도인들은 자신의 죄를 죄로 보지 않는 경향이 있다. 그들에게는 인생이 본래 그런 것처럼 보인다. 처음에는 그들이 죄를 미워하고 죄로부터 해방되기를 진정으로 바랄지 모른다. 이 형제자매들은 우리가 죄와 싸울 때에도 하나님이 우리에게 그분을 영화롭게 할 기회를 주신다는 것을 잊고 있거나 모르는 듯하다. 그러나 나는 그리스도인의 직무는 회개를 포함해 모든 상황에서 하나님을 영화롭게 하는 것이라고 믿는다.

그리스도인의 본분은 스스로 강해지려고 그저 풍성한 은혜를 갈구하는 것이 아니다. 물론 강인한 성격은 의지를 발동해 행동의 변화를 초래할 수 있고 또 초래하고 있으며, 이는 건강에도 좋다. 그러나 이런 열매에서는 새로운 생명을 찾을 수 없다. 오직 부활하신 주님만이 새로운 생명을 주실 수 있다. 죄의 시인과 죄의 고백을 갈라놓는 것은 바로 그리스도의 십자가이다. 불신자들에게는 십자가가 헷갈리는 표시이자 사소한 골칫거리이지 세계 모든 제국을 압도하는 생명의 창조주요 구속주가 이룬 탁월한 승리가 아니다. 하지만 우리는 회개하는 마음으로 십자가에 다가간다. 그리고 우리가 환난 중에도 이 땅에서 부분적으로 변화되고 장차 영광에 이를 때 완전히 변화되는 것은 바로 십자가에서다(요일 3:2, 고후 3:18).

우리를 신자답게 만드는 것은 우리 모두 정욕이나 분노나 게으름이나 성중독과 씨름한다는 사실이 아니다. 우리를 신자다운 "우리"로 만드는 것은 우리가 죄로 인해 깨어졌고 우리의 정체성을 부활하신 그리스도 안에서 찾는다는 점이다. 요한복음 15장 4절에서 예수님은 이렇게 말씀하신다. "내 안에 거하라 나도 너희 안에 거하리라. 가지가 포도나무에 붙어 있지 아니하면 스스로 열매를 맺을 수 없음 같이 너희도 내 안에 있지 아니하면 그러하리라." 우리는 그리스도인이 되는 순간 성령의 능력으로 그리스도와 하나가 되는 특권과 복을 받는다. 이 연합은 영원해서 돌이킬 수 없다. 이 그리스도와의 연합이 우리에게 근본적인 회개의 필요성을 일깨워 준다. 회개는 포도나무와 가지를 영원히 연결시키는 역할을 한다.

회개는 포도나무와 가지를 영원히 연결시키는 역할을 한다.

우리가 만일 그리스도 안에서 성장하고 싶어서 죄를 고백한다면 두 가지 모습으로 자랄 것이다. 하나는, 홀로 죄와 싸우는 일이 불가능함을 깨닫고 겸손해지는 것이고, 다른 하나는, 우리가 좋아하는 죄의 강력한 유혹을 이기고 승리하는 것이다. 죄를 우리의 의도나 동기의 관점에서 정리하는 것은 그 문제를 완화시키거나 우리와 하나님 및 타인과의 관계를 개선하지 않는다. 죄는 나의 개인적인 문제나 단점이 아니기 때문이다. 웨스트민스터 소요리 문답에 따르면, 죄는 "하나님의 법에 순종하는 면이 부족하거나 그 법을 위반하는 것"이다(14문).[6] 죄는 부작위("순종의 부족")나 작위("하나님의 법의 위반") 중 어느 것으로든 반란을 일으킨다.

하나님과 우리 친구들에게 우리의 죄를 우리의 관점에서만 이해하도록 요청하는 것은 우리 시대의 도덕적 마취제이다. 죄를 개인적 관점에서만 보는 이런 사고방식은 기껏해야 죄로 인한 절름발이와 복음의 능력을 맛보지 못한 나약한 그리스도인을 낳았다. 그리고 최악의 경우에는 양의 옷을 입고 교회 사무실에 쭈그리고 앉아 연약한 양떼에게 죄를 은혜로, 은혜를 죄로, 의심을 영리함으로, 회의를 새로운 희망으로 혼동하게 하는 왜곡된 교리를 가르치는 이리들을 낳았다. 만일 우리가 죄를 우리의 관점에서 가장 잘 알 수 있다는 신념으로 산다면, 우리는 '변명으로 물든 의'의 신학을 개발하지 않을 수 없다. 우리는 마취되어 우리 죄의 실상을 보지 못한다. 이런 도덕적 마취상태가 낳는 한 가지 결과가 있다. 만일 당신이 하나님께 육신의 욕구가 조금이나마 양보할 수 있는 것을 드린다면, 당신이 하나님과 좋은 관계에 있다는 믿음이다. 그러나 성경적으로 말하면, 죄는 하나의 범죄이자 질병인즉 진정한 도움을 얻으려면 하나님의 법과 은혜가 모두 필요하다.

청교도 신학: 죄의 진단에 필요한 신선한 바람

나에게 회개가 무엇인지를 설명해 줄 인물을 찾고 있을 때 토마스 왓슨이 쓴 『회개의 교리』(*The Doctrine of Repentance*)[7]를 마주치게 되었다. 1668년에 초판이 출간된 이후 <퓨리턴 페이퍼백> 시리즈의 하나로 재판된 책이다. 나는 이 책에서 근본적이고 끊임없는 회개를 통해 그리스도 안에서 기쁨과 연합을 발견한 진정한 친구를 만났다. 이를 계기로 나는 청교도 신학의 친구가 되었다.

청교도 신학은 16세기와 17세기에 두 대륙에서 일어난 운동으로서 세 가지 특징을 갖고 있다.

(1) 지성과 감정과 정체성에서 삼위일체 하나님과의 연합

(2) 인간과 정치에 관한 체계적인 성경 지식을 지지하는 개혁주의적 이고 고백적인 신학[8]

(3) 예배와 믿음과 실천의 면에서 교회를 개혁하기를 좋아함

청교도 신학에서 마음에 든 점은 죄의 교리와 은혜의 교리가 완벽한 균형을 이룬다는 것이다. 청교도들은 인간의 상태에 대해 아주 현실적이다. 그들은 죄를 지옥 자체보다 더 악한 것으로 봤고, 죄를 세 가지 형태로 살펴보았다. 원죄와 자범죄와 내주하는 죄가 그것이다.

이런 말은 우리 귀에 극단적으로 들리지 않는가? (우리가 날마다 짓는) 죄가 어떻게 지옥(하나님을 거부하고 미워하는 자들이 영원히 고통을 받는 곳)보다 더 나쁠 수 있는가? 당신이 이런 질문을 던질 때 먼저 주목해야 할 것은 거기에는 우리의 관점이 아니라 하나님의 관점이 함축되어 있다는 것이다.

어째서 죄가 지옥보다 더 나쁜가?[9] 지옥에서는 영혼의 의식이 분명하고 진리에 깨어 있다. 부자와 나사로의 비유(눅 16:19-25)에 나오듯이, 부자는 불신과 불충함의 죄로 지옥에서 고통을 당한다. 그는 하나님을 향해 굳은 마음을 품었고 나사로의 고통에 아무런 가책을 느끼지 않았다. 그러나 지옥에 떨어진 그는 이제 알고 있다. "그가 음부에서 고통 중에 눈을 들어 멀리 아브라함과 그의 품에 있는 나사로를 보고 불러 이르되 '아버지 아브라함이여 나를 긍휼히 여기사 나사로를 보내어 그 손가락 끝에 물을 찍어 내 혀를 서늘하게 하소서. 내가 이 불꽃 가운데서 괴로워하나이다'"(23-24절). 아브라함이 이 부탁을 거절하며 천국과 지옥 사이에는 건널 수 없는 간극이 있다는 법을 설

명하자 부자는 자기 형제들의 영혼을 위해 간청한다. 지옥에 있는 영혼들조차 자기가 저지른 악을 의식하고 있음을 밝힘으로써 간접적으로 하나님의 영광을 널리 알리는 것이다. 지옥이야말로 장차 모든 무릎이 꿇어질 것임을 보여 주는 증거이다.

그러면 왜 죄가 지옥보다 못한 것인가? 지옥은 하나님을 우리의 의로운 재판관으로 입증하는 반면, 죄는 우리를 하나님에게서 분리시키기 때문이다.

죄: 원죄, 자범죄, 내주하는 죄

앤서니 버지스(17세기 청교도)는 죄에 관해 영향력 있는 책, 『옛 대적과 새 대적에 대한 반론으로서의 원죄 교리』(*The Doctrine of Original Sin Asserted and Vindicated against the Old and New Adversaries Thereof*)를 썼다. 그는 죄를 세 가지 범주, 곧 원죄와 자범죄와 내주하는 죄로 나눈다.

버지스와 청교도들은 로마서 5-7장을 신자의 삶에서의 죄에 관한 미시연구의 "신적인 지도(地圖)"로 간주한다. 로마서 5장은 원죄를 개관하면서 내재적이고 전가되고 타고난 것이라고 말한다. 원죄는 오늘날 가장 많이 비방받는 세계관의 하나이다. 사실 많은 복음주의자들이 이 교리를 단호하게 거부한다.

원죄(Original Sin)는 본래 아우구스티누스가 붙인 이름이다. "아기들조차 죄인으로 태어나는데, 이는 그들이 취한 행동 때문이 아니라 그들의 기원 때문이다."[10] 이에 대해 알란 제이콥스는 이렇게 논평한다. "그리고 여기에서 우리는 원죄—아우구스티누스의 라틴어로는 peccatum originalis—의 뜻을 알게 된다. 그것은 이미 우리 속에 있는 죄, 우리의 기원에, 우리가 잉태되는 순간에 이미 우리 안에 거주하고 있는 죄를 말한다."[11] 우리의 "기원"은 아담 안에 있다. 이것은 매우 불공평하게 느껴진다. 우리가 품은 가장 기본적인 정의의 개념이 이를 향해 비명을 지른다. 제이콥스는 이렇게 말한다. "우리는 국지적이기보다 보편적인 인간 죄성의 모델, 우리가 죄를 선택하기보다 죄를 물려받는다는 교리, 그럼에도 불구하고 우리의 상태에 대해 우리에게 완전히 책임이 있다는 교리를 그대로 지탱하려고 씨름한다."[12]

현명한 사람은 이 개념을 조롱한다. 프랑스 혁명의 철학적 지도자였던 장 자크 루소는 이와 정반대되는 세계관을 개척한 사람이다. 그는 사람의 자유의지를 믿었을 뿐 아니라 어린이의 "선천적인" 순진함이 인간의 창의력과 선함이 가득한 세상에서 활짝 피어날 것이라고 믿었다. 메리 셸리의 『프랑켄슈타인』(1818년 판)에 나오는 무명의 생물 혹은 괴물은 루소의 철학이 낳은 자식이다. 그는 좋은 책을 모조리 읽는다(괴테의 자살 소설인 『젊은 베르테르의 슬픔』을 포함해).[13] 재능이 뛰어난 미혼 남자의 마음으로부터 시작돼 실험실에서 태어났고, 자유의지로 엮였으나 하나님을 반영하는 영혼이 아닌 그 생명체는 자기를 창조한 자가 사랑했던 모든 인간을 냉혹하게 죽인 후에 이렇게 한탄한다. "비참하고 버림받은 나는, 경멸당하고, 발에 차이고, 짓밟

혀야 할 유산아일 뿐이다. 지금도 이 불의를 상기할 때마다 내 피가 끓는다."[14]

루소가 만일 옳다면 프랑켄슈타인이 만들어 낸 존재는 영웅이다. 그는 자기 뒤에 피의 흔적을 남길 때조차 그 자신을 알아가는 자아실현적인 과업을 완수했기 때문이다. 그러나 란델 자렐이 말했듯이 "루소는 틀렸다. 사람이란 존재는, 당신이 그의 사슬을 풀어 주면, 죽음의 수용소를 건설한다."[15] 원죄는 당신의 시야가 갖는 각도가 얼마나 넓은지에 따라 친구로 보이기도 하고 적으로 보이기도 한다. 지붕 꼭대기에서 보면, 원죄는 거듭해서 위험한 교리로 보인다. 우리의 독선적 사고로 보면 루소가 매우 정확해 보인다. 우리의 의도는 고상하다고 우리가 항의한다. 현재 우리에게 필요한 것은 더 많은 은혜뿐이라고 말한다! 그러나 좋은 의도라고 해서 원죄가 우리를 왜곡시킨다는 사실을 없애거나 최소화하지 못한다.

그런데 이 이야기는 원죄로 끝나지 않는다.

자범죄(actual sin)는 버지스가 설명하는 두 번째 유형이다. 이는 원죄로부터 생기는 것으로서 "생각이나 말이나 행동"으로 하나님의 법을 위반하는 것을 말한다.[16] 자범죄는 내주하는 죄에 비해 한시적이다. 내주하는 죄는 "우리 속에 고착된 죄이고, 이런 죄의 습관은… 우리의 원초적 타락을 강화하는 것"[17]이기 때문이다. 청교도들에 따르면, 죄는 신자와 불신자 모두를 타락시키고 절름발이로 만들고 오염시켰지만 똑같은 방식으로 그랬던 것은 아니다. 신자는 범죄 행위로 인해 죽을 수는 없지만(불신자는 그럴 수 있다), 만일 죄와 끊임없이 싸우지 않는다면 죄의 질병으로 인해 죽을 것이다. 그 질병이 그의 양심과 관계, 그리고 어쩌면 몸까지 파괴할 것이기 때문이다.

중생하지 못한 사람에게는 죄가 지적인(noetic) 부분에 영향을 준다고들 말한다. 죄가 앎의 주체를 그 창조주에게 인도하지 않으므로 지식을 부패하게 만든다는 것이다. 이를 존 오웬은 "오만한 사람의 지식은 그 마음속에 있는 사탄의 보좌이다"[18]라고 잘 표현한다.

내주하는 죄(indwelling sin)는 세 번째 유형으로서 우리가 이 세상에 사는 동안 늘 우리 안에 거주하기 때문에 끊임없이 그것을 죽여야 한다. 이 죄는 항상 남아 있기 때문에 우리는 "내가 이미 얻었다 함도 아니요 온전히 이루었다 함도 아니라"(빌 3:12)고 말하지 않으면 안 된다. 이처럼 내주하는 죄는 계속 남아 있을 뿐 아니라 살아서 행동하며 "육신의 행위를 낳으려고 매우 노력한다."[19] 이 죄는 우리로 불쾌한 것을 갖고 놀게 할 뿐만 아니라 우리를 파괴시키려고 한다. 내주하는 죄는 매체와 악한 의도를 갖고 있으며 우리가 사는 곳도 알고 있다. 내주하는 죄를 죽이는 일은 그리스도인이 날마다 치르는 전쟁이다. 나중에 나는 이 친밀하고도 치명적으로 악한 대적에게 반응하는 법을 거론할 생각이다.

그렇다면 우리로 죄를 짓게 하는 것은 무엇인가? 바로 유혹이다. 유혹이란 무엇인가? 유혹은 어디에서 나오고, 신자가 유혹을 이기려면 어떻게 해야 할까? 유혹은 나의 친구인가 적인가?

유혹

오스왈드 챔버스는 이렇게 말한다. "유혹은 유혹받는 사람의 본성에 걸맞고 그 본성의 가능성을 보여 준다. … [우리가] 유혹에 굴복하면 정욕이 신격화된다"(『주는 나의 최고봉』 9월 17일자). 유혹은 다양한 형태로 찾아오지만 언제나 개인의 도덕적 약점에 딱 맞는 형태를 지니며, 하나님의 성품을 공략하고 우리의 믿음을 약탈하려고 노린다.

마태복음 26장 41절에서 우리 주님은 "시험(유혹)에 들지 않게 깨어 기도하라"고 명령하신다. 이로부터 유혹이 매혹적인 악 내지는 도덕적 시험이라는 것을 알 수 있다.

유혹은 그 자체가 죄는 아니라도 선한 것도 아니다. 유혹은 막강한 적수이다. 성경은 유혹을 예방하는 수단이 깨어 기도하는 것이라고 말한다. 솔직히 말하면, 깨어 있고 기도하는 것은 애처로운 반격처럼 보인다. 왜냐하면 우리가 하나님이 그의 아들과 딸들에게 주시는 영적 갑옷을 과소평가하기 때문이다.

성경은 인간 본성을 이해하는 데 필수적인 두 개의 특별한 단어—유혹과 죄—를 제공하는 만큼, 이 둘을 고려하지 않은 채 인간 본성을 이해하려는 세계관은 근본적으로 인간 됨의 뜻을 왜곡하고 부인할 수밖에 없다.

존 오웬은 죄와 유혹에 관한 논의에 상당한 도움을 준다. 오웬에 따르면, 유혹이란 "어떤 이유로든지, 한 사람의 생각과 마음을 하나님이 요구하시는 순종에서 유도하고 끌어내어, 그 정도를 막론하고,

어떤 죄든지 짓도록 하는 어떤 것, 상태, 방식, 또는 조건"[20]이다. 여기서 어떤 유혹이든지 한 사람을 **어떤** 죄로 유도할 수 있다는 점을 주목하라. 유혹은 하나의 힘이다. 그리고 힘은 우리가 수동적으로 받아들일 것이 아니라 반드시 고려해야 할 대상이다.

하나님은 유혹하지 않으시고(약 1:12-15), 예수님은 모든 점에서 유혹을 받으셨으나 죄는 짓지 않으셨다(히 4:15). 야고보서 1장 14-15절은 이렇게 말한다. "오직 각 사람이 시험을 받는 것은 자기 욕심에 끌려 미혹됨이니 욕심이 잉태한즉 죄를 낳고 죄가 장성한즉 사망을 낳느니라." 유혹은 우리가 기뻐할 것이 아니다. 유혹은 사탄으로부터 나오고 그 목적은 죄를 짓게 해서 우리를 하나님에게서 분리시키는 것이다. 욕망은 성경에서 폭넓은 구문론적 뜻을 지닐 수 있는데, 이 본문에서는 신자로 하여금 마땅히 취해서는 안 될 어떤 것을 원하도록 유혹하는 내적인 욕심을 말한다. **목적론적** 성격을 지닌, 악한 것을 원하는 욕심은 약탈하고 죄를 짓기 마련이다. 그 대상을 완전히 불태우기 전에는 결코 꺼지지 않는다. 이것이 바로 야고보가 이 본문에서 말하는 욕망 또는 정욕(lust)이다. 유혹은 우리 각자를 위험한 딜레마에 빠뜨리고, 유혹이 처음 다가올 때 우리는 승리자가 될지, 희생자가 될지 알지 못한다.

히브리서는 예수님도 유혹을 받으셨다고 말한다. 이 말은 무슨 뜻일까? 예수님은 죄가 없었다는 것이 그분에게는 우리에게만큼 유혹이 심하지 않았다는 뜻인가? 히브리서 2장 18절은 "그가 시험을 받아 고난을 당하셨은즉 시험 받는 자들을 능히 도우실 수 있느니라"고 말한다. 이것이 핵심 구절이다. 이처럼 유혹을 고난과 연결시키는 성경의 관점에서 보면, 유혹은 면제되거나 기뻐하거나 최소화될 수 없는 것임을 알게 된다. 유혹은 결코 우리가 누군지를 규정짓는 영예나 표지가 될 수 없다.

히브리서 4장 15절은 이렇게 말한다. "우리에게 있는 대제사장은 우리의 연약함을 동정하지 못하실 이가 아니요 모든 일에 우리와 똑같이 시험을 받으신 이로되 죄는 없으시니라." 그리고 히브리서 5장 8절은 "그가 아들이시면서도 받으신 고난으로 순종함을 배우셨다"고 말한다. 비록 예수님도 유혹은 받으셨지만 그는 죄성을 갖고 태어난 분이 아니었다. 이는 그분을 유혹한 악의 손길이 그 자신의 본성이 아닌 다른 어딘가에서 왔다는 것을 의미한다. 이를 긍정적으로 말하자면, 그분은 완전히 거룩한 존재였기 때문에 유혹을 만나도 최종적인 승리에 이르기까지 밀고 나갔다는 뜻이며 또한 감정과 경험의 측면에서 유혹을 받으셨으나 결코 선을 넘어 죄를 짓지 않으셨고, 그 유혹을 완전한 순종으로 정복하셨다는 뜻이다.

이는 예수님이 어떻게 사람인 동시에 하나님일 수 있느냐 하는 질문을 제기한다. 아울러 그 아들과 그 아버지가 동일한 신적인 뜻을 공유했는가 하는 의문도 불러일으킨다. 초기 교회는 이 문제를 주후 451년에 니케아 신조로 해결했고, 이후 680년에 열린 제3차 콘스탄티노플 공의회에서 더욱 명료하게 정리했다. 초기 교회는 예수님이 한 본성을 갖고 있으나 두 가지 의지를 지녔다고 주장했다. 하나는 신적 의지이고, 다른 하나는 인간의 의지이다. 마크 존스는 매우 유익한 책인 『예수 그리스도에 대한 안내서』(*A Christian's Pocket Guide to Jesus Christi: An Introduction to Christology*)[21]에서 이렇게 지적한다. "만일 그리스도의 의지가 신적인 것이었다면 그는 진정한 인간이 아닐 것이다. … 그리스도의 인간적 의지는 그의 백성을 대신하여 진정한 순종을 바치는 데 꼭 필요했다."[22] 그리스도가 인간적 의지를 갖고 있었다는 말은 그의 몸이 죄는 없었지만 세상의 질병과 타락을 느낄 수 있었다는 뜻이다. 그는 음식과 안식과 친구관계가 필요했다. 동시에 존스는 이렇게 말한다. "그의 아버지의 뜻에 대한 그리스도의 순종은 그의 인간적 마음과 영혼, 생각과 힘을 다해 하나님을 사랑하는 데서 나오는 순종이었다." 우리는 이 긴장을 다음 두 구절에서 볼 수 있다. "내가 하늘에서 내려온 것은 내 뜻을 행하려 함이 아니요 나를 보내신 이의 뜻을 행하려 함이니라"(요 6:38), "내가 내 목숨을 버리는 것은 그것을 내가 다시 얻기 위함이니 이로 말미암아 아버지께서 나를 사랑하시느니라"(요 10:17). 도날드 매클라우드는 그리스도의 유혹과의 싸움을 이렇게 묘사한다. "그는 그에게 제의된 죄스러운 제안들의 매력을 느꼈고 온 힘을 다해 그것들을 물리치려고 씨름해야 했다."[23] 그러나 그리스도는 아담 안에서 태어나지 않았기 때문에 내면의 죄성이 없었고, 따라서 내면에서 나오는 타락한 욕심도 없었다.

어떤 이들은 그리스도는 죄가 없기 때문에 그가 당한 유혹은 가짜라고 생각한다. 그분이 나의 유혹에 공감할지는 몰라도, 그것은 그의 거룩함으로 인해 피상적인 공감에 불과하다고 보는 것이다. 그런데 이렇게 생각하면 중요한 점을 놓치고 있는 셈이다. 그리스도는 정말로 유혹을 받으셨다. 이 땅에 계시는 동안 그리스도는 그의 인성에 따라 **전지(全知)하지** 않으셨다. 그는 성령에 의지하여 능력을 얻어야 했고, 하나님을 신뢰하고 믿음을 행사하며 피땀을 흘려야 했다. 광야에 있을 때(눅 4)와 동산에 있을 때(마 26) 그의 생명을 보존하고 싶은 유혹을 받으셨지만, 하나님에 대한 믿음과 순종, 자기 뜻보다 하나님의 뜻을 우선시하는 자세로 그 유혹에 대처하셨다. 그분은 우리가 유혹에 직면할 때 무엇을 구해야 할지를 보여 주는 모델이셨다. 바로 우리의 뜻보다 하나님의 뜻을 선택해야 함을 보여 주신 것이다. 그리스도는 이 땅에 계시는 동안 인간의 의지를 갖고 계셨기 때문에 우리의 유혹에 진정으로 공감하실 수 있다. 그의 공감은 죄스러운 것을 원하는데(이것이 종종 우리의 문제다) 있지 않고 자기 뜻보다 아버지의 뜻을 선택하는 데 있다. 동산에서 드린 그분의 고뇌에 찬 기도가 이를 잘 보여 준다. 마태복음 26장에 이렇게 기록되어 있다.

> 39 조금 나아가사 얼굴을 땅에 대시고 엎드려 기도하여 이르시되 "내 아버지여 만일 할 만하시거든 이 잔을 내게서 지나가게 하옵소서. 그러나 나의 원대로 마시옵고 아버지의 원대로 하옵소서" 하시고
> 40 제자들에게 오사 그 자는 것을 보시고 베드로에게 말씀하시되 "너희가 나와 함께 한 시간도 이렇게 깨어 있을 수 없더냐?
> 41 시험에 들지 않게 깨어 기도하라. 마음에는 원이로되 육신

> 이 약하도다" 하시고
> 42 다시 두 번째 나아가 기도하여 이르시되 "내 아버지여 만일 내가 마시지 않고는 이 잔이 내게서 지나갈 수 없거든 아버지의 원대로 되기를 원하나이다" 하시고

예수님은 우리가 상상할 수 없는 엄청난 고뇌와 슬픔, 혼란을 느끼면서 우리가 유혹에 직면하여 행해야 할 바를 몸소 행하신다. 바로 우리 자신의 뜻보다 하나님의 뜻을 선택하는 일이다. 예수님은 유혹에 순종으로 대처하셨는데, 이는 그의 인간적 의지에 따른 자연스런 욕망을 거스르는 것을 의미한다. 그가 이렇게 해야만 했던 이유는, 만일 그분이 유혹을 당하지 않고 또 십자가에 가지 않았다면, 우리를 우리의 죄에서 구속할 수 없었을 것이기 때문이다. 그는 아버지의 영광을 위해, 그리고 당신과 나와 그의 모든 백성을 향한 희생적 사랑으로 아버지의 뜻에 순종하셨던 것이다.

우리는 그분이 우리와 같은 배를 타고 있다는 사실보다 그분의 순종에 더 의존한다. 우리의 유일한 소망은 예수님에게 죄가 없었다는 사실에 있는데, 그 죄 없음은 그분이 우리보다 더 깊이 체험한 죄와의 싸움에서 초래된 결과이다. 그분이 유혹에 직면하여 완전한 거룩함과 순종을 보여 주신 것은 그가 품었던 희생적 사랑의 증거이다. 유혹에 직면하여 흔히 패배하는 우리보다 승리하는 그분이 오히려 죄와 유혹의 형태에 대해 더 잘 알고 계신다.

어떤 이들은, 만일 예수님이 욕정과 같은 죄스러운 욕망을 체험하지

않았다면 그는 100퍼센트 인간이 아니라고 믿는다. 이런 생각은 예수님을 우리의 형상으로 만들고 싶은 성향을 드러낸다. 예수님은 그의 제자들과 절친한 관계였다. 그의 우정은 깊고도 강렬했다. 그는 우물가에서 홀로 한 여인과 만나셨다. 그러나 그분이 어느 남자나 여자에게도 부정한 성적 생각을 품은 적은 없었다. 그는 언제나 아버지를 순종하는 방향으로 나갔다.

내가 이 글을 쓰고 있을 때, 나의 아이들은 광선검과 동물 장난감 백여 개를 무기로 삼아 서로 전쟁을 벌이면서 복도를 질주하여 내 사무실까지 침입하는 중이다. 아이들의 코감기가 내게 옮겨 와 애들은 막바지에 도달했는데 내 콧구멍 속에서는 마치 코끼리가 탭댄스를 추고 있는 것 같다. 모든 전투가 그렇듯이, 이 전투도 곧 접근 금지구역인 내 의자와 집필 공간으로 넘어올 것이다. 무엇이 나를 치는지 내가 알기도 전에 한 사랑스런 언약의 자녀가 빛나는 광선검으로 내 머리통을 내려친다. 나는 싸움에 지고 있다. 당신이 지금 이 순간의 나라면 정말로 부끄러울 것이다. 통제력을 완전히 잃은 채 그만두라고 아이들에게 고함을 치고 있으니 말이다. 그런데 아이들의 소리는 너무 크고 내 목소리는 너무 작고, 게다가 광선검은 (내 머리와 같은) 무엇과 접촉하면 쉭 하는 소리를 내기 때문에 애들은 아예 내 항의를 듣지도 못한다!

그 순간 뒤통수를 한 대 맞은 것처럼 문득 깨닫는 바가 있다. 내가 폭발한 분노는 죄스러운 것이고 하나님이 우리 아이들을 바로 **나로**

부터 보호하고 계시다는 사실이다.

나는 아이들을 사랑한다. 이 책을 쓰는 것보다 그들을 더 사랑한다. 나는 아이들을 원한다. 애들을 위해 싸웠다. 나는 아이들을 만나기도 전에 그들을 위해 날마다, 그리고 때로는 시간마다 기도했다. 나는 애들을 가슴에 품고 있다. 그런데 때때로 나는 홈스쿨링 엄마로서, 우리 집 모퉁이를 하루 두 번 지나가는 노란 학교 버스가 나에게 선사할 수 있는 자유를 상상할 때도 있다.

이제 나는 어떻게 하나? 즉시 하나님께 나아가서 회개한다. 그리고는 이번 장을 저장한 뒤에 일어나서 온유하게 아이들을 바로잡는다. 아이들은 항의하며 불평한다. 핍박을 받았다고 느끼는 것이다. 나는 모든 동물 장난감과 무기를 치우고, 아이들을 제각기 자기 방으로 돌려보내 책을 읽게 한다. 이 모든 드라마는 10분 정도 걸린다.

다 끝났다. 끝나고 나서야 고요함이 찾아온다. 나는 내 의자로 돌아가 귀마개까지 낀다.

당신도 알다시피, 감정이 유혹에서 죄로 넘어가면 즉시 주님께 나아가 회개해야 한다. 내 경우는 애처로울 정도로 그럴 때가 많다. 당신은 어떤지 잘 모르지만, 나는 유혹과 죄 사이의 선을 넘을 때 종종 그 선을 알고 있다. 회개가 하나님께 들어가는 나의 문지방이라면, 순종은 하나님께 들어가는 예수님의 문지방이다. 따라서 그리스도의 고난과 순종은 우리에게 강력한 영감을 주게 된다.

시편 22편은 예수님이 십자가에서 당하신 유혹을 비참하게 기록하고 있다.

나의 하나님, 나의 하나님, 어찌하여 나를 버리십니까?
어찌하여 그리 멀리 계셔서, 살려 달라고 울부짖는 나의 간구를 듣지 아니하십니까?
나의 하나님, 온종일 불러도 대답하지 않으시고, 밤새도록 부르짖어도 모르는 체하십니다.[24] (새번역)

이 시편 전체는 성만찬에 참여하기 전에 찬송으로 부르기에 적절하다. 이 글을 컴퓨터로 입력하노라면 나도 모르게 찬송으로 부르게 된다. 코감기에 걸려 목소리는 별로 좋지 않아도 내가 연약할 때 더 어울리는 찬송인 듯하다.

당신이 한탄조로 각 연을 부르면 그리스도의 고뇌, 순종의 대가, 그의 사랑이 미친 영향 등에 대해 성찰할 수 있다. 이 시편의 마지막 대목에서는 유혹에 직면해도 죄를 짓지 않은 그리스도의 행적이 적용되는 것을 경험하게 될 것이다.

내 자손이 주님을 섬기고 후세의 자손도 주님이 누구신지 들어 알고,
아직 태어나지 않은 세대도 주님께서 하실 일을 말하면서
'주님께서 그의 백성을 구원하셨다' 하고 선포할 것이다.[25] (새번역)

유혹은 미끄러운 비탈길을 여행하다가 우리의 죄성 속 중력의 법칙

때문에 쉽게 내리막길로 미끄러지게 된다. 특히 우리가 오랫동안 죄와 친하게 지냈다는 이유로 우리를 속이고 파괴하는 죄의 힘을 과소평가하면 더욱 그러하다. 하지만 예수님은 그렇지 않다. 그분의 본성은 순결해서 그의 유혹 경험은 나의 것과 달랐다. 그의 경험은 지독하고 원색적이었다. 유혹이 그의 신성을 모욕했고, 못은 그의 손에 박히기 오래전에 그의 인간적 의지에 구멍을 뚫었다. 그러므로 그분은 나의 느낌에 공감할 수 있는 것이다.

예수님은 나에게 "시험에 들지 않게 일어나 기도하라"(눅 22:46)고 상기시키신다. 그리고 "시험에 들지 않게 깨어 기도하라"(마 26:41)고 명령하신다. 나는 나의 성격이나 내주하는 죄, 또는 유혹에서 우상을 만들 만한 적당한 이유를 주시하면 안 된다. 오히려 피 흘림으로 내 속에서 밝히 드러난 하나님의 거룩하심에 주의해야 한다. 그분은 피땀을 흘리셨다. 그분은 시험을 견디셨고, 경주를 완주하셨다.

우리는 그런 주장을 할 수 없다. 우리는 그토록 심한 테스트를 받은 적이 없고 그만큼 광범위하게 모욕을 당한 적도 없다. 우리는 유혹의 학교에서 유치원생 수준에 불과하다. 나는 경주에서 첫 관문도 통과하지 못하고 주저앉았지만 예수님은 유혹에 빠지지 않은 채 완주하셨다.

예수님이 광야에서 평범한 은혜의 수단을 이용하여 사탄의 유혹을 물리치신 것을 보면 참으로 놀랍다. 그분은 하나님의 말씀을 사용하셨다. 이 사건은 예수께서 세례를 받은 후 금식하시는 동안 광야에서 일어난 것으로 마태복음 4장 1-11절에 기록되어 있다. 사탄은 예수께

돌을 떡으로 만들고 성전 꼭대기에서 뛰어내리고 적그리스도를 예배하라고 유혹했다. 매번 예수님은 말씀의 방패로 자신을 보호하셨다. 왜 그러셨을까? 왜 예수님은 하나님의 특별한 은사 대신에 우리도 소유하는 평범한 것을 사용하셨을까? 우리를 불쌍히 여기사 성경으로 충분하다는 것을 보여 주기 위해서였다. 예수님이 한 사람으로서 성령의 능력으로 유혹에 대처하셨다는 사실을 보여 주기 위해서였다.

그분은 또한 유혹은 일차적으로 우리의 문제가 아니라는 유혹의 중요한 속성을 보여 주기 위해 그렇게 행하셨다. 그렇다. 당신이 그리스도 안에 있으면, 유혹은 우리에 관한 본질적 진실이나 타고난 지혜의 문제가 아니다. 그러므로 유혹이 자아, 자기표상 또는 정체성의 사안이 되어서는 안 된다. 유혹은 전쟁의 문제이며, 그리스도인에게는 이 전쟁에서 우리가 그리스도께 충성하느냐의 문제이다. 러셀 무어는 이렇게 말한다.

> 유혹은 우리에 대한 문제가 아니기 때문에 우리의 삶에서 그토록 강한 것이다. 유혹은 마귀의 권세가 경쟁자인 메시아의 제국에 퍼붓는 공격이다. 이 때문에 그리스도로의 회심이—우리가 흔히 생각하듯이—유혹의 힘을 약화시키지 못하고 오히려 서서히 강화시키는 것이다.[26]

유혹으로부터 벗어나 정체성을 형성하는 일은 마치 상대팀의 유니폼을 입고 야구 경기장에 나가는 것과 같다. 그런 짓은 혼동과 기만과 위험을 초래한다. 우리는 유혹으로부터 벗어나 어떻게 정체성을 형성하는가? 당신이 원하는 것과 당신이 누군지를 포개면 그렇게 된다. 당신을 유혹하는 것 또는 당신의 발목을 잡는 것과 당신이 어떤 존재가 될 것인지를 포개 놓으면 된다.

만일 당신이 이것을 믿지 않는다면 재연(再演)이란 말의 뜻을 생각해 보라. 이는 모든 후손을 위해 다시 보여 준다는 뜻이다. 그리스도의 피로 씻긴 우리는 "그의 죽으심과 합하여 세례를 받음으로 그와 함께 장사된"(롬 6:4) 사람들이다. 그래서 신자들은 똑같은 팀 컬러를 입는다. 우리가 서로 다른 욕망의 패턴과 씨름하고 있을지 몰라도 유혹은 우리의 문제가 아니기 때문에 우리를 규정짓지 않는다. 우리는 오직 그리스도의 피로 가려지고 씻음을 받는다. "유혹은 죄가 아니다. 그런즉 나의 유혹 패턴은 도덕적으로 중립적이거나 성화될 수 있다"라고 말하는 것은 우리를 오도하는 위험한 처사다. 이는 하나님이 계시하신 목적과 상반되는 정체성을 우리가 받아들였음을 보여 준다. 나의 정체성에 대한 하나님의 목적은 언제나 나를 그의 십자가에 못 박는다.

신자의 주요 직무: 죄를 죽이는 일

유혹이 죄가 아니라면 죄란 무엇인가? 체스터턴은 죄를 코뿔소에 비유한다. "만일 코뿔소가 지금 이 식당에 들어온다면 여기서 큰 힘을 갖게 될 것임을 부인할 수 없다. 그러나 내가 맨 먼저 일어나서 그놈에게 그 어떤 권한도 없다고 확신시켜야 한다."[27] 코뿔소처럼 죄도 권한이 없는 힘을 갖고 있지만, 죄는 가장 강한 그리스도인이라도 위협하고 불시에 타격을 가해 자기 뜻대로 행동하게 할 수 있다. 성경은 고맙게도 믿음의 영웅들이 어떻게 유혹에 넘어가서 죄를 지었는지 기록하고 있다. 부분적으로는 하나님의 은혜가 믿고 회개하는 마음에 임할 수 있음을 보여 주기 위해서다. 다시 말하건대, 유혹은 죄가 아니다. 그러나 당신이 유혹을 받을 때 어떻게 하는가는 죄가 될 수 있다.

유혹은 죄가 아니다. 그러나 당신이 유혹을 받을 때 어떻게 하는가는 죄가 될 수 있다.

성경에 따르면, 죄스러운 욕망이 우리 마음속에 뿌리를 내리고 생명과 매체를 갖게 되면, 설사 우리가 그 욕망에 따라 행하지 않을지라도 우리는 내주하는 죄를 상대하고 있는 것이다. 에로 작품을 쓰고 간음을 저지르는 포르노 중독자들이 결혼할 때 장차 외도할 것을 생각하면서 혼인 서약을 한 것은 아니었다. 우리가 한창 기만을 당할 때 그러듯이, 그들도 자신이 죄에 대한 통제권을 갖고 있다고 생각했다. 죄는 지극히 부드럽게 시작된다. 우리는 유혹의 물에 발을 살짝 담그다가 세월이 한참 흐른 후 무서운 폭풍 속 거친 바다의 열린 입속으로 우리 자신—그리고 사랑하는 이들—을 내던지게 된다.

성경은 죄에 대한 해결책을 제시한다. 그것은 고백과 회개, 그리고 자신이 가장 좋아하는 죄를 비롯해 모든 죄를 죽이는 일이다. 회개는 오직 하나님의 구속의 은혜와 그리스도의 피를 통해서만 가능하다.

하나님은 죄가 저절로 죽도록 우리를 무덤에 내버려 두지 않으신다. 시편 40편 2절은 "나를 기가 막힐 웅덩이와 수렁에서 끌어올리시고 내 발을 반석 위에 두사 내 걸음을 견고하게 하셨도다"라고 고백한다. 하나님은 분명 우리에게 죄를 회개하고 죽일 수 있는 은혜를 베푸신다. 그리스도는 우리의 처지를 공감하시며 우리가 무엇을 견디고 있는지 아신다. 그분은 죽음으로써 그 자신을 우리 죄에 대한 대속물로 내어주셨고, 부활로써 우리에게 소망과 새로운 생명의 약속을 주셨다. "우리 주 예수 그리스도의 아버지 하나님을 찬송하리로다. 그의 많으신 긍휼대로 예수 그리스도를 죽은 자 가운데서 부활하게 하심으로 말미암아 우리를 거듭나게 하사 산 소망이 있게 하시며"(벧전 1:3). 오웬(그리고 존 칼빈)의 용어를 빌리자면, 우리는 우리 속에 일하시는 그분의 은혜를 통해 우리의 죄를 **죽이고**(mortify), 그분은 우리의 새로운 생명을 **생동하게**(vivify) 하신다. 죽인다는 것은 "옛 사람"을 벗어 버린다는 뜻이고, 생동하게 한다는 것은 성령의 능력으로 거듭나게 하고 새로운 마음을 준다는 뜻이다. 우리 모두는 죄 가운데 태어났다. 따라서 우리는 다시 태어나야 한다. 오웬은 이렇게 말한다. "우리가 잘 준비되어 있을 때 성령은 우리 안에서 그리고 우리 위에서 일하신다. 이는 우리의 자유와 자발적 순종을 보존하기 위해서다. 그분은 우리의 지식, 의지, 양심, 감정, 그리고 기꺼이 우리의 본성에 영향을 미치신다. 그분은 우리 안에서, 그리고 우리와 함께 일하시지, 우리에 반해서 또는 우리가 없이 일하시지 않는다."[28] 그리스도 안에 사는 것은 "오직 은혜로만" 가능하고, 이 삶은 죄를 벗어 버리고 은혜 안에서 새롭게 됨을 모두 포함하는 것으로 성화를 받아들인다.

죄와 관련해 매우 어려운 한 가지 양상은 내 죄를 죄처럼 느끼지 못한다는 점이다. 내가 짓는 죄는 단순하고 평범한 삶의 일부인 듯하다. 나를 가장 잘 때려눕히는 죄, 쉬지 않고 달려드는 끈질긴 죄, 바울이 로마서 7장에서 말한 죄—"이제는 그것을 행하는 자가 내가 아니요 내 속에 거하는 죄니라"(17절), "만일 내가 원하지 아니하는 그것을 하면 이를 행하는 자는 내가 아니요 내 속에 거하는 죄니라"(20절)—를 상대할 때는 내 마음이 우상을 빚어내는 공장이 되고 내 머리는 변명을 만드는 공장이 된다.

존 오웬은 그의 저서 『신자 속에 남아 있는 내주하는 죄의 본성, 능력, 기만, 그리고 유포』(*The Nature, Power, Deciet, and Prevalency of the Remainders of Indwelling Sin in Believers*, 초판 1635년)에서 이 문제를 다룬다. 이 책은 오늘날의 그리스도인이 읽어야 할 가장 중요한 저서라고 나는 믿는다.[29] 이 책은 다음 세 부분으로 나눠져 있다.

1부: 내주하는 죄의 본성

2부: 내주하는 죄의 능력과 효능

3부: 내주하는 죄의 영향과 힘

이것은 천천히 기도하는 마음으로 읽을 책이다. 이 책은 '나는 그리스도 안에서 새로운 피조물인데 어떻게 죄가 내 마음속에 거하게 할 수 있는가? 내 마음은 구속받았으면서도 어떻게 아직도 이 타락한 본성과 싸울 수 있는가? 수십 년간 기도하고 금식하면서도 어떻게 아직도 똑같은 옛 죄를 지닌 똑같은 옛 사람을 의식할 수 있는가?'와 같은 도무지 설명할 수 없는 것을 설명함으로 우리를 무장해제 시킨다. 『내면의 적』(*The Enemy Within*)의 저자인 크리스 룬드가르드는 이렇게 말한다. "죄는 생일용 마술 초와 비슷할 수 있다. 당신은 소원을 빌었다고 생각하며 촛불을 끄고 미소를 짓는다. 그런데 불이 다시 붙는 것을 보고 입이 딱 벌어진다."[30]

그러면, 담장을 넘어 이제 집에 들어온 적과 당신은 어떻게 싸울 것인가? 오웬은 다음 네 가지 조치를 취하라고 권한다.

(1) 죄를 굶겨라

옳다. 내주하는 죄는 기생충이라 당신이 하는 일을 갉아먹는다. 성령으로 새로워진 마음이 하나님의 말씀을 받아들이면 그 말씀은 죄에게 독이 된다. 당신은 하나님의 말씀을 깊숙이 섭취함으로써 내주하는 죄를 굶길 수 있다. 죄는 하나님의 말씀 안에 거할 수 없기 때문이다. 그런즉 당신의 마음과 생각을 성경으로 가득 채우라. 시편 찬송이 나에게 은혜로운 행위가 되는 것은 각 음표와 함께 암송 구절이 내 영혼에 스며들기 때문이다. 시편 찬송은 내가 가진 모든 것을 이용해 나의 뜻을 하나님의 말씀에 맞추게 해 준다. 시편 모음집은 성경에서 한 장(chapter)이라는 상당 부분을 차지하고, 시편을 노래하는 것은 성경의 상당 부분을 섭취하는 방법이며, 마침내 성경 전부를 모두 암기하는 좋은 방법이다. 성경을 포괄적으로 읽는 것, 한 번에 상당한

양과 아예 한 책을 모두 읽는 것은 무척 유익하다. 하나님의 섭리가 작동하는 것을 큰 그림으로 볼 수 있기 때문이다.

(2) 죄를 죄라고 불러라

죄를 일종의 우호적인 방문객으로 "들여놓지" 말라. 죄를 악한 반칙이라고 고백하고 내쫓아라! 당신은 죄를 집안으로 들여놓아 길들일 수 없다. 거짓 평화를 조성하지 말라. 변명도 하지 말라. 죄에 대해 감상적이 되지 말라. 피해자를 갖고 놀지 말라. 변명으로 물든 의로움에 따라 살지 말라. 만일 당신이 새끼 호랑이를 집안으로 데려와서 목걸이와 줄을 사고 "복실이"라고 부른다면, 어느 날 아침 "복실이"가 당신을 산 채로 먹고 있다고 해도 놀라지 말라. 죄는 이렇게 작동하고, 복실이는 자기가 할 일을 알고 있다. 때때로 죄는 수십 년간 잠복하면서 죄인이 스스로 모든 것을 통제한다고 잘못 생각하도록 속이다가 마침내 고삐를 풀어 당신이 세우고 소중히 여기고 사랑했던 모든 것을 공격한다. 당신이 좋아하는 죄에 대해 현명하게 생각하고 거기에 탐닉하지 말라.

(3) 내주하는 죄를 소멸시켜라

방법은 죄를 죽이는 것이다. 죄는 하나의 적일 뿐 아니라 하나님과 적대 관계에 있다고 오웬이 말한다. 적은 화해될 수 있으나 하나님과 적대 관계에 있는 것은 화해될 가능성이 없다. 하나님과 적대 관계에 있는 것은 무엇이든 죽여야 한다. 우리가 죄와 싸우면 그리스도와의 연합에 더 가까워지고, 이처럼 죄를 하나님의 방식으로 다루는 데서 많은 유익이 생긴다. 실제로 로마서 6장은 우리의 정체성이 그리스도와 함께 십자가에 못 박히고 부활하는 것에서 생긴다고 말한다.

> 4 그러므로 우리가 그의 죽으심과 합하여 세례를 받음으로 그와 함께 장사되었나니 이는 아버지의 영광으로 말미암아 그리스도를 죽은 자 가운데서 살리심과 같이 우리로 또한 새 생명 가운데서 행하게 하려 함이라.
> 5 만일 우리가 그의 죽으심과 같은 모양으로 연합한 자가 되었으면 또한 그의 부활과 같은 모양으로 연합한 자도 되리라.
> 6 우리가 알거니와 우리의 옛 사람이 예수와 함께 십자가에 못 박힌 것은 죄의 몸이 죽어 다시는 우리가 죄에게 종노릇 하지 아니하려 함이니…

(4) 의로움이 살아나게 하고 성령 안에서 행하라

날마다 그리스도 안에서의 새로운 삶을 개발하라. 하나님은 우리를 부끄러워하여 우리가 홀로 싸우도록 내버려 두지 않으신다. 대신 성령의 능력으로 각 신자의 영혼은 "생명력을 얻는다." 생명력을 얻는 것(구속)은 죽은 것을 보완하고, 그래서 우리는 성화를 폭넓은 각도에서 보게 된다. 구속의 약속은 우리 자신을 구속받은 남자와 여자로 보게 해 준다. 그리하여 영원의 이편에서도 그리스도 안에서 우리의 정체성을 형성하게 해 준다.

성적인 죄는 종종 온 집안과 교회를 망하게 하는 요인이다. 성적인 죄와 싸우는 이들은 시간이 조금 흐르면 지치게 된다. 어쩌면 하나님이 미혼 그리스도인에게 성적 욕구를 억압하라고 말씀하시는 듯이 보일지 모른다.

그러나 하나님이 보시는 성, 즉 성경 교수이자 저자인 크리스토퍼 유안이 '거룩한 성'이라고 부르는 것은 주먹을 꽉 쥐고, 손바닥으로 이마를 치는, 자기 비하적인 행위가 결코 아니다. 전혀 그렇지 않다. 하나님이 우리에게 명령하시는 것은, 우리가 타인을 매우 사랑해서 그들에게 하나님으로부터 분리될 만한 행동을 요구하지 않는 것이다. 거룩한 성은 너무도 큰 사랑이라서 상대방의 순결을 귀하게 여기고, 그 사람을 왕의 형상을 지닌 자로 또는 왕의 딸이나 아들로 존귀하게 여기는 것이지, 상대방을 교묘한 정욕으로 비인간화시키는 것이 아니다.

구속받은 사람은 순종할 뿐만 아니라 그리스도와 더욱 하나가 되고 자기부인을 통해 동료 인간들을 더욱 사랑하게 된다. 죄를 죽이는 것으로는 충분하지 않다. 하나님의 뜻이 종종 우리의 뜻과 반대되더라도 우리는 이 싸움을 거치면서 우리의 뜻을 하나님의 뜻에 녹이는 데서 기쁨을 얻어야 한다. 의로움이 살아나게 한다는 말은 성경을 좋은 충고를 주는 책으로만이 아니라 우리의 구속받은 영혼을 만나 우리의 욕망을 형성하는 살아 있는 텍스트로 읽으라는 초대이다.

하나님의 뜻이 우리의 뜻과 반대되더라도 우리는 우리의 뜻을 하나님의 뜻에 녹이는 데서 기쁨을 얻어야 한다.

내 경험으로 보면, 하나님의 선물인 구속을 통해 욕망을 재형성하는 일은 편평하고 단조롭고 완수된 것이 아니라 복잡하고 **변증법적**이다. 그래서 시편 62편에 나오듯이 나는 날마다 앞뒤로 움직이게 된다. 이 시편은 다윗이 자기 행위를 묘사하는 글로 시작된다. "나의 영혼이 잠잠히 하나님만 바람이여"(1절). 다섯 째 행에 이르면 다윗은 자신과 자신의 고뇌에 귀를 기울이지 않는다. 대신 하나님의 말씀을 사용해 스스로에게 말한다. "나의 영혼아 잠잠히 하나님만 바라라"(5절). 다윗은 구속적 용기를 발휘하는 중이다. 자신의 목덜미를 잡고 무엇을 할지를 일러주고 있는 것이다. 그는 자기가 슬픈 처지에 빠졌다는 사실을 알지만 그로 인해 점점 더 우울해지는 것을 허용하지 않는다. 어떻게 이게 가능한가? 그가 하나님이 주신 믿음의 렌즈로 삶의 현실을 바라보고 있기 때문이다.

그는 자신에게 말한 후(자신의 말을 듣는 대신) 스스로에게 하나님이 누구신지를 얘기한다. 구속이란 하나님의 성품과 뜻, 능력과 생명을 우리 자신의 것으로 가져와서 우리를 죽음에서 생명으로 옮겨 놓는 것이다. 다윗은 그의 감정을 정죄하지 않는다. 오히려 믿음을 사용해서 그의 개인적 경험을 해석한다. "백성들아 시시로 그를 의지하고 그의 앞에 마음을 토하라"(8절). 구원받은 사람은 자신의 문제를 홀로 안고 있는 것이 아니며 마치 그런 것처럼 행동해서도 안 된다고 선언하고 있다. 왜냐하면 구원받은 남자나 여자는 언제나 하나님과 함께 있기 때문이다.

다윗은 이 시편의 마지막 대목을, 하나님이 비록 그의 소원을 들어주지 않으실지라도 하나님이 그의 기도에 올바르게 응답하실 것을 믿을 수 있다는 말로 장식한다. "하나님이 한두 번 하신 말씀을 내가 들었나니 권능은 하나님께 속하였다 하셨도다. 주여 인자함은 주께 속하오니 주께서 각 사람이 행한 대로 갚으심이니이다"(11-12절).

이 시편 기자가 가리키는 '행한 대로'의 행함은 행위에 의한 의로움이 아니다. 그것은 완고한 뜻을 품은 채 감당하기 어려운 유혹으로 말미암아 겁에 질리는 것이 아니다. 여기서 언급하는 행함은 주님의 사역이 생생하게 살아나서 당신의 뜻을 창조주의 뜻에 녹이는 반(反)직관적인 능력을 말한다.

신자가 할 일은 주도적인 것이 아니라 하나의 반응이다. 우리가 하나님의 사랑에 반응하는 것은 반드시 그래야 하기 때문이다. 베드로처럼 불가능한 일을 하라는 부름을 받았을 때, 우리는 우리의 한계를 주목하지 않고 다음과 같은 말을 곰곰이 생각하게 된다. "주여 영생의 말씀이 주께 있사오니 우리가 누구에게로 가오리이까?"(요 6:68). 오웬은 이렇게 말한다. "어떤 죄를 죽이든지 그것은 은혜의 공급에 의한 것임에 틀림없다. 우리 스스로는 그런 일을 할 수 없다."[31] 복음은 우리를 중간까지만 데려가지 않는다. 하나님은 우리를 집에 이르기까지 인도하신다. 그러나 만일 당신이 구하는 것이 그리스도의 피와 동떨어진 은혜라면, 당신은 결코 집에 도달하지 못할 것이다.

수치의 문제에 대한 성경적 해결책

수치의 문제에 대한 성경적 해결책은 율법과 은혜를 모두 신앙적으로 이해하고 죄의 고백이 하나님을 영화롭게 한다는 점을 기억하는 것이며,[32] 하나님과 당신의 언약에 담긴 약속들이 바로 격려의 향연임을 아는 것이다. 우리는 공동생활을 할 때 서로에게 모범을 보일 수 있다. 켄트가 나에게 프로포즈를 했을 때 나는 내가 지은 과거의 성적인 죄를 그가 용서할 수 있을 것임을 알았다. 켄트가 나에게 하나님보다 더 높은 기준을 갖고 있지 않다는 것을 보여 줬을 때 상당 기간 쌓인 내 죄가 녹아서 사라지는 것을 느꼈다. 그는 회개가 하나님께 영광을 돌린다고 진심으로 믿는 모습을 내게 보여 주었다. 그런데 이것은 반직관적이다. 오로지 성령과 동행하는 그리스도인만이 죄를 회개하는 데서 평안과 기쁨과 하나님의 사랑을 찾을 수 있기 때문이다.

존 오웬은 수치에 관해서도 얘기한다. 그는 수치의 뿌리가 하나님이 우리의 연약함을 이해하시지 못해서가 아니라 우리가 하나님의 위대함을 이해하지 못하는 데 있다고 말한다. "하나님의 모든 계명에 대한 보편적 존경이 수치를 피하는 유일한 방부제이다."[33] 오웬은 다음과 같은 다윗의 말을 상기시킨다. "내가 주의 모든 계명에 주의할 때에는 부끄럽지 아니하리이다"(시 119:6). 원죄가 우리를 타락시키고 죄인으로 만든다는 교리를 들으면 한 신자는 부끄러움을 느끼는 반면 다른 신자는 이 신학에서 평안을 찾는다. 왜 그럴까?

수치의 문제는 교리의 문제거나 삶의 문제, 또는 둘 다일 수 있다. 수치심은 당신의 죄나 당신에게 닿은 누군가의 죄 때문에 생길 수 있다. 좋은 신학이 가혹한 손으로 전달될 수도 있다. 어떤 죄들은 (한동안) 감춰진 상태로 간직되는 반면, 또 다른 죄들은 신자의 삶 전체에 조용히 삽시간에 퍼질 수 있다. 그러나 나는, 신자들이 죄를 제대로 이해하기 위해 필요한 잃어버린 연결고리는 하나님의 의로우심에 대한 사랑과 서로에 대한 사랑이라고 믿는다. 그 사랑은 고난의 시기에 두드러지게 나타난다. 이 사랑에 대해서는 다음 장에서 더 얘기할 것인데, 여기서는 신자들 간의 신실한 교제가 좋은 교리에 따라오는 "추가 사항"이 아니란 것만 알면 된다. 신자들 간의 교제는 종종 우리에게 구원자의 피를 주입하여 우리를 온전케 하는 혈관과 같다.

오순절 이후 신자들은 "사도의 가르침을 받아 **서로 교제하고** 떡을 떼며 오로지 기도하기를 힘"썼다(행 2:42). 진정한 기독교 공동체에서는 회개를 부끄러워하지 않는다. 그런 공동체는 회개하는 죄인들을 하나님이 보시듯이, 즉 깨끗해져서 그리스도의 의를 입은 사람으로 본다. 그리고 죄와의 싸움은 우리가 죽을 때까지 또는 그리스도께서 재림하실 때까지 끝나지 않는다. 이 때문에 "우리가 이제부터는 어떤 사람도 육신을 따라 알지 아니한"다(고후 5:16). 구속받은 사람들은 육신의 범주에 따라 알려지지 않는다.

많은 사람이 죄에 대한 온전한 지식(원죄, 자범죄, 내주하는 죄)을 거부하는 것은 그것이 수치심과 부당한 정서적 강박증을 유발한다고 생각하기 때문이다. 나의 가장 은밀한 욕구와 가장 원초적인 자아의식을 "죄"라고 부르는 복음에 무슨 은혜가 있는가? 죄에 대한 정통적인 이해는 이제까지 외상 후 스트레스 장애(PTSD), 우울증, 자해, 자살 등 여러 비극을 유발하는 것으로 간주되어 왔다. 그러나 이것은 하나님이 신자들로 하여금 회개를 경험하도록 인도하시는 방식이 아니다.

회개는 은혜가 겸손한 마음으로 흘러가는 모습이다(약 4:6). 회개는 하나님께서 당신의 어깨에서 갈등의 무게를 들어 올려주는 느낌을 선사한다. 당신이 예전에 보지 못했던 것을 마침내 보면 해방감을 느끼고, 죄가 항상 요구하는 분노와 수치와 자기방어를 풀어 버리면 정말로 홀가분하다.

심지어 그 결과가 비참할 때에도 주님의 짐이 세상의 짐보다 훨씬 가볍고, 그분의 멍에가 나의 본성과 역량에 걸맞다는 것을 경험하면 너무나 기쁘다. 죄에 대한 회개는 왕족을 장식하는 영예이다. 회개는 그리스도인의 자유를 완전히 표출하는 행위이고, 주님의 용서를 통하여 회개는 단 하나의 소리를 낸다. 바로 평안이다.

부끄럽지 않게 살려면 하나님의 본성과 사람의 본성, 이 두 가지를 비타협적인 사랑 안에서 붙잡아야 한다. 우리는 구속받은 사람의 본성과 우리를 만드신 하나님을 성경적으로 이해하지 않으면 안 된다. 만일 두 가지 모두를 순전한 사랑 안에서 붙잡지 않으면, 다른 세상적인 정체성들이 기어들어 와서 우리로 하여금 두 주인을 섬기게끔 유도한다.

때로는 이런 세상적인 정체성들이 교회 속에 들어와서 유익한 범주인 체하고 이해의 다리를 순탄하게 만드는 것처럼 보인다. 그런 세상적인 범주 중의 하나가 사람들은 본래 고정된 성적 지향—동성애, 이성애, 또는 양성애—을 갖고 태어난다는 성적 지향의 개념이다. 그러나 이 범주는 불안정해서 계속 변하게 될 것이다. 우리는 성적 지향이 참되고 영구적인 범주라는 소리를 많이 듣는다. 다음 두 장에서 나는 이 개념이 모든 사람에게, 특히 원치 않는 동성애적 욕망과 싸우는 신자들에게 얼마나 해로운지를 보여 줄 것이다.

4장

성적 지향

19세기에 범한 프로이트의 실수

성적 지향이란 무엇인가?

닉 로엔은 최근 블로그에 "릭"을 보고 마음속 깊은 곳에 따스한 느낌이 든 경험에 관해 썼다.

> 내가 기쁜 마음으로 릭을 알아챈 순간 그 매력은 내 속에 "나는 …을 원한다"는 온갖 욕망을 낳았다. 그런 욕망 중의 하나가 성적 욕망이었다. 아니, 나는 그와 동침하는 것이 어떨지 그 장면을 즉시 떠올리진 않았지만 그 씨앗은 거기에 있었다. 하지만 나는 릭에 대해 섹스와는 무관한, 다수의 고조된 욕망을 경험하기도 했다. 나는 그에게 말을 걸고, 그와 악수를 하고, 그를 알아가고, 그와 함께 웃고, 그에게 음료수 한 잔을

대접하고픈 욕망을 느꼈다. 달리 말해, 성적 욕망의 씨앗뿐만 아니라 우정, 대접, 정서적 친밀성, 희생적 섬김, 사랑 등의 욕망들의 씨앗도 거기에 있었다는 이야기다. 이 다양한 모든 욕망들이 최초의 동일한 매력에 의해 채색되었던 것이다. 이처럼 복수의 고조된 욕망들로 이끄는 다른 남성에 대한 끈질긴 매력의 경험이 곧 동성 매력(SSA), 동성애적 지향의 경험, 또는 "게이"에 대한 나의 정의를 구성한다. 이는 성적 경험만이 아니라 그 전반적인 경험을 모두 포함한다.[1]

이 블로그에서 닉은 흔히 사용되는 성적 지향의 개념을 포착한다. 그것은 미국심리학협회(APA)가 정의하듯이 "남성, 여성, 또는 양성에 대한 항구적인 감정적, 낭만적, 그리고/또는 성적 매력의 패턴"이다. 이 글에서 닉은 릭에게 성적으로 끌리는 것뿐만 아니라 감정적으로 그리고 애정적으로 끌리는 것도 얘기한다. 그는 남성에 대한 매력의 패턴이 얼마나 "끈질긴지"를 언급하고, 그런 패턴은 "동성애적 지향"이나 "게이"의 개념으로 가장 잘 범주화된다고 말한다. 이어서 이런 매력 가운데 일부는 성적으로 부정해서 죽음에 처해야 하고, 또 어떤 것들은 도덕적으로 중립적이거나 유익해서 꽃을 피우게 해야 하는데, 이는 개인적 유익과 사회적 유익 모두를 위해서라고 말한다. 나도 동의한다. 그런데 닉은 그 모든 경험, 곧 성화된 경험과 죄악된 경험이 모두 그의 성적 지향의 일부라고 설명한다. 닉이 말하는 내용은 APA의 정의에 따르면 완전히 정확하다.

닉은 주님 안에 있는 형제이다. 나는 그를 귀하게 여기고 그를 위해 기도한다. 그는 글과 나와의 이메일 교환을 통해 내가 나의 맹점과 오류를 보도록 도와주었다. 우리가 의견을 달리하는 부분도 있지만 닉 역시 나를 위해 기도한다는 것을 알고 있다. 중요한 점은 닉이 순결서약을 했다는 사실이다. 그러나 닉은 (내가 생각하기에) 우리 모두에게 유익보다는 해를 끼치는 인간론을 장려하고 있다. 왜 그런지 설명하려고 한다.

19세기 기원과 관념사(史)의 위력

성적 지향(sexual orientation)의 개념을 처음 사용한 인물은 프로이트였다. 그 결과 성(sexuality)이란 것이 근본적으로 성경적/창조적 맥락에서 벗어나 전혀 새로운 어떤 것으로 옮겨지게 되었다. 인간의 정체성을 결정하고 규정짓는 근본적인 욕구가 된 것이다. 이로 인해 인간론에 문제가 생겼다. 프로이트는 인간을 성적 욕망에 따라 정의하고 성적 대상에 따라 분리시킴으로써—의도적이든 아니든—남자와 여자 모두 하나님의 형상으로 창조되었다는 성경적 범주를 억압하고 성적 정체성이란 정신분석적 범주로 대체하고 있었다. 프로이트는 의도와 언어 사용 모두에서 성적 역기능을 진단하고 그 해결책을 처방하기 위해 성경의 권위를 겨냥했다. 이것이 순수한 움직임이었다고 나는 믿지 않는다. 프로이트는 평생 동안 성경의 하나님에 대한 믿음이 하나의 "보편적 강박 신경증"[2]이라고 주장했다. 성적 지향이란 범주는 사람이 거룩한 하나님의 형상을 지녔다는 사실을 과소평가하는 인간론을 수반하게 된다.

프로이트는 뜬금없이 나타난 사람이 아니었다. 관념은 세계관을 형성하고 세계관은 문화를 형성한다. 그런 면에서 프로이트는 독일 낭만주의의 산물이었다. 낭만주의 시대[3]의 특징은 개인적 경험을 자기표현이나 자기표상으로뿐 아니라 **인식론**과 개인적 정체성(존재론적으로 나는 누구인가)으로도 명백히 받아들이는 데 있다.[4]

괴테의 자살 비망록, 『젊은 베르테르의 슬픔』은 이 관념을 서구 문화에 풀어냈다. 베르테르는 1774년에 독일에서 대성공을 거두고 다수의 자살을 초래하는 한편, 개인적 경험 자체가 인식론의 한 분파라는 관념을 나타냈다. 말하자면, 낭만주의는 당신이 개인적 경험의 렌즈를 통해 진리를 알고, 그 어떤 우선적 반론이나 객관적인 반론도 누군가의 주관적인 지적 틀의 원초적 지혜에 도전할 수 없다고 주장했다. 낭만주의에서는 이처럼 아는 것과 알려지는 것이 정체성에 뿌리를 두고 있고, 정체성을 표현하는 방식이다. 낭만주의는 오직 본인의 마음과 그 속성들만이 확실히 존재한다는 유아론(solipsism)적인 나 중심의 자기이해보다 한 걸음 더 나갔다. 낭만주의는 개인적 느낌과 경험이야말로 진리 분별의 가장 믿음직한 척도이자 수단이라고 선언하기까지 했다.

여기에는 신학적 이슈와 철학적 이슈가 모두 걸려 있다. 신학적 이슈는 원죄를 부인하는 인간론의 발달이다. 낭만주의자들은 원죄를 부인하면서 인간의 고유한 신성과 선함을 믿는다고 선언했다. 철학적 이슈는 개인적 경험의 인식론과 역할이다. 18세기 이전에 경험이 곧 진리라고 주장했다면—세속적 맥락에서도—진정한 삶과 신학의 도전을 받았을 것이다. 오늘날에도 진리로서의 경험(experience-as-truth)은 가장 저급한 형태의 인식론이다.

19세기에 등장한 성적 지향의 범주는 낭만주의 인식론을 반영한다. 그것은 남자와 여자를 영원히 지속될 영혼을 지닌 채 하나님의 형상으로 창조된 사람들에서 성적 욕구와 성별로 규정되고 해방되고 구별되는 사람들로 재정의했다. 그리스도인은 하나님의 형상이야말로 인간을 동물로부터 구별시키는 것이라고 주장하지만, 19세기는 새로운 사람의 척도, 즉 성과 성적 쾌락을 결정적인 표지로 여기는 입장을 도입했다. 그래서 "성적 지향"은 하나의 **신조어**이고, 이 어구는 사람들에게서 진정한 정체성—남자와 여자 모두 하나님의 형상을 지닌 자라는 것—을 빼앗는 허구적 정체성을 창조한다. 성적 지향은 성의 정의를 확장시켜 성경적 경계선을 넘어가게 하는 단어이다. 성경적으로 말하면 성은 언제나 목적론적이다. 말하자면 성적 욕망은 욕망의 대상을 함축하고 성적 행위는 필연적 결과를 함축한다. APA가 내린 성적 지향의 정의는 비(非)성적인 애정을 포함하기 때문에, 이것은 하나님이 말씀하시는 인간 됨과는 다른 그림을 그린다.

달리 말해, 성경적으로 말하면, 동성 간의 비성적인 깊고 항구적인 친구관계는 죄스러운 면이 없고 "게이"의 요소도 없다. 누군가에게 음료수 한 잔을 주고 싶거나 친구를 희생적으로 돕고 싶은 것은 우리가 지닌 거룩한 하나님의 형상의 표출이지 성적 욕망이나 유혹의 끈질긴 패턴이 아니다. 우리는 이런 물음을 던져야 한다. 성적 지향의 범주가 인간 됨의 뜻을 새롭게 정의할 목적이 아니라면 왜 비성적인 우호관계를 포함하는 것인가? 이것은 사소한 문제가 아니다. 만일 우리가 세속적인 인간관을 하나님의 인간관보다 우위에 놓는다면, 우리는 인간을 이해하는 성경의 능력을 의심하고 창조주의 가르침을 스스로 부인하는 것이다. 프로이트는 성경 저자들이 놓친, 인간에 관한 어떤 진리를 창안하거나 발견하거나 명명한 것이 아니었다. 거룩한 하나님의 형상을 지닌 존재임을 표현하기 위해 우리가 사용하는 범주들은 무척 중요하다. 단어들은 부엌의 행주처럼 사용할 때마다 역사(와 박테리아)를 나르고 배포한다. 그런 점에서 19세기 성적 지향의 범주들은 많은 박테리아를 몰고 온다.

우리가 하나님이 사용하시지 않는 범주들을 사용해 우리 자신을 정의하면 모든 이가 손해를 본다.

우리가 하나님이 사용하시지 않는 범주들을 사용해 우리 자신을 정의하면 모든 이가 손해를 본다. 이성애자와 동성애자로 자처하는 사람들은 잃을 것이 많다. 2014년 마이클 한논은 한 잡지(*First Things*)에 “이성애에 반대하며: 성적 지향의 개념은 인위적이고 기독교 증언을 방해한다”[5]라는 제목의 흥미로운 글을 실었다. 그의 글은 1980년 에이즈로 죽은 유명한 프랑스의 지성사가인 미셸 푸코와 함께 시작된다.

> 미셸 푸코는… 『성의 역사』(*History of Sexuality*)에서 성적 지

향의 계보를 상세히 묘사한다. "남색"(sodomy)은 오랫동안 특정 부류의 행위들을 일컫는 말이었는 데 반해, 갑자기 19세기 후반에 처음으로 "동성애자"(homosexual)란 용어가 그것과 나란히 등장했다. 이 유럽의 신조어는 이전 세대들에게는 명백한 범주적 오류란 인상을 주었을 방식으로 사용되었다. 행위가 아닌 사람들을 지칭했기 때문이다. 그리고 그 상대역인 "이성애자"(heterosexual)란 용어도 마찬가지였다. … 그리하여 세속 사회는 고전적인 종교 신념을 공공연하게 비합법적인 것으로 치부하고, 유사과학이 들어와서 성적 규범을 위한 도덕적 토대로서의 종교를 대체해 버렸다.[6]

성은 동사(행위)에서 명사(사람들)로 이동했고, 이 문법상의 이동과 함께 새로운 인간 개념이 탄생했다. 말하자면, 우리는 우리의 성적 욕망에 의해 **방향이 정해지거나** 그 모양이 만들어진다는 것, 서로 다른 성적 욕망과 욕망의 대상들이 별도의 인간 종류들을 구성한다는 것, 자기표상과 정체성이 이제는 성적 지향에 뿌리박고 있지 인간을 향한 하나님의 목적에 뿌리박고 있지 않다는 것이다. 푸코는 이렇게 말한다. "동성애가 성의 여러 형태 중 하나로 등장했는데… 그것이 남색의 **행위**로부터 일종의 내부의 양성성, 영혼의 양성주의로 옮겨졌을 때였다. 남색하는 자는 일시적 일탈로 간주되어 왔었는데, 동성애자는 새로운 종(種)이었다"[7](강조체는 나의 것). 19세기에 성적 지향이란 범주가 만들어지기 전에는 어느 누구의 성적 행위나 성적 욕망도 그의 사람됨이나 개인적 정체성을 규정짓지 않았다.

푸코가 **형태**, **영혼**, **종**과 같은 단어들을 사용하는 것을 주목하라. **형태**(form)란 단어의 사용은 성적 욕망이 우리의 구조적인 틀, 자아의 구성요소를 형성한다는 것을 의미한다. **영혼**(soul)이란 단어의 사용은 하나님의 형상이 아니라 성이 인간의 진정한 지표였다는 것을 의미한다. **종**(species)이란 단어의 사용은 적어도 관념의 역사에 새로운 인간 개념이 탄생했다는 것을 의미한다. 이 새로운 정의에 따르면, 성은 성적 욕망을 능가한다. 푸코의 설명에서도 비성적인 애정들이 한 개인의 성적 지향 아래 열거되어 있어 성적 욕망을 목적론(그 목표점)으로부터 심리학(사람됨, 성격, 좋은 것, 싫은 것 등)으로 재배치시켰다. 그래서 성적 지향은 한 개인의 자아 전체, 곧 그 변두리에서 중심에 이르는 모든 것을 포함한다고 한다. 만일 내가 이성애자나 동성애자로 자처한다면, 이 근원적인 자아의 특성이 내가 행하는 모든 일, 즉 아침에 개를 산책시키는 방식, 점심시간에 국 냄비를 젓는 방식, 밤에 쓰레기를 내놓는 방식 등에서 나타난다고 말하는 셈이다. 이 포괄적인 전환과 함께 새로운 종류의 성적 자유가 출현하여 비성적인 애정을 포함한 모든 것이 이 새로운 성적 인간성에 의해 포섭되고, 모든 것이 이 성적 인간성에서 흘러나오는 성격적 특성이 되고 말았다.

성적 지향은 백년 만에 하나의 범주적 고안물로부터 선도적인 불멸의 진리가 되었고, 사람이 하나님의 형상으로 창조되어 영원한 영혼을 지닌 존재라는 개념은 제거되고 말았다. 그리하여 지금은 신자와 비신자가 똑같이 무비판적으로 수용하는 용어이다. 성적 지향은 자아를 우리의 타락한 욕망들의 총체로 정의한다. 우리가 성적 지향의 렌즈를 사용하면, 은혜의 언약이 어떻게 그리스도 안에 있는 우리의 참된 정체성을 변호하는지, 또는 성경적 결혼이 어째서 단지 사람이 만든 편리한 제도가 아니라 하나님이 설계하신 창조 규례이고 그리스도와 교회의 살아있는 반영체인지를 도무지 알 수 없다.

이성애의 맹점과 상대적인 죄

나는 성적 지향이 모든 사람에게 패배만 안겨주는 패러다임이고, 특히 당신이 원치 않는 동성애적 욕망과 씨름한다면 더욱 그러하다고 믿는다. 이에 반해 한논은 이성애자로 자처하는 이들이 잃을 것이 가장 많다고 생각한다. "지향-정체성 시스템의 가장 해로운 측면은 이성애를 도덕적 평가에서 면제해 주는 성향이 있다는 것이다. 만일 동성애가 반드시 우리로 죄를 짓게 한다면, 이성애도 반드시 우리로 죄를 짓게 한다."[8] 이 이성애의 맹점은 두 가지 형태가 있는 것 같다. 이성애적 성향을 지닌 성적인 죄(포르노, 근친상간, 간통, 간음)에 대한 변명과 복음주의 진영에 "구토반사"(gag reflex)[9]로 알려진 것, 즉 게이 남자들의 침대에서의 행위에 지나치게 초점을 맞추는 것이다. 사실 성적 지향 패러다임이 지닌 기만성 때문에 우리는 19세기 이전에 비해 **이성애적** 죄에는 무감각하고 **동성애적** 죄에만 지나치게 초점을 맞출 가능성이 훨씬 더 많다.

이성애의 맹점은 그리스도인을 자기를 파멸시킬지 모르는 죄들에 대해 무지하게 만드는 것이다. **동성애**의 승인은 한 사람이 이웃의 동성애자의 삶 속에 들어가서 하나님의 진노를 면하도록 도와줄 수 없게 만든다. 두 가지 모두 그리스도인의 증언을 불가능하게 만든다.

이는 또 다른 질문을 일으킬 수 있다. '동성 간의 섹스는 부자연스럽다는 바울의 말(롬 1:26)은 이성 간의 성적인 죄(간음이나 포르노와 같은 것)가 덜 악랄하다는 결론을 정당화하는가?'이다. 존 머리의 『로마서 주석』은 이와 같은 상대적 죄의 패러다임을 변호하는 것으로 이용되어 왔다. 로마서 1장 26절에 대한 그의 주석은 이렇다. "간통이나 간음이 아무리 심각한 죄라고 해도, 동성애에 내포된 신성모독이 더 악한 타락이라는 뜻이다. 그것은 순리에 어긋나며 따라서 더 근본적인 타락상을 보여 준다."[10]

따라서 동성 간의 성적인 죄가 더 높은 수준의 악이란 말인가? 이 질문은 이렇게 제기될 수도 있다. 머리(Murray)는 상대적인 죄의 패러다임(즉, 당신의 죄를 다른 사람의 죄와 비교해서 당신의 죄가 그만큼 나쁘지 않다고 결론을 내리는 것)을 지지하고 있는가? 다수의 그리스도인은 머리와 같이 추론해서 동성애의 죄가 다른 성적인 죄들보다 하나님의 구속을 받기가 더 어렵다는 결론에 도달한다. 그러나 자만, 정욕, 원한, 분노 등 수많은 죄가 성적인 죄 배후에 있는 만큼 어느 죄를 다른 모든 죄보다 더 악하다는 식으로 일반화할 수는 없다. 어쨌든 이루 말할 수 없이 혐오스러운 온갖 이성애적 변태와 학대가 있지 않은가? 이성과 결혼한 남자가 아내를 강간하고 학대하는 경우, 그는 이성과의 결혼이란 사실로 인해 완화될 수 없는 끔찍한 악을 저지르고 있는 것이다. 누구든지 이와 달리 주장해서는 안 된다.

성경에는 스스로 상대적인 죄라는 이유로 회개를 거절하는 예가 나온다. 누가복음 18장에 나오는 바리새인과 세리의 비유로서, 그런 바리새인의 사고방식은 결코 바람직하지 않다.

> 10 두 사람이 기도하러 성전에 올라가니 하나는 바리새인이요 하나는 세리라
> 11 바리새인은 서서 따로 기도하여 이르되 "하나님이여 나는 다른 사람들 곧 토색, 불의, 간음을 하는 자들과 같지 아니하고 이 세리와도 같지 아니함을 감사하나이다
> 12 나는 이레에 두 번씩 금식하고 또 소득의 십일조를 드리나이다" 하고
> 13 세리는 멀리 서서 감히 눈을 들어 하늘을 쳐다보지도 못하고 다만 가슴을 치며 이르되 "하나님이여 불쌍히 여기소서 나는 죄인이로소이다" 하였느니라

여기서 독선적인 바리새인의 죄가 겸손한 세리의 죄보다 더 악질적인 것으로 드러난 만큼 상대적 죄의 패러다임은 구멍 난 배로 판명된다. 비록 바리새인의 죄가 이성애적 정욕이고 세리의 죄는 원치 않는 동성애적 정욕이라 할지라도 마찬가지다.

성적인 죄는 좀 더 치명적인 다른 죄들—자만과 정욕—의 열매이

다. 사탄이 가장 좋아하는 그리스도인은 화려한 외관이 변명거리가 될 것으로 상상하며 스스로를 기만하고 잘못된 확신을 품은 채 지옥에 이르는 길을 걷는 자들이다. 한논은 이렇게 말한다. 이성애적 성적 지향이 단지 이성애적이라는 이유로 성화되었다는 생각은 "유혹을 평가하는 데 부정확한 척도를 갖다 대는 것은 물론, 병적으로 무비판적이고… 부당한 자기 확신을 불러온다."[11] 나도 이에 동의한다.

그러나 우리는 여전히 동성 간의 섹스는 "부자연스럽다"고 설파하는 로마서 1장의 말씀을 직면하지 않으면 된다.

> 25 이는 그들이 하나님의 진리를 거짓 것으로 바꾸어 피조물을 조물주보다 더 경배하고 섬김이라. 주는 곧 영원히 찬송할 이시로다, 아멘.
> 26 이 때문에 하나님께서 그들을 부끄러운 욕심에 내버려 두셨으니 곧 그들의 여자들도 순리대로 쓸 것을 바꾸어 역리로 쓰며
> 27 그와 같이 남자들도 순리대로 여자 쓰기를 버리고 서로 향하여 음욕이 불 일듯 하매 남자가 남자와 더불어 부끄러운 일을 행하여 그들의 그릇됨에 상당한 보응을 그들 자신이 받았느니라.

로마서 1장은 신자인 나의 삶에서 언제나 중요한 자리를 차지할 것이다. 나는 이 글을 헌신적인 레즈비언 관계를 맺고 있을 때 처음 읽었다. 처음에는 무척 조롱했다. 나는 레즈비언임을 항상 밝히진 않았

었지만 첫 레즈비언 연인을 만나자 그녀에게 완전히 사로잡히고 말았다. 당시 나는 진정한 자아를 발견했다고 확신했고, 옳고 그름을 분별하는 내 능력에 의문을 제기한 이 옛 책(성경)보다 내가 나 자신에 대해 더 잘 알고 있다고 분명히 확신했다.

그런데 내가 성경을 여러 번 읽은 뒤에는 우리를 창조하신 하나님이 인간의 성을 포함해 그의 피조물에 관한 "규례들"[12]을 정의할 권한을 갖고 계시다는 점을 직면해야 했다. 나는 하나님의 설계로 성이란 것이 하나님의 창조 명령의 성취를 위해 존재한다고 믿기에 이르렀지만, 이 진리를 몸소 경험한 것은 아니었다. 내가 하나님의 진리를 수용한 것은 내 양심이 나를 정죄했기 때문이다. 그리고 나는 경험적으로 자연계시 행로의 나쁜 쪽에서 살고 있다고 느낀 새 신자로서 그 진리를 수용했기 때문에, 성경적인 성의 개념을 다음 두 가지 관점에서 공부해야만 했다. 하나는 성경적 윤리(성경이 선언하는 내용)의 관점이고, 다른 하나는 그리스도 안에서의 개인적 성장의 관점이었다. 그리스도 안에서의 개인적 성장은 시러큐스 개혁 장로교회의 켄 스미스 목사와 교인들이 베푼 목회적 돌봄에서 흘러나왔고, 또 우리의 느낌이나 과거의 행실에도 불구하고 우리를 새로운 피조물로 살게 하고 오직 부활한 그리스도 안에 서게 하는 은혜의 수단을 통해 흘러나갔다. 이 여정의 초기에, 성경에 나오는 자연법(natural law)의 윤리를 성경적이라 선언한다고 해서 그 관점이 항상 목회적인 성격을 지닌 것은 아니라는 생각이 들었다.

성경적 윤리로서의 자연계시

로마서 1장 18-20절은 신학자들이 "자연계시"라고 부르는 성경적 개념을 제시하는데, 이는 자연에 하나님과 그의 법이 나타나는 현상을 말한다.

> 18 하나님의 진노가 불의로 진리를 막는 사람들의 모든 경건하지 않음과 불의에 대하여 하늘로부터 나타나나니
> 19 이는 하나님을 알 만한 것이 그들 속에 보임이라. 하나님께서 이를 그들에게 보이셨느니라.
> 20 창세로부터 그의 보이지 아니하는 것들 곧 그의 영원하신 능력과 신성이 그가 만드신 만물에 분명히 보여 알려졌나니 그러므로 그들이 핑계하지 못할지니라.

먼저 이 글이 나를 미치게 만들었다고 솔직하게 말해야겠다. 나는 진노와 징벌, 그리고 우리 모두 똑같은 지각이나 경험에서 똑같은 교훈을 배운다는 가정에 입각해서 생각하는 것을 무척 싫어한다. 내가 몸담은 포스트모더니즘의 모든 면이 이런 사고방식에 반발했다. 그런데 여기서 하나님은 우리에게 "불의로 진리를 막는 것"(18절)의 책임을 물으신다. 그분은 불경건함이 "그들 속에 밝히 드러난다"(19절)고 선언하신다. 사람이 "핑계할 것이 없는" 것은 그분의 능력과 성품을 "그가 만드신 만물을 보고서 깨닫게 되어 있었기"(20절, 새번역) 때문이라

고 하신다.

내가 비신자 시절에 이 글을 읽었을 때는 건방질 정도로 모욕적인 언사라고 느꼈다. 나는 레즈비언 파트너들과 우리가 만든 공동체를 사랑했는데, 이 대목은 하나님이 내가 다르게 처신하기를 원하신다는 점을 분명히 밝혔다. 훗날 신자가 돼서야 나는 이 주장이 왜 나에게 설득력이 없었는지 알게 되었다. 하나님은 하나님의 능력과 신성이 나타난 자연 현상에서 복음을 찾을 수 있다고 주장하시는 게 아니다. 달리 말하면, "자연계시"가 나의 죄를 폭로했지만, 하나님은 진단과 치료 사이에 차이점이 있음을 알고 계셨다는 것이다. 자연계시가 하나님의 진단을 보여 주는 것은 맞다. 하지만 오로지 복음 안에서만 나는 치료책을 찾게 된다. 이는 정당해 보였다. 마치 하나님의 형상을 지닌 자로서 나는 하나님에 대해 자연법에 나타난 것보다 더 많이 알 책임이 있다고 말하는 것만 같았다. 구체적으로 말하면, 그것은 나를 자극해서 복음을 알고, 공부하고, 숙고하고, 복음이 내 마음 둘레에 쌓은 벽을 통과하게 하도록 했다. 자연계시는 나의 죄를 드러냈고, 나로 하여금 죄는 중요하지 않다는 유니테리언 메시지를 의심하게 만들었다. 이 새로운 깨달음은 내가 좋아하던 죽은 백인 남자들 중 한 명을 상기시켰다.

토마스 아퀴나스(1225-1274 AD)는 자연법이 선천적인 도덕의식을 낳는다고 믿었다. 그는 성 아우구스티누스(354-430 AD)가 기독교의 렌즈를 통해 플라톤(422-347 BC)을 읽은 방식으로 아리스토텔레스(384-322 BC)를 읽었다. 나는 아퀴나스가 지구상에 존재했던 최고 지성 중의 하나였다는 것을 알게 되었고, 시간이 흐른 후 실은 그렇지 않다는 결론에 도달하게 되어 혼란스러웠다. 그러나 나는 또한 나의 죄를 충분히 알고 있어서, 어떤 이들은 나에게서 보다 피상적인 관심을 끈 반면 다른 이들은 내 마음을 정말로 끌어당겼다는 사실을 알았다. 성적인 죄가 나에게는 깊고도 완강한 문제였다. 나는 도덕의식보다 훨씬 많은 것이 필요했다. 내 주변 사람은 몰랐을지라도 나는 내게 더 많은 것이 필요하다는 것을 알고 있었다.

그러나 나는 내가 애정을 느꼈던 한 죽은 백인 남자와 싸우느라 제기된 문제들보다 더 큰 문제들을 안고 있었다. 우리 교회의 교인이 자연법이야말로 동성애적 섹스의 문제를 끝장낼 비장의 카드라고 말할 때마다 나는 비명을 지르고 싶었다. 사람들이 나에게 하나님은 하와를 위해 아담을 만들었지 스티브를 위해 만든 것이 아니라는 말을 얼마나 많이 했는지 아는가? 그 말을 들을 때마다 내가 동전을 하나씩 모았다면 백만장자가 되었을 것이다! 우리 교인들이 어째서 이 논리에 그토록 설득을 당하는지 나는 이해할 수 없었다. 아담과 스티브는 내 세계를 조금도 흔들지 못했다.

자연법이 효과적인 성경 윤리이자 공공정책이지만 불완전한 목회 도구인 이유는, 그것이 곧 복음은 아니기 때문이다. 우리는 복음을 전할 때 다음과 같은 새로운 것들이 약속되어 있다고 전파한다. 새로운 삶, 새로운 마음, 새로운 희망, 새로운 목적, 그리스도와의 새로운 연합, 성령의 새로운 동행, 새로운 죄 용서, 회개하고 하나님과 가까워지고픈 새로운 친화성, 율법에 대한 새로운 사랑, 새로운 순종의 능력, 하나님이 왜 결혼관계 안팎에서 정절을 요구하는지에 대한 새로운 이해, 아직 예수님을 알지 못하는 이들에 대한 새로운 인내심, 고난과 환난과 중독과 변화에 대한 새로운 관점, 우리 자신의 죄에 대한 새로운 증오와 타인의 죄에 대한 인내, 새로운 책임, 새로운 번민, 새로운 친구관계, 그리스도의 몸 안에서 찾은 새로운 가족, 새로운 충성, 새로운 위험, 새로운 은혜 등. 나는 부활하신 구원자의 배제적인 사랑이, 죄에 대한 새로운 깨달음이, 내 육신이 갈망하는 것보다 더 참되다고 속삭이는 것이 필요했다.

복음의 능력을 통해 명확해진 사실은 하나님의 구원의 선물이 나에게 그분의 관점에서 성경적 성윤리를 이해하도록 요구했다는 것이다. 예수 그리스도 안에 계신 하나님은 나의 구원자이자 친구였기 때문에 나는 그분을 알기 위해 시간을 들일 필요가 있음을 깨달았다. 나는 은혜의 수단들에 깊이 몰두하고 세상으로부터 단절될 필요가 있었다. 하나님은 자연계시를 이용해 창조 규례에 대한 나의 자동적인 반응이 곧 내가 하나님을 아는 일에 저항하고 있음을 드러내셨다. 그것은 죄였다. 그래서 나는 이 규례들을 공부하는 일에 전념했고, 비로소 한 남자와 한 여자 간의 결혼이 하나님의 설계였다는 점이 내 안에서 분명해졌다. 아울러 하나님은 모든 사람이 결혼하도록 설계하지 않으셨다는 점도 명확한 듯했다. 자연계시는 나에게 하나님의 요구사항을 말해 주었지만, 복음의 은혜 없이는 내가 물 위를 걷지 못하듯이 이런 기독교 윤리도 실천할 수 없는 것이다.

구토반사와 관점의 문제

성경에 따르면, 동성 간의 섹스가 자연을 거스른다는 사실이 이것에 대해 그리스도인이 구토반사로 반응해야 한다는 것을 의미하는가? 만일 당신이 하나님 이야기의 바른 편에 서 있다면 타인의 죄를 보고 구토반응을 보여야 한다는 말인가?

이것은 한 가지 면에서만 타당하다. 바로 우리는 죄를 인식하기에 민감한 양심을 품고, 죄로부터 급히 도망하는 반사작용을 일으키도록 부름받았다는 것이다. 그러나 구토반사는 죄에 대한 관음증적 접근을 허용한다는 심각한 문제를 안고 있다. 구토반사를 찬성하는 논리는 게이 섹스를 불필요하게 상세히 묘사해서 그리스도인들이 우리 모두에게 해로울 만큼 이런 죄에 머물도록 부지중에 부추긴다. 성적 지향 패러다임은 '사람들'을 '행위'로 바라보게 바꿈으로써 구토반사를 사람들—그런 행위를 하는 이들은 물론 그런 행위를 열망하는 이들까지—을 정죄하는 반응으로 만들어 버렸다.

그리스도인들이 구토를 격려하기 위해 블로그에 글을 쓰거나 책을 쓰고 게이 섹스 장면을 묘사할 때는 의도하지 않은 세 가지 일이 일어난다.

① 그런 필자는 예수님을 사랑하되 원치 않는 동성애적 정욕과 씨름하는 신실한 그리스도인들을 희생양으로 만든다. 실제로 이처럼 씨름하는 신실한 그리스도인들은 당신에게 구토하고 싶은 마음을 유발하는 본보기가 된다. 그리고 그들은 매 주일 아침 교회에서 당신 곁에

앉아 있을 가능성이 높다.

② 그런 필자는 성행위를 생생하게 나타내는데, 이는 부지중에 일부 그리스도인에게 그런 행위를 열망하게 만들거나, 오래전 회개한 죄를 다시 떠오르게 해서 슬픔과 고뇌를 유발하고 예수님이 그의 피로 덮으신 것을 되살리게 한다.

③ 그런 필자는 이성애적 욕망만 품은 자들에게 유리한 정보를 줘서 부당한 독선에 빠지게 하고, 치명적인 자만의 죄로 채색되기 쉬운 성적 정체성을 만들어 준다. 사실 일부 복음주의자들이 찬성하는 이 "구토반사"는 성적 지향의 개념이 만인을 위한 성경적인 성을 약화시켰음을 보여 주는데, 이는 (포르노와 간음을 포함한) 이성 간의 성적인 죄는 성경의 규범을 반영하는 반면 동성 간의 성적인 죄는 유일하게 엄청난 도덕적 위험이란 이유로 전자를 관용할 만한 것으로 간주하기 때문이다.

요컨대, 성적 지향이 이성애자로 자처하는 이들에게 해로운 것은 이성애적인 성적 욕망을 성화의 충동으로 감싸고(포로노와 간음을 통해 결혼관계 바깥으로 향하는 경우에도) 동성애적 욕망은 부자연스러운 것으로 악마화하기 때문이다. 이는 성적 지향의 개념을 부자연스럽게 만드는 것이 바로 그 신조어임을 명심하지 못하는 처사다. 로마서 1장 26절이 '부자연스러운'(unnatural)이란 단어를 쓸 때("순리[natural]대로 쓸 것을 바꾸어 역리[unnatural]로 쓰며")는 사람됨이 아니라 행위에 주목한다. 이는 사람이 (도덕적으로) 행해서는 안 될 것을 가리키지 (존재론적으로) 사람을 가리키지 않는다. 하나님이 의롭게 하신 신자는 누구나 존재론적으로 하나님의 자녀요 왕의 아들이나 딸이며, 창세 이전에 구별된 존재이다. 성적 지향이란 존재론적 범주는 존재하지 않는다. 성적 욕망으로부터 정체성이 생긴다는 생각은 그릇된 영혼의 철학을 구현하고 있다. 성적 지향은 모든 유아론적인 타락한 성적 충동과 욕망을 개인적 권리의 패러다임 속으로 밀어 넣고, 하나님과 그의 백성 간의 언약관계와 성경적 결혼관계 내에 성을 둔 목적론적 설계를 무용지물로 만들며, 그들의 열매가 오직 그리스도의 피를 통한 구속 안에 있다는 것을 부인하는 범주이다.

> 성적 지향이란 존재론적 범주는 존재하지 않는다.

문화적으로 성적 지향의 개념을 사용해야 한다고 느끼는 그리스도인은 잠시 멈춰 한 가지 질문을 던져 봐야 한다. 우리는 성적 지향을 성경적 원리들과 관련하여 어디에 위치시켜야 할까? 우리가 이 신조어(기껏해야 엉성한 신학에 불과한)를 둘 만한 성경적 위치를 이리저리 찾아본다면 결국 "육신"(flesh)의 개념으로 거슬러 올라갈 수 있을 뿐이다.

성경에서 "육신"의 개념은 주로 다음 세 가지 방식으로 사용된다. ① 인간의 몸을 묘사하는 것(예, "육과 혈") ② 인간의 연약함과 썩을 몸의 본성을 묘사하는 것(예, "모든 육체는 풀과 같다") ③ 로마서 8장에 나오듯이 타락한 사람의 죄성을 묘사하는 것

> 6 육신의 생각은 사망이요 영의 생각은 생명과 평안이니라.
> 7 육신의 생각은 하나님과 원수가 되나니 이는 하나님의 법에 굴복하지 아니할 뿐 아니라 할 수도 없음이라.

『웨스트민스터 대요리 문답』도 우리에게 이렇게 상기시킨다. "**육신**이란 단어가 우리의 인간 본성의 일부를 뜻한다는 매우 흔한 오류를 경계해야 한다. 그것은 '더 낮은' 본성을 가리키는 게 아니라 죄로 타락한 우리의 본성 전체를 가리킨다."[13] 우리 모두는 아담의 죄 안에서 태어났기에 "죄에 빠진 우리의 타락으로 인해, 인간에게 오염되고 더러워지지 않은 부분은 단 하나도 없다."[14] 그러므로 "성적 지향", 또는 우리의 타락한 본성과 예수 그리스도 안에 나타난 구속의 은혜를 인정하지 않은 채 인간을 정의하려는 모든 용어는 지금 여기서 한시적인 명료성을 제공하는 듯이 보일지라도 길게 보면 그저 인간을 잘못 표현할 뿐이다.

기껏해야 성적 지향은 우리 육신의 흔적에 불과하다. 그 용어 자체를 죄나 은혜라고 부를 수는 없다. 성적 지향은 자연적 욕망을 구속된 욕망보다 우위에 두는 인간 됨의 범주의 전면에 있다. 한 사람의 성적 지향—이성애든 동성애든 양성애든 범성애(pansexual)든(이 목록은 끝이 없다)—이 성화될 수 없는 이유는, 성화가 복음의 능력의 대척점에 있는 선천적인 미덕이나 악덕의 능력의 모든 가면을 제거하듯이 실로 그것을 근절시킬 것이기 때문이다. 그리고 당신은 성적인 죄는 반드시 회개해야 하지만 성적 지향은 회개할 수 없다. 성적 지향은 그릇된 전제 위에 세워진 인위적인 범주이기 때문이다. 당신이 성적 지향을 성경적 범주로 재편하려고 한다면, 그것은 불가능한 일에 도전하는 것이다.

이 대화에는 중요한 기독교 교리들이 위태롭게 걸려 있다. 성화는 모든 신자를 향한 하나님의 열망이자 선물이다. "하나님의 뜻은 이것이니 너희의 거룩함이라 곧 음란을 버리고"(살전 4:3). 그러므로 하나님께서 의롭게 하신(법령으로 사면된) 신자 중에 성화되지(죄를 정복하는 하나님의 은혜를 받아 순종의 삶을 살게 되는 것) 않는 신자는 있을 수 없다. 만일 진정한 성화(우리 삶에서의 죄의 능력과 이로 인한 예수님의 필요성을 아는 겸손의 은혜를 포함한)가 없다면 회심의 열매가 없는 셈이다.

『웨스트민스터 요리문답』에 따르면 칭의는 전가되는(하나님 앞에서 한 사람의 보고와 지위가 바뀐다는 법적 용어)것이다. 이와 대조적으로, 성화는 주입된다(문자적으로 "퍼붓다"는 뜻. 하나님께서 신자들 속에 그의 사랑과 은혜를 퍼부어서 신자의 법적 지위가 아니라 개인적 성품이 변화되는 것). 성화는 "하나님의 값없는 은혜의 행위이다. 하나님께서 은혜와 능력을 주입하시는 일, 죄를 정복하시는 일, 사람에 따라 그 정도가 다르고 이생에서는 완성되지 않는 일, 하나님께서 심고 물을 주어 그리스도인의 성품이 영적으로 성장하게 하는 것이다."[15]

성화되는 것은 **신자 그 자체**이지, 그(녀)의 성적 지향의 맥락에서 본 신자가 아니다. 말하자면, 프로이트가 확산시킨 이후 오랫동안 성적 정체성에 관한 모든 대화에 도입된 인위적인 범주적 오류인 성적 지향에 비춰본 신자가 아니란 뜻이다. 만일 당신이 그리스도의 피로 씻어진 하나님의 자녀라면, 당신은 다시는 끈질긴 유혹의 패턴과 연결된 "지향"에 의해 규정되거나 "지향"으로 환원되어서는 안 된다.

개인적 정체성과 성적 지향

내가 레즈비언임을 공식적으로 밝혔던 1992년은 이미 그런 생활을 한 지 몇 년이 지난 시점이었다. 공식적인 발표는 나에게 하나의 통과의례였고, 나는 그것을 내가 정직해지고 나의 삶—사적인 면과 공적인 면—을 하나로 묶는 계기로 삼을 생각이었다. 그것은 정체성의 문제와 관련된 하나의 모험이었다. 대학 시절과 대학원 시절 중간에 내 마음의 상태가 '어, 내가 왜 이렇게 느끼지?'라는 의문에서 '이것이 바로 나라는 존재야. 받아들이든지 그만두든지 해'라는 태도로 바뀌었다. 그러나 성적 지향의 개념을 이용해서 나의 성적 정체성을 묘사한 적은 한 번도 없었다. 나는 19세기를 전공한 학자라서 이 범주에 대해 학자다운 의심을 품고 있었다. 아울러 "성적 지향"은 내가 속한 레즈비언, 후기구조주의, 퀴어 문화의 일부가 아니었다.

공식적 발표, 내 경험에 이름을 붙이는 것, 나의 개인적 정체성을 주장하는 일은 인간관계와 취업 기회를 잃는 것도 감수할 만큼 나에게 중요한 문제였다. 나는 이로 인해 생길 결과에 대해 오랫동안 심사숙고했다. "동성에 대한 매력"(same-sex attraction)과 같은 용어들은 내 어휘에 들어 있지 않았다. 나는 엑소더스 인터내셔널(Exodus International: 탈동성애자들이 만든 기독교 국제단체)은 들어본 적이 없었고, 나는 아마 "탈동성애자"를 불만족스러운 사람으로 불렀을 것이다. 그리고 나의 옛 공동체였던 LGBT에 속한 어느 누구도 자기가 "이렇게 태어났다"고 주장하지 않을 것이다. 우리는 성이 유동적이라고 생각했다. "이렇게 태어났다"는 생각은 우리 세대의 레즈비언에게는 병적인 관념으로 비쳤을 것이다.

우리는 후기구조주의 페미니즘과 퀴어 이론, 즉 성을 **사회적 구성물**로 이해하는 분야들의 리더였기 때문에 우리 자신을—선과 악, 옳고 그름 중 어느 것을 위해서든—자유로운 선택의 세계 속에 위치시켰다. 우리는 젠더와 성이 사회적 구성물이라서 우리의 개인적 성실성과 욕망이 허용하는 대로 바뀌거나 방해받거나 형성될 수 있는 개인적 표현의 사안이란 심리학적 증거를 내세웠다. 우리는 "게이는 선하다"고 믿었기에 정치적 및 사회적 행동주의에 대해 선교적인 열정을 품었다. 그리고 모든 좋은 것이 우리의 성적 욕망과 집안의 평등주의로부터 흘러나온다고 믿었다.

지금은 고인이 된 페미니스트이자 레즈비언이요 시인이자 수필가며 교수이기도 했던 애드리엔 리치는 "강제된 이성애와 레즈비언 실존"[16]이란 에세이에서 나의 세계를 잘 표현했다. 그 에세이는 이제껏 아무도 하지 못했던 방식으로 나의 감정과 개인적 경험을 설명했다. 나의 정체성을 나타내는 이름이 존재한다는 것을 알고 깜짝 놀랐다. 애드리엔 리치는 맨 처음 자신을 이성애자로 밝혔고 1953년에 한 남자와 결혼해서 1970년까지 살면서 자녀들도 낳았다. 그리고 1970년에 과부가 되었다. 상당한 기간에 걸쳐 그녀는 한 여성에게 성적 매력을 느꼈다. (애드리엔 리치와 미셸 클리프는 리치가 2012년 83세의 나이로 죽을 때까지 파트너 관계였다.) 리치는 내 세계에 필요한 어휘를 소개해 줬고 덕분에 나는 거울에 비친 나 자신이 누군지 알아볼 수 있었다.

리치는 모든 여성이 **레즈비언 연속체**(lesbian continuum) 위에 존재한다고 보고, 소위 여성의 역할과 경험이 삶의 구조와 여성사(史)의 의미를 구성한다고 생각했다. 중요한 점은 여기에 비(非)성적인 애정들도 포함된다는 것이다. 레즈비언 연속체란 용어 자체가 그 어떤 "성적 지향"의 개념이나 하나님이 규정하신 젠더와 성적 본질주의(sexual essentialism)[17]를 뒤집어 버렸다. **레즈비언**(Lesbian)은 모든 여성에게 새로운 규범이 된 것이다. 그녀는 이렇게 썼다. "내가 레즈비언 실존과 레즈비언 연속체란 용어들을 사용하기로 한 것은 '레즈비언주의'란 단어가 임상적이고 제한적인 고리를 갖고 있기 때문이다. … 레즈비언 연속체란 용어는 단지 여성이 다른 여성과 (성기를 사용하는) 성적 경험을 했거나 의식적으로 욕망한다는 사실뿐만 아니라—각 여성의 삶을 통해, 그리고 역사를 통틀어 행해진—여성으로서의 광범위한 경험을 포함한다는 뜻이다."[18] 그래서 레즈비언 연속체는 다른 여성에 대한 성적 욕망을 품은 여성들과 그렇지 않은 여성들 모두의 지도(地圖)가 되었다. 여기서 후자는 하나님의 거룩한 계율과 동떨어진 채 의무적이고 강제적이고 위험하고 치명적인 제도로 생각되는 가부장제의 역사에서 빠져나오고 싶어 했던 여성을 말한다.[19]

용어는 왜 중요한가?

나는 그리스도 안에 있는 새로운 피조물이기 때문에 나의 정체성과 그에 걸맞는 나의 말은 내 삶에 내주하시는 그리스도를 최고로 받들어야 한다. 반드시 그래야 한다. 나는 나의 주님이신 예수님과 함께 죽었다가 다시 살아났다. 그리스도를 주인으로 모시는 모든 사람에게 개인적 정체성은 육신과 영, 육신적인 나와 (구속되었으나 아직도 타락한) 나의 새로운 본성 사이에서 벌어지는 끊임없는 전쟁이다. 이런 긴장을 바울이 로마서에서 포착하고 있다. 그래서 12장은 이렇게 시작한다.

> 1 그러므로 형제들아 내가 하나님의 모든 자비하심으로 너희를 권하노니 너희 몸을 하나님이 기뻐하시는 거룩한 산 제물로 드리라. 이는 너희가 드릴 영적 예배니라.
> 2 너희는 이 세대를 본받지 말고 오직 마음을 새롭게 함으로 변화를 받아 하나님의 선하시고 기뻐하시고 온전하신 뜻이 무엇인지 분별하도록 하라.

우리는 날마다 "마음을 새롭게" 하고 "우리 몸을 거룩한 산 제물"로 드릴 필요가 있는데, 이는 오직 "하나님의 자비하심"으로만 가능한 일이다.

우리는 개인의 경건생활과 공동체 생활 모두에서 성화되기 위해 노력하기 때문에, 교회의 교인들이 당신이 누군지를 진리 안에서 아는 일이 무척 중요하다. 이러한 이유로, 원치 않는 동성애적 욕망과 씨름하는 그리스도인들이 교회 공동체에서 안전하게 느끼며 환영받고, 하나님의 백성이 당신을 있는 그대로 만나고 장기적으로 당신 곁을 지켜 줄 것임을 아는 것은 나에게 매우 중요하다. 당신이 사랑하는 이들에게, 당신이 날마다 동성애적 욕망의 짐을 지고 있고, 이것이 당신의 인간관계에 영향을 주며, 장래가 두렵다고 말하는 것은 결코 무례하거나 비기독교적인 언사가 아니다. 만약 당신이 이런 경우에 해당한다면 그 문제를 교인들과 나눠서 그들을 당신의 진정한 친구로 삼을 필요가 있다. 진실을 말하는 것은 부끄러운 일이 아니다.

그러나 진실을 말하는 것은 공식적으로 밝히는 것과는 다르다. 공식적으로 밝힌다는 것은 당신이 원(原)가족에서 떨어져 나와 스스로 들어간 게이 공동체에서의 권리를 나타낸다. 그리스도인은 회심을 하고, 하나님은 회심한 당신에게 교회 안에서 새 가족을 주신다. 회심한다는 것은 일차적 충성의 대상을 다양한 지체로 이뤄진 그리스도의 몸으로 삼는다는 뜻이고, 이 공동체는 유혹의 패턴—심지어 고정되고 만연된 것일지라도—에 기초해 정체성을 수립하는 생각이 비슷한 신자들의 게토가 아니다. 우리를 경청하시는 하나님의 가족이 없다면 우리가 느끼는 마음의 부담을 누구와 나눌 수 있겠는가?

나로 하여금 눈물을 흘리게 한 성경의 대목이 많은데, 그중 하나는 예수님이 하나님의 가족에 대해 하신 획기적인 메시지이다. 마가복음 10장에 그 내용이 나온다.

> 28 베드로가 여짜와 이르되 보소서 "우리가 모든 것을 버리고 주를 따랐나이다."

29 예수께서 이르시되 "내가 진실로 너희에게 이르노니 나와 복음을 위하여 집이나 형제나 자매나 어머니나 아버지나 자식이나 전토를 버린 자는
30 현세에 있어 집과 형제와 자매와 어머니와 자식과 전토를 백 배나 받되 박해를 겸하여 받고 내세에 영생을 받지 못할 자가 없느니라."

이 구절들에 따르면 형제나 자매는 결코 외롭고 고립되고 사랑과 환영을 못 받고 있다고 느끼는 일이 있으면 안 된다. 신자들은 형제와 자매관계를 통해 "현세에 있어 백 배나 받게끔" 되어 있기 때문이다. 이는 우리가 형제와 자매들을 홀로 걷도록 내버려 두지 않고, 우리의 속사람이 완전히 새로워질 그 영원한 곳을 바라보며 어깨를 나란히 해 함께 걷는다는 뜻이다. 공동체에 몸담은 우리는 낙심하지 않도록 서로를 돕는다. 그래서 바울은 이렇게 고백한다. "그러므로 우리가 낙심하지 아니하노니 우리의 겉사람은 낡아지나 우리의 속사람은 날로 새로워지도다"(고후 4:16).

나는 교회가 이런 공동체가 되어 서로 섬기는 모습을 간절히 보고 싶다.

그리스도께서 이 땅에서 보여 주시는 기독교 공동체, 이 공동체에 속한 교회들은 본래 다양한 모습을 갖게 되어 있고, 우리는 우리 자신을 가장 영예로운 이름, 곧 '그리스도인'이라 부른다.

5장

자기 표상

게이가 된다는 것은 무슨 뜻인가?

게이의 뜻

게이(gay)란 단어는 역사적으로 많은 변천의 과정을 거쳤다. 16세기에는 명랑한, 밝은, 즐거운, 기쁜이란 뜻을 지녔다가, 18세기에는 남자의 여성적인 모습을 가리켰고, 19세기에는 새로운 종류의 사람을 의미했다가, 20세기에는 동성애의 선천적인 선함을 긍정하는 용어가 되었다.

우리는 **게이**란 단어를 들으면 21세기의 사전적 의미, 즉 동성애자를 연상한다. 중요한 사실은, 게이란 용어가 동성애를 연상시키는 동시에 동성애자의 해방(게이가 겪는 억압과 치욕에서의 자유)도 연상시키게 되었다는 것이다. 이 용어는 분쟁의 중심에 있었다. 게이를 비방하는 이들은 이 용어를 경멸조로 사용했고, 게이를 긍정하는 이들은 이 용어를 돌려달라고 요구했다. 옥스퍼드 영어 사전은 단어의 어원과 뜻을 시간과 문화와 용법의 변천에 따라 추적한다. 이 사전은 **게이**란 용어와 게이의 권리에 대한 정치적 옹호 및 지지가 어떻게 동시에 출현하게 되었는지 보여 준다.[1]

20세기 후반에 들어와서, 동성애의 개념이 1973년에 〈정신 장애 진단 및 통계 편람〉에서 제대로 제거된 후 "게이는 선하다"(gay is good)는 어구가 그 용어와 함께 등장했는데, 이는 사회적 초점을 질병과 병리학에서 돌려 인간을 특징짓는 용어로서 성적 지향의 필요성을 주장할 의도로 만든 표현이었다. 이는 새로운 다양성의 물결을 예고하는 것이었다.

동성애 행위는 정신적 질병의 결과가 아니다. 성경에 그렇게 기록되어 있지 않다. 하나님은 동성애 행위를 우리가 회개해야 할 죄라고 선언하신다. 그런데 성적 지향의 개념이 인간 됨과 성적 행위(바라든지 실행하는) 간의 관계를 흐리게 한다. 그리스도인은 성경에서 "성도"라고 불린다. 그리스도께서 흘리신 피를 지닌 우리는 왕 같은 제사장들이다. 성도를 본인의 타락한 성적 행위의 총합으로 축소시키는 인간 됨의 범주는 결코 그리스도의 친구가 아니다.

게이란 단어는 그것을 자기 표상으로 삼는 그리스도인들이 고려해야 할 힘과 역사를 갖고 있다. 그리스도인들이 '게이'라는 별명을 포용할 때는 동성애 행위가 좋다고 선언하는 정치적 옹호와 성적 긍정과 철학을 포괄하는 세계관 속으로 들어가는 셈이다. 이 세계관은 결혼 관계 내의 정절과 그 바깥의 순결을 요구하는 성경적 규범과 대조를 이룬다. 우리는 단어를 사용할 수 있고 단어는 우리를 이용할 수 있다. 문법과 구문의 맥락에 놓인 단어의 뜻과 해석은 우리의 선한 의도를 뛰어넘는다.

그러므로 우리가 이 점을 최대한 분별하려면, 어떤 단어의 의미상의 범위를 한정할 때 하나님의 의향이 우리의 의향을 압도해야 마땅하다. 그리스도 안에서 형제와 자매가 된 우리는 그리스도께서 우리 안에 계시고 우리를 통해 일하시되 오직 은혜로 그렇게 할 뿐, 우리가 겪는 유혹의 패턴이나 특별한 이익이나 신체적 조건에 따라 그렇게 하는 게 아니라고 단언한다. 우리의 육신적인 삶은 물론 중요하지만 가장 중요한 것은 아니다. 우리도 바울과 같이 "우리가 담대하여 원하는 바는 차라리 몸을 떠나 주와 함께 있는 그것이라"(고후 5:8)고 고백한다. 우리를 다 함께, 그리고 우리의 구원자 겸 친구인 그분과 묶어 주는 그 피가 모든 것을 압도한다.

하지만 단어란 것은 불안정한 피조물이다. 해마다 우리에게 사전의 개정판이 필요한 것은 새로운 단어들이 우리 문화에 유입되고 시간이 흐르면서 변하기 때문이다. 1990년 게이 공동체의 많은 사람들(나를 포함해서)이 게이 또는 레즈비언이란 용어를 버리고 **퀴어**(queer)란 용어를 채택했다. 이 단어가 16세기에는 형용사로서 사악한, 이상한, 나쁜, 무가치한, 가짜의 등과 같은 뜻을 갖고 있었다. 18세기에 이르면 주로 동사로 사용되면서, 간섭하다, 망치다("몰래 망쳐놓다"), 속여 빼앗다, 또는 속이다 등을 의미했다. 19세기 말이 되자 다시금 경멸적인 용어로 사용되고, 새로운 종류의 사람, 곧 동성애자를 가리키는 명사가 되었다.[2] 그 단어를 되찾기 위한 노력의 일환으로 퀴어 행동주의자들이 그것을 우리 자신의 용어로 포용하게 된 것이다. 기호(단어)와 기표(의미)는 사용하는 세력에 의해 재형성될 수 있고, 그것들은 본래 불안정해서 우리의 용례 안에서만 의미를 지닐 수 있다고 우리는 믿었다. 또한 젠더와 성은 언어를 통해 형성되는 사회적 구성물이라고 믿었다. 일단 이 용어가 우리의 용어가 되면 그동안 지녔던 경멸의 힘을 잃게 될 것이기에 우리는 이 용어를 우리의 홈그라운드에 속한 것으로 삼기 원했다.

이처럼 급진적 퀴어 행동주의자들이 언어를 되찾기 위해 언어놀이를 할 수 있다면, 복음주의 그리스도인들은 그러지 말란 법이 있는가? 언어가 본래 유동성을 갖고 있다면, 이것을 우리 자신의 용어로 삼지 못할 이유가 있는가? 그리스도인인 우리는 우리가 본받고 싶은 것을 실천할 필요가 있다. 말하자면, 하나님의 진리에 부합하는 방식으로 정직하게 단어를 사용해야 한다는 것이다. 물론 단어들은 의미상 다양한 범위를 갖고 있지만, 우리는 이것을 하나님이 정하신 순종의 표준이 핵심이라는 것을 부인하기 위해 이용해서는 안 된다.

단어들은 문법과 구문 안에서 작동한다. 우리는 단어의 **의미론적** 뜻의 범위를 생각할 뿐만 아니라 한 문장 안에서의 역할, 즉 단어가 지닌 의미 형성의 능력도 생각해야 한다. 안드레아스 쾨스텐버거는 이렇게 표현한다. "마치 모든 국가가 제각기 그 국민의 삶을 다스리는 법을 갖고 있듯이, 모든 언어도 제각기 그 언어를 위해 올바른 규칙과 용례를 규정하는 문법 및 구문 시스템을 갖고 있다."[3] 영어에서 형용사는 강력한 법칙들을 보유하고 있고, 형용사 수식 어구는 그것이 수식하는 명사를 변화시키는 역할을 한다. **수식하다**(modify)란 단어가 바로 그런 뜻을 갖고 있다. "한 단어의 형태나 외적 속성을 제한하고 바꾸는 것, 새로운 존재 형태를 부여하는 것, 수정하는 것, 한정하는 것, 범위나 정도를 줄이는 것."[4] 한마디로, 수식 어구는 명사를 제한하고 축소시킨다.

"게이 그리스도인"이란 어구에서 **게이**는 묘사하거나 제한하는 형용사이며, 그 역할은 "한 명사나 대명사의 속성을 가리키는 것"[5]이다. 그것은 당신이 어떤 종류의 그리스도인인지를 가리킨다. 어느 제한적 형용사가 한 집단을 규정짓는 데 사용될 때는 그것이 정체성의 표지가 된다. 당신이 **그리스도인**이란 명사를 **게이**란 형용사로 수식할 때는 양립이 불가능한 인간학들을 한 쌍으로 묶어 놓는 셈이고, 그릇된 영혼의 철학을 권유하는 것이다. 형용사 수식어구들은 새로운 명사들을 창조한다. 여기에 나온 사례는 "게이 그리스도인"의 범주로서, 예수님을 사랑하는 동시에 끈질기게 동성애적 욕망에 끌리거나 그것을 행동으로 옮기는 사람을 일컫는다. 여기서 이런 질문을 던지고 싶다. 우리는 게이 그리스도인은 다른 유형의 그리스도인이라고 정말로 말하고 싶은가? 이것은 그리스도의 몸 안에서 진정한 연합을 도모하지 않고 오히려 연합을 방해하는, 일종의 게토식 하부집단 심성을 창조하지 않는가?

당신이 그리스도인이란 명사를 게이란 형용사로 수식할 때는 양립이 불가능한 인간학들을 한 쌍으로 묶어 놓는 셈이고, 그릇된 영혼의 철학을 권유하는 것이다.

긴급한 경우에는 원칙을 무시할 필요가 있다. 만일 내 생명이 걸려 있다고 느낀다면, 나는 다른 모든 소통의 규칙을 무시한 채 절박하게 외칠 것이다. "게이 그리스도인"으로 자처하는 많은 이들은 자기 말을 제발 들어달라고 간절히 호소한다. 듣지 않는 것은 신실한 형제와 자매를 무시하고 비하하는 셈이므로 교회는 그들의 말을 경청할 필요가 있다. 보수적인 교회는 교회 속 모든 싱글을 고치거나 구해주려고 잘못 애쓴 바람에 형제와 자매들을 이런 "게이 그리스도인" 게토에 몰아넣은 책임이 어느 정도 있다.

"게이 그리스도인"이란 용어의 사용에 내가 의문을 제기한다고 해서 나의 형제와 자매들의 속 깊은 느낌과 갈망에 대해 듣고 싶지 않다는 뜻은 아니다. 나는 이런 느낌과 정체성과 자아의식을 과소평가하는 것이 아니다. 이런 느낌이 예고하는 깊은 상실감이나 주변화가 초래하는 깊은 감수성과 성품 개발을 경시하는 것이 아니다. 나는 지금 당신의 친구가 되고 싶다고 말하는 중이다. 그리고 당신이 오직 부활하신 그리스도 안에 서 있다면, 당신의 자기 표상은 바로 그리스도인이라고 말하는 중이다.

그런즉 "게이 그리스도인"이란 어구에 나오는 명사 **그리스도인**은, 하나님의 명령과 동떨어진 행위를 긍정하는 (성적 표현을 담은) 단어를 사용하는 바람에 그 의미가 변하게 된다. 이 어구는 문화적 소속을 규명하는 언어적 자리 지킴이(예, 이탈리아계 미국인)와 다른 것이다. "게이 그리스도인"이 이탈리아계 미국인(Italian American)과 다른 것은 하나님이 민족적 기원은 죄로 정죄하지 않는 반면 결혼 언약과 상관없는 섹스, 그리스도의 배타적 소유권과 동떨어진 개인적 정체성, 죄스러운 행위를 은혜로 부르는 자기 표상에 대해선 할 말이 많기 때문이다. 만일 당신이 성적 지향은 도덕적으로 중립적이라고 믿는다면, 만일 성적 지향이 진정한 사람의 척도라면, **게이**라는 단어는 동성애의 성적 행위에서 벗어날 수 있다. 그러나 성적 지향은 그런 것이 아니다.

그렇다고 형용사들이 결코 **그리스도인**이란 명사를 수식할 수 없다는 뜻이 아니다. 하지만 수식할 때는 불필요한 파당을 만들지 않는[6] 방식으로, 구속받은 백성이 그리스도 안의 새로운 본성에 따라 스스로를 발견하게 하는 하나님의 부르심을 침해하지 않는 방식으로[7] 수식해야 한다. 새로운 본성이 반드시 새로운 감정을 뜻하는 것은 아니다(물론 그럴 수도 있지만). "새로운 피조물"은 하나님의 백성에게 점점 더 그리스도를 닮아 가라고, 성화하라고 권유하는 용어이다. 그런데 이성에 대한 욕망이 동성에 대한 욕망을 대체하는 것이 성화의 유일한 증거라고 생각한다면, 우리는 그리스도의 부르심에 해를 입히게 된다. "그리스도 안에 있는 새로운 피조물"이란 말은 옛 감정을 다스리는 새로운 마음을 품고, 우리가 그리스도의 몸의 일부가 되는 새로운 소망을 갖고 있다는 뜻이다.

그러면 "게이 그리스도인"은 과연 내가 주장하듯 정체성을 가리키는 용어인가? 어째서 단지 언어적 자리 지킴이에 불과한 것이 될 수 없는가? 어째서 세월이 흐를수록 더욱 깊어지는 감정을 밝히려고 사용하는 용어에 그칠 수 없는가? 사람들로 하여금 당신을 그들의 미혼의 사촌에게 소개하지 않도록 해 주는 용어에 불과할 수 없는가? 매트슨은 **게이**란 용어를 여러 형용사 중 하나로 사용하자고 주장하는 크리스 다미안의 글을 인용한다. 다미안은 그의 글[8]에서 이렇게 말한다.

> 나는 남자다. 나는 미국인이다. 나는 싱글이다. 나는 175cm 이다. 나는 배고프다. 나는 피곤하다. 나는 행복하다. 나는 부지런하다. … 그리고 나는 게이다. 나는 단지 이런 것들 중의 하나가 아니라 이 모든 것이다. 나는 단지 나의 성(性)이 아니므로, 당신이 내게 나의 성적 정체성의 견지에서 나 자신을 범주화하지 말라고 요구할 수 있다. 그러나 만일 당신이 그렇게 하려고 한다면, 당신은 내게 나 자신을 아예 범주화하지 말라고 요구하는 편이 나을 것이다.

매트슨은 **게이**란 많은 형용사 중의 하나일 뿐이라는 다미안의 주장은 부정직하다고 말하면서 이런 예를 든다.

> 열다섯 살 된 소년을 상상해 보라. 그는 자기가 다른 모든 소년들과 다를지도 모른다고 의아해한다. 그는 너무나 고민이 되어 종종 밤중에 누운 채로 울다가 잠이 들곤 한다. 혹시 부모에게 알리면 쫓겨날지도 모른다고 우려한다. 그게 사실이라도 하나님이 그를 사랑할 수 있을까? 도대체 하나님은 왜 이런 것을 허용하실까? 그는 우울하고 어떻게 살아갈 수 있을지 알지 못한다. 그리고 마침내 부모에게 말씀드리기로 굳게 결심한다.

> 엄마 아빠, 나는 이것을 어떻게 말씀드릴지 모르겠어요. 그래서 그냥 이렇게 말씀드릴게요. 나는 배가 고픈 것 같아요.

우리는 매트슨의 허구적 이야기에 나오는 소년에 대해 잘 모르지만, 우리가 확실히 아는 것이 있다. 그 소년이 하나님을 알고 하나님이 그의 양심에 말씀하시기 때문에 그는 우울과 염려와 고뇌에 빠졌다는 사실이다. 그는 자기감정에 따라 행동해선 안 된다고 양심적으로 깨달았으나 그 감정을 안고 어떻게 살아야 할지는 모르고 있다. 그는 큰 타격을 받았다고 느끼며 미래에 대해 무척 우려한다.

비신자들이 이 글을 읽으면 그 소년의 유일한 문제는 주변 세상이 **게이**란 단어에 낙인을 찍은 것이라고 말할 것이다. 반면에 신자들은 여기서 교회 가족의 중요성을 보고, 그 가족이 소년과 부모에게 다가가 도움을 주는 모습을 그릴 것이다. 신자들은 도움이란 것이 **게이**란 단어에 붙은 낙인을 떼어내는 데서 오지 않고, 소년과 그의 가족이 신자라면 누구나 마땅히 행할 바를 행하도록 돕는 데서 온다는 것을 안다. 그것은 바로 죄를 죽이고 하나님께 신실한 삶을 영위하는 것이다.

게이는 또 하나의 형용사에 불과한 것이 아니다. 그것은 정체성을 묘사하는 용어다. **게이**는 영구적인 진정한 자아상을 내밀하게 밝히는 용어다.

단어라는 것은 일단의 뜻을 나타낼 때, 그 의미가 문화적 장소에 따라 바뀔 때, 그 의미가 정치적 싸움이나 해방 운동으로부터 생길 때, 사람들을 정치적, 사회적, 또는 종교적 신념에 따라 나눌 때, 정체성의 표지로서 문화적 색채를 가득 띠게 된다. 오늘날 **게이**란 단어보다 더 폭발적인 장치가 장착된 키워드는 없다. 레이몬드 윌리엄스는 『키워드: 문화와 사회에 관한 어휘』(*Keywords: A Vocabulary of Culture and Society*)에서 단어들을 "의미의 장(場)들" 속에 두는데, "의미의 문제"는 어휘나 공동체나 문화 등 어디서도 해결되지 못하기 때문이다.[9] 말하자면, 정치 불안이나 사회 변혁으로 인해 그 정의가 바뀌는 단어는 현재의 의미가 불안정한 단어라는 뜻이다.

단어는 중요하다. 자기 표상도 중요하다. 그리고 그리스도 안에 있는 정체성은 그분의 피로써 하나 됨을 이루고 성도 간의 교제를 낳는다. 이 피는 참으로 생명을 준다. 그리고 "게이 그리스도인"이란 용어는 사용자들이 명료함과 정직함과 투명함을 추구할지라도 사람들을 오도할 소지가 매우 많다.

게이가 그리스도인을 수식할 때 그 정체성은 어떻게 되는가?

이제는 게이로 자처하는 그리스도인의 말을 들어야 한다고 주장하는 한 그리스도인 심리학자에게 눈을 돌리자.

마크 야르하우스는 『성적 정체성의 이해』(*Understanding Sexual Identity: A Resource for Youth Ministry*)란 책에서 사람들을 있는 그대로 만나는 데 필요한 목회지침을 제공한다. 야르하우스는 "신념 있는 시민교양"의 태도로 사람들을 대하고 "그리스도인으로서 확신을 품는 것과 그런 확신을 예의바르게 전하는 것 사이에 미묘한 균형"을 잡을 필요성[10]을 말한다. 그는 그의 용어를 정의하고 또 성적 정체성을 성적 지향과 구별하면서 글을 시작한다.

> 성적 정체성이란 본인의 성적 매력이나 지향에 기초해 스스로에게 "딱지를 붙이는" 행위를 가리킨다. 흔한 성적 정체성의 딱지들은 게이, 이성애자, 레즈비언, 양성애자 등이다. 어떤 아이들이 스스로를 미심쩍은, 호기심어린, 또는 퀴어(queer)로 묘사하는 소리를 들을 수 있다. 하지만 어떤 이들은 그 어떤 딱지도 붙이길 좋아하지 않는다. 매력과 지향의 차이점은 한 사람이 느끼는 매력과 그 매력의 끈질김의 강도상의 차이점에 불과하다.[11]

이는 유익한 말이다. 애정적인 매력 자체는 죄스러운 것이 아니다. 이런 매력은 관계상의 편안함이나 연대감과 관련이 많고, 반드시 성적 접촉의 욕망을 말하는 게 아니기 때문이다. 그런데 사람들이 동성매력(SSA)에 관해 얘기할 때 과연 이런 뜻으로 말하는가? 섹스에 취한 세상에서 대다수 사람은 동성 매력을 성적 매력을 가리키는 말로 사용한다. **매력**(attraction)이란 단어가 문화의 색채를 입으면 애정과 성이 결합된 **연속적인** 감정을 의미하게 된다. 그래서 동성 매력이란 용어가 우리를 오도할 수 있는 것이다.

그런데 어째서 우리는 애정을 성의 패러다임 속에 포함시키려고 하는가? 이는 성경적 견해가 아니다. APA가 "애정"이란 용어를 사용하고 이를 성적 욕망(이는 "그리고/또는"이란 표현으로 나타난다)으로부터 분리시킨 목적은, 동성애 욕망을 경험하는 모든 사람이 그들이 만나는 동성의 사람 모두에게 성적인 매력을 느끼는 것은 아니라는 자명한 사실을 보여 주기 위함인 듯하다. LGBT 공동체에 속한 적이 있는 사람들에게는 이 사실이 너무나 명백하다.

내가 레즈비언임을 밝혔을 때에도 삶에서 접하는 모든 여성에게 하나같이 성적 욕망을 느낀 적은 없었다. 예컨대, 나는 여자 육상 팀의 일원이었고, 우리 팀의 많은 여자들도 레즈비언임을 밝혔다. 우리 중 일부는 5년에 걸쳐 거의 매일 함께 훈련을 했다(그리고 기네스 세계기록을 두 개나 세웠다!). 우리는 가장 좋은 친구들이었고, 우리 모두 레즈비언임을 밝혔으나 서로에게 낭만적으로 끌린 적은 한 번도 없었다. APA가 "애정"이란 용어를 사용한 것은 이 점을 이해하도록 돕기 위해서라고 나는 생각한다. 동성애적 욕망이 한동안 지속되더라도 무차별적인 경우는 매우 드물다는 것 말이다.

그러나 APA가 내린 성적 지향의 정의가 동성애적 욕망을 가진 사람들이 마치 무차별적 욕망을 품은 것처럼 오해받지 않게는 해 주지만, 그 패러다임은 또한 애정의 범주를 성의 범주 안에 포함시킴으로써 전자를 왜곡하거나 혼동하게 할 수 있다. 모든 관계가 잠재적으로 에로틱해질 가능성이 있음에도 불구하고 그 어떤 관계도 필요한 경계선을 갖고 있지 않다. 성행위 둘레에 경계선을 긋고 그것을 성경적인 결혼 언약의 배타적 영역으로 삼는 일은 플라톤적 관계가 그 고유한 특성을 유지하는 데 꼭 필요하다. 우리는 동성 간에 비(非)성적인 애정관계를 유지할 능력을 잃어버렸고, 이것은 값비싼 상실이 아닐 수 없다. 그런데 여기서 또 다른 일도 일어난다. 바로 무엇이 죄고 무엇이 죄가 아닌지에 대해 혼동하게 된다는 것이다. 잘못된 죄책감은 사탄이 이용하는 무기다. **동성사회성**에는 죄가 없다. 이는 당신이 동성의 사람들과 가깝게 지내고 뜻깊은 친구관계를 맺으며 그런 이들을 좋아하는 것을 말한다. 또한 동성사회성은 "게이"도 아니다.

야르하우스는 명사와 형용사를 구별하기도 하는데, 문법상의 목적(단어들이 우리를 어떻게 사용하는가)이 아니라 오늘날 의사소통의 목적(우리가 단어를 어떻게 사용하는가)에 비추어 그렇게 한다. 그의 글을 인용해 보겠다.

> 우리는 성적 정체성을 가리키는 명사(Gay)와 성적 지향을 가리키는 형용사(gay)를 구별할 필요가 있다. … 오늘 우리 문화에서는 거의 모든 사람이(청소년 집단에 속한 대다수 청소년은 확실히) "게이"(gay)를 동성애 지향을 가리키는 말로 사용한다. 이 단어를 오로지 정체성을 가리키는 것으로 사용하면 그들을 헷갈리게 할 것이다.[12]

야르하우스는 성적 지향과 정체성을 분명히 구별하길 원하지만 그 선은 그리 선명하지 않다. 자기를 표상하는 모든 행위는 어느 연속체 위에 존재하고, 연속체는 유연성과 중첩을 허용하기 마련이다. 우리 모두는 알고 또 알려지고 싶은 욕구, 사람들에게 우리의 입장을 알리고픈 욕구, 우리가 누구와 함께하고 상처를 받는 곳이 어딘지를 알려주고 싶은 욕구를 갖고 있다. 나는 이런 입장을 지지한다. 그러나 자기 표상은 공동체에 대한 호소력도 지니고 있어서 사회학적 결과를 구체적으로 나타내기도 한다. 이는 다른 이들이 우리가 스스로 누구라고 말하는지에 의존한다는 뜻이다.

우리가 그리스도인으로서 공동체를 만들고 역할 모델을 찾기 위해 다른 이들에게 게이임을 밝히라고 요구할 때는 정체성의 영역에서 움직이고 있는 것이다. 정체성은 당신을 어느 시간과 장소와 문화에 몸담게 하기 때문이다. 간단하게 표현하자면, 당신은 단어를 사용하고 단어는 당신을 사용한다. 문법이 좋은 의도를 압도하기 때문에 둘 다 옳다. 그리고 좋든 싫든, 성경이 말하는 자기 표상의 범주들은 이원적이다. 즉, 당신은 구원을 받았거나 멸망을 당한다. 당신이 구원을 받았다면 하나님의 영광과 그분의 의를 위해 구원을 받은 것이다. 하나님께서 그 범주들을 만드셨으므로 당신이 그 경계선을 흐리게 해서는 안 된다. 고통스러울지 몰라도 구원의 이야기는 종종 "단 하나의 이야기"이다.[13] 하나님의 사랑을 위해 우리의 삶과 사랑을 내려놓아야 하기 때문이다. 그리스도의 피가 이미 우리를 노예상태에서 해방시켜 자유와 공동체, 친구관계와 소속감을 제공했는데, 우리가 그런 노예상태를 "되찾으려고" 하면 안 된다.

야르하우스는 게이(gay)란 용어를 수용하는 것은 또 다른 의의가 있다고 설명한다. 그 용어에 찍힌 낙인을 벗겨 준다는 것이다.

> 게이(Gay)는 성적 정체성을, 게이(gay)는 성적 지향을 가리키는 말로 구별할 때의 또 다른 유익은 "게이(gay)"란 단어에 낙인을 찍지 않게 해 준다는 점이다. 이것이 왜 중요한가? 일부 그리스도인은 게이(gay)를 형용사로, 즉 자기네 경험을 묘사하고 지칭하는 단어로 사용하는 것이 유익함을 알기 때문이다.[14]

나도 야르하우스와 같이 동성애에 대해 문화 전쟁의 사고방식을 불러일으키는 것을 반대한다. 그런 사고방식은 복잡한 쟁점을 너무 단순화하고, 원치 않는 동성애 욕망을 느끼는 그리스도인에게뿐 아니라 그리스도의 연민과 교회의 증언에도 폭력을 가하기 때문이다. 그러나 성적 지향이 이 논의를 위한 성경적으로 중립적인 출발점이라고 나는 믿지 않는다. 단어는 마음속 깊은 곳에 끈질기게 존재하는 의식(자기 표상과 정체성의 연속체 위에 놓인)을 묘사하거나 밝혀 주고 (공동체에 위치한) 충성심을 주장하는 만큼, 자기 표상은 어느 연속체 위에서 움직인다. 그리고 단어는 편견이 담긴 이유들뿐만 아니라 때로는 성경적이고 목회적인 이유로 다양한 낙인의 요소들을 운반한다. 게이(Gay)를 낙인을 운반하는 단어로 볼 수 있는 것은 동성애를 금하는 하나님의 도덕 때문이다. 하나님은 행동과 정체성에 있어서 성적 순결을 요구하시는 만큼 하나님의 백성도 마땅히 그래야 한다. 성경에서 하나님은 많은 사안들에 대해 낙인을 찍으신다.

> 하나님은 행동과 정체성에 있어서 성적 순결을 요구하시는 만큼 하나님의 백성도 마땅히 그래야 한다.

성경은 동성애 행위가 죄라고 분명히 말하고, 게이(gay)란 단어는 동성 간의 섹스에 대한 욕망이나 그 행위를 가리키기 때문에 이 단어에 찍힌 낙인은 하나님의 사랑의 행위라고 할 수 있다. 하나님은 자녀들로 그들의 깨어진 상태를 깨닫게 하시기 때문이다. 문화 전쟁이 게이(gay) 위에 깃발을 세우면 낙인이 억압이 된다는 것을 나도 안다. 그러나 우리는 낙인이 복음 자체를 거슬리는 내러티브로 드러낸다는 것을 기억할 필요가 있다. 그리스도를 주님으로 주장하는 우리 모두가 그분의 적으로 출발했다는 것과 모두가 이런 배제의 낙인을 인식했다는 것을 기억해야 한다는 말이다.

야르하우스는 어른이 게이(gay)란 단어를 사용하는 것은 지지하는 데 반해, 십대가 스스로를 게이 그리스도인으로 부르는 것은 만류한다. 그 대신 그는 십대의 성은 유동적이라 확정적인 딱지가 해롭다는 이유로 '동성 지향적인 사람'이란 용어를 사용하도록 권한다.[15] "십대 소녀는 자기가 어떤 종류의 사람인지를 말하기보다 자기가 느끼는 감정—동성에 대한 감정을 품고 있다—을 묘사하도록 격려를 받아야 한다." 이와 대조적으로, "동성애적 지향이란 어구는 본인의 정체성에 대한 주장에 좀 더 가까울 수도 있기 때문에 단지 경험과 감정을 묘사하는 것과 약간 다르다." 이 점이 중요한 것은 "한 사람의 정체성이 그 사람의 선택을 좌우하기 때문이다."[16]

그런데 이와 같은 지혜가 왜 동성애적 욕망과 씨름하는 모든 그리스도인에게도 적용될 수 없는지 의아하다. 성은 호르몬과 환경을 비롯한 다른 이슈들과 늘 상호관계가 있다. 이것이 본인의 일차적 정체성을 그리스도 안에서 찾는 사람들, 즉 먼저 자신의 가치와 존엄성을 하나님의 딸이나 아들이란 점에서 찾고 자신의 성적 욕망(끈질기게 지속되는 욕망까지)을 부차적인 것으로 여기는 이들에게도 유용하지 말란 법이 있는가? 이것은 더 나은 구속의 언어를 제공하는 동시에 이 쟁점의 깊이를 잘 전달하고, 하나님이 우리의 몸부림까지 다스리시는 주권자이심을 모두가 받아들이게 하는 그런 것이 아닌가?

성경은 성경적 결혼관계 밖의 모든 섹스는 죄라고 분명히 말한다. 아울러 동성사회성은 죄가 아니라고 확실히 밝힌다. 유혹은 죄가 아니지만 죄로 이끄는 유혹은 결코 좋은 것이 아니다. 그것들은 절대로 하나님에게서 오는 것이 아니다. 그러므로 유혹의 패턴은 결코 성화될 수 없다. 때때로 그것들은 우리의 죄스런 욕망에서 생기기(약 1:14) 때문에 죄스런 습관을 바탕으로 정체성을 정립하는 것은 하나의 죄다. 경건을 위해 양심을 훈련하는 대신 육신을 변호해서 양심을 죽이는 것이기 때문이다.

한 단계 더 올라가면, 동성애적 정욕과 이성애적 정욕 모두 죄이다. 딸꾹질이나 반사작용같이 저절로 발동하는 비의도적이고 끈질긴 정욕도 마찬가지다. 모든 연속체와 마찬가지로 이런 용어들도 성경적으로 정밀조사를 할 필요가 있다. 남자와 여자는 이런 것을 나타내는 방식이 다르다. 남자는 금방 정욕을 품는 반면에 여자는 (항상 그런 것은 아니지만 종종) 우호관계와 유대의 영역에 편하게 머물러 있는 편이다. 이 연속체의 어딘가에서 우리는 원죄가 너무나 원초적인 자아의식을 묘사하기에 그것이 의식에 인접해 있고 우리 모두를 평준화시킨다는 사실을 직면할 필요가 있다.

성적인 죄는 도덕적 문제인가 신체적 문제인가?

선천적인 타락이란 성경적 개념은 예수님이 타고난 맹인을 만나는 요한복음 9장에 나타나 있다. 이 남자의 장애는 제자들을 헷갈리게 만드는 원인이 되었다. 제자들은 누구의 죄 때문에 그 남자가 맹인으로 태어났는지 의아해한다. 그 자신의 죄인가, 아니면 부모의 죄인가? 이에 예수님은 그가 맹인인 것은 죄의 결과가 아니라 하나님의 능력이 나타나는 계기라고 설명하신다.

> 1 예수께서 길을 가실 때에 날 때부터 맹인 된 사람을 보신지라.
> 2 제자들이 물어 이르되 "랍비여 이 사람이 맹인으로 난 것이 누구의 죄로 인함이니이까? 자기니이까, 그의 부모니이까?
> 3 예수께서 대답하시되 "이 사람이나 그 부모의 죄로 인한 것이 아니라 그에게서 하나님이 하시는 일을 나타내고자 하심이라."

이어서 예수님은 땅에 침을 뱉어 진흙을 만들어서 그의 눈에 갖다 대셨다. 그리고 그 남자에게 실로암 못에 가서 씻으라고 말씀하셨고, 그 남자는 돌아올 때 시력이 완전히 회복되어 있었다. 이 남자를 안식일에 고쳤다는 이유로 예수님은 바리새인들로부터 안식일을 위반했다는 비난을 받으셨다. 예수님은 지켜보던 세상으로 하여금 바리새인들이 맹인임을 보게 하시려고 맹인을 고치셨다. 이 치유 사건은 볼 눈이 있는 사람들에게 메시야가 오셨음을 보여 주는 뚜렷한 증거였다. 그러나 그 남자가 시력을 회복했다고 해서 그의 문제가 다 풀린 것은 아니었다.

바리새인들의 심문에 그는 예수님이 자기를 고쳐 주셨다고 설명했고, 그들은 그 남자와 그의 부모를 출교시켰다. "그들이 대답하여 이르되 '네가 온전히 죄 가운데서 나서 우리를 가르치느냐?' 하고 이에 쫓아내어 보내니라"(34절). 출교는 이 가족을 가난과 사회적 수치와 개인적 위기에 빠뜨렸을 것이다. 맹인이었다가 치유받은 남자는 선천적 타락의 패러다임을 잘 보여 준다. 맹인 됨이 타락의 자연스런 결과이긴 해도 도덕적 이슈는 아니다. 타고난 장애는 죄가 아니기 때문에 용서받을 필요가 없다. 그런 장애는 의료나 초자연적 개입으로 치유되거나 일평생 본인의 삶에 남아 있게 된다.

성은 선천적으로 타락될 수 있고 도덕적으로도 타락될 수 있다. 남녀한몸(intersexuality)[17]은 남자와 여자의 생식기를 모두 갖고 태어나는 것으로 선천적 타락의 본보기다. 남녀한몸은 하나의 의학적 상태이다. 이와 마찬가지로, 생식기의 절단을 초래하는 사고들도 선천적인 성적 타락의 범주에 속한다고 할 수 있다.

그러나 동성애적 정욕이나 행위는 도덕적 이슈이고 성경적 결혼관계 밖의 이성애적 정욕이나 행위도 마찬가지다. 동성의 사람에 대한 성적 욕망은 원죄의 많은 흔적 중 하나일 뿐이다. 원죄는 우리 모두 왜곡되어 있는 대로 한 사람을 왜곡시킨다. 원죄가 원치 않는 동성애적 욕망과 씨름하는 사람을 더욱 왜곡된 존재로, 또는 본래 더 깨어진 존재로 따로 떼어놓는 것은 아니다. 원죄는 자범죄와 내주하는 죄를 유발하고 우리 모두를 평준화시킨다. 하나님께서 창세기 6장 5절에서 선언하시는 대로, 원죄는 모든 사람에게 해당하는 것으로 단정된다. "여호와께서 사람의 죄악이 세상에 가득함과 그의 마음으로 생각하는 모든 계획이 항상 악할 뿐임을 보시고." 우리가 아담의 유산으로 말미암아 원죄로 왜곡되었고, 그 죄악된 본성을 전가받았다는 사실을 주님께서 우리에게 깨닫게 해 주시길 기도한다.

그리스도에 대한 믿음으로 성적 정욕에 저항하는 사람은 하나님이 본인에게 퍼부어 주신 믿음과 성결의 은혜를 증언하는 증인이다. 이것은 성경적인 열매이다. 이런 행동을 하는 남자나 여자는 믿음의 영웅이다. 성경은 고의적이거나 뻔뻔한 죄악과 감춰진 죄악을 구별하는데, 이는 성적 욕망을 이해하는 데 도움을 준다.[18] 고의적인 죄란 당신이 미리 생각하는 죄를 말한다. 감춰진 죄(내주하는 죄를 포함한)란 반사작용이나 무의식적인 반응처럼 불시에 습격하는 죄로, 당신의 바깥이 아닌 당신 속에 거주하는 만큼 종종 당신을 사로잡는다. 전자가 후자보다 더 분명히 위험을 감지하게 하지만 하나님은 우리에게 두 가지 모두 회개하도록 요구하신다. 애정은 죄스럽지 않은 상태를 묘사하는 데 비해, 정욕은 하나

그리스도에 대한 믿음으로 성적 정욕에 저항하는 사람은 하나님이 본인에게 퍼부어 주신 믿음과 성결의 은혜를 증언하는 증인이다.

님이 죄스럽다고 말씀하시는 무언가를 향한 욕망을 묘사한다. 이런 구별은 무척 중요하다.

19세기의 신조어 "성적 지향"이 성에 관한 대화를 시작하는 유용한 출발점이 아니라면, 우리는 어디서 시작해야 할까? 만일 내가 암으로 진단을 받았다면, 성경에서 암이란 단어를 찾을 수 없다고 해서 그 진단을 거부하진 않을 것이다. 그러나 내가 비록 세계에서 가장 저명한 의사의 눈길 아래 철저하고 엄격한 화학치료를 거친다 해도, 그리스도인인 나는 치유가 하나님의 섭리의 손길에서 온다는 것과 예수님이 위대한 의사임을 알고 있다. 그뿐만 아니라 이 저명한 의사가 하나님의 도구임을 알고 그로 인해 하나님께 감사드린다. 그리고 우리가 성경적 세계관과 인생관에서 찾을 수 없는 정의를 가진 용어를 사용할 때, 또 우리 자신이 진단을 내리는 의사의 역할을 할 때 하나님께서 우리를 떠나지도 버리지도 않을 것이란 진리에서 큰 위안을 얻어야 한다.

남편 켄트는 교회 역사를 열심히 공부하는 사람이다. 그는 서양 문화에 성경의 존재를 말살시키려 했던 시도가 실제로 몇 차례 있었다고 종종 말한다. 그런데 성경의 단어들은 물론 일반적인 단어들도 정의를 다시 내리면 성경은 힘이 약해지기 마련이다. 그렇게 되면 하나님의 말씀은 더 이상 하나님의 갑옷의 일부가 아니라 진정제에 불과하게 된다. 나는 우리가 **성적 지향**이란 용어를 성경적 성에 관한 대화의 (도덕적으로 중립적인) 출발점으로 사용할 경우에는 원죄의 진정한 뜻이 흐려지게 되지 않을까 우려된다. 그럴 경우에는 원죄가 모든 사람의 선재하는 상태임을 잊어버리게 된다. **성적 지향**이란 용어에는 도덕적 실재가 뿌리박혀 있는 만큼 그리스도인은 그것을 설명할 책임이 있다.

성경적인 성 정체성은 무엇인가?

중요한 것은 성경의 첫 두 장이 성에 대한 하나님의 정의를 제시한다는 사실이다.

창세기 1장에서 아담과 하와가 창조된 목적은 땅을 경작하고 관리하고 생육하기 위해서다. 나는 성경이 아담과 하와를 문학적 등장인물이 아니라 역사적인 실제 인물들로 가르친다고 믿는다. 창세기 1장 28절은 이렇게 말한다. "하나님이 그들에게 복을 주시며 하나님이 그들에게 이르시되 '생육하고 번성하여 땅에 충만하라, 땅을 정복하라, 바다의 물고기와 하늘의 새와 땅에 움직이는 모든 생물을 다스리라' 하시니라." 하나님은 인류에게 방대하고 엄청난 투자를 하셨다. 그런데 하나님의 투자를 보면 남자와 여자가 상호보완적이고 또 차별성이 있음을 알 수 있다.

창세기 2장 23-24절에서 하나님은 아담의 고립상태를 하와의 창조로 해결하신 후 아담과 하와를 언약의 가정으로 구별하신다. 이 초자연적인 사건에 대해 아담은 "내 뼈 중의 뼈요 살 중의 살이라 이것을 남자에게서 취하였은즉 여자라 부르리라"고 선언한다. 아담과 하와는 그 본성과 소명과 영혼은 비슷하지만 성적으로는 다르다. 바로 이 차이점 때문에 그들이 한 몸이 될 수 있는 것이다. "이러므로[이 때문에] 남자가 부모를 떠나 그의 아내와 합하여 둘이 한 몸을 이룰지로다"(창 2:24). 이것은 단지 옛날의 한 가족을 묘사하고 분석하는 글이 아니고, "이 때문에"란 표현 속에 그려진 성의 패러다임이다. 그래서 이성애가 성경적인 성의 패턴이 된다. "이 때문에 남자가 떠날지라." 그는 떠날 것이다. 미래 시제다.

이제 세월을 건너뛰어 오늘에 이르자. 이성 간의 결혼에서 볼 수 있는 한 몸 이루기는 하나님의 설계에 따른 것이다. "한 몸"의 개념은 부부 간의 연합이란 육체적 실재뿐만 아니라 생육의 잠재력에도 뿌리를 박고 있다. 성경에 따르면, 하와는 아담에게 알맞은 배필이었고(창 2:18), 결혼을 성립시키는 분은 하나님이며(마 19:6), 예수께서 결혼관계의 배타성을 변호하셨다(마 19:3-6). 따라서 결혼관계의 성립은 하나님의 설계에 따른 것이다. 나는 단 한 사람과 헌신적이고 성실한 관계를 맺고 있는 많은 레즈비언을 알고 있다. 그러나 우리가 이런 일반은총의 반영체에 동성애 결혼의 합법화를 더한다 해도, 하나님이 이런 연합을 참된 결혼으로 인정하지 않으시는 이유는 그분의 설계에 따른 것이 아니기 때문이다.

하나님의 설계에 따른 결혼은 생육과 반영과 기대의 뜻을 품고 있다. 『웨스트민스터 신앙고백』에는 이렇게 나와 있다. "결혼이 제정된 것은 남편과 아내의 상호도움, 합법적인 자손을 통한 인류의 번성, 경건한 종자를 통한 교회의 번성, 그리고 부정의 방지를 위해서였다."[19]

그리스도인의 결혼은 또한 하나님의 본성을 반영한다. 남자와 여자는 거룩한 하나님의 형상을 지닌 자들로서 결혼관계에서 서로를 보완한다. 성경적인 결혼은 에베소서 5장에서 말하듯이 그리스도의 신부인 교회에서 그리스도가 드러날 것을 기대한다.

> 28 이와 같이 남편들도 자기 아내 사랑하기를 자기 자신과 같이 할지니 자기 아내를 사랑하는 자는 자기를 사랑하는 것이라.
> 29 누구든지 언제나 자기 육체를 미워하지 않고 오직 양육하여 보호하기를 그리스도께서 교회에게 함과 같이 하나니
> 30 우리는 그 몸의 지체임이라.
> 31 그러므로 사람이 부모를 떠나 그의 아내와 합하여 그 둘이 한 육체가 될지니
> 32 이 비밀이 크도다 나는 그리스도와 교회에 대하여 말하노라.

이 은유의 상호의존관계—그리스도와 교회가 원형이고 그리스도인의 결혼은 그 반영체—는 하나님께서 본래 그분의 영광과 그분을 지상에서 반영하기 위해 결혼을 설계하셨음을 보여 준다. 중요한 점은 원형이 있을 때에만 반영체가 유효하다는 것이다. 그런즉 결혼 자체를 위해 결혼을 축하하는 것은 기독교적 태도가 아니다. 결혼은 그저 평생의 동반관계에 불과한 것이 아니기 때문이다.

이성과 결혼한 사람들이 그 결혼 덕분에 싱글 그리스도인보다 더 성화되거나 더 "온전하거나" 하나님의 뜻에 더 깊이 뿌리박고 있는 것

은 아니다. 바울에 따르면, 결혼은 하나님의 설계에 따른 것이며, 싱글 그리스도인이 교회와 손님대접 공동체를 세우기에 더 유용한 것은 집안일과 세상적인 문제에 묶여 있지 않기 때문이다. 존 파이퍼의 설교 "그리스도 안에 있는 싱글: 아들과 딸보다 더 나은 이름"은 성경이 말하는 싱글 됨의 중요성을 설파하는 뛰어난 저술이다.[20] 파이퍼는 이 훌륭한 설교를 네 가지 요점으로 마무리한다.

1) 하나님의 가족은 성교를 통한 번식이 아니라 그리스도를 믿는 믿음을 통한 중생에 의해 성장한다.

2) 그리스도 안의 관계는 가족 관계보다 더 영구적이고 더 고귀하다.

3) 결혼은 한시적이고, 결국은 결혼이 줄곧 가리키는 그리스도와 교회의 관계에 양보하게 된다. 당신이 얼굴을 맞대고 볼 때는 더 이상 사진이 필요 없듯이 말이다.

4) 그리스도에 대한 신실함이 인생의 가치를 규정짓는다. 다른 모든 관계는 이로부터 그 궁극적 의미를 얻는다. 어느 가족관계도 궁극적이지 않지만 그리스도와의 관계는 궁극적이다.

파이퍼의 설교는 우리에게 영광스러운 곳을 가리킨다. 그곳은 지상의 결혼이 없는 곳, 우리의 성화가 완성되는 곳, 우리가 완전히 구속을 받아 물려받는 새 땅이자 우리가 마침내 온전한 진리 가운데 하나님과 서로를 사랑하는 법을 알게 되는 곳이다.

시편 139편이 정체성에 관해 가르쳐 주는 것

내가 새로운 신자가 되었을 때 시러큐스 개혁교회의 친구들 중 한 명은 화가였다. 그녀의 화실은 자기 집 다락에 있었고, 그 집은 우리 집에서 한 블록 떨어져 있었다. 그리스도 안에 있는 새로운 정체성의 문제로 씨름하며 내 육신과 정체성 속에서 한참 전쟁이 벌어지고 있던 어느 차가운 가을날 오후, 그녀가 나를 그녀의 피난처인 화실로 초대했다. 그녀는 다섯 자녀를 둔 바쁜 엄마였고, 나는 이층침대로 꽉 찬 자그마한 방에 네 명의 아이들이 함께 지내는 그 작은 집에 그녀가 그런 방을 확보한 것을 보고 깜짝 놀랐다. 버지니아 울프가 생각났다. 나는 삐걱거리는 계단을 올라가서 배의 출입문처럼 생긴 입구를 통과했다.

눈앞에 펼쳐진 피난처는 미학과 실체, 색채와 어수선함 등 모든 면에서 내 친구를 쏙 빼닮았다. 페인트와 먼지 냄새가 진동했고 엉성한 창문으로는 바람이 잘 통하는 동시에 바깥 열기가 쏟아져 들어왔다. 그녀는 분필과 연필과 섬유를 치우더니 내게 앉으라는 몸짓을 했다. "시편이 나의 피난처랍니다." 그녀가 던진 말이다.

우리의 정체성은 하나님 안에서 피난처를 찾는 데 있다. 그 이상은 없다. 그녀는 '너의 정체성 위기는 좋은 것이야'라고 말하는 듯했다. 그녀는 시편 139편을 폈다. 이 시편은 당신과 나에 관한 것이다. 그 시편에 나오는 "나"는 나와 당신, 곧 신자들을 가리킨다. "시편은 그리스도의 말씀이에요. 우리가 시편을 노래할 때는 삼위일체 하나님의 다층적인 품속으로 진입하게 돼요"라고 그녀가 말했다.

그래서 우리는 노래했다. 처음에는 화음 없이 부른 후 친구는 알토를 맡고 나는 소프라노를 맡았다. 139편 전체를 노래했다. 숨을 쉴 때 잠깐 쉬고 조용히 묵상하려고 멈췄다가 아무 말도 없이 다시 시작했다. 시편 139편은 이런 내용을 담고 있다.

> 1 여호와여 주께서 나를 살펴보셨으므로 나를 아시나이다.
> 2 주께서 내가 앉고 일어섬을 아시고 멀리서도 나의 생각을 밝히 아시오며
> 3 나의 모든 길과 내가 눕는 것을 살펴보셨으므로 나의 모든 행위를 익히 아시오니
> 4 여호와여 내 혀의 말을 알지 못하시는 것이 하나도 없으시니이다.
> 5 주께서 나의 앞뒤를 둘러싸시고 내게 안수하셨나이다.
> 6 이 지식이 내게 너무 기이하니 높아서 내가 능히 미치지 못하나이다.

여기에 나오는 동사구들은 무척 강력하다. 하나님께서 나를 살펴보셨고, 나를 아시고, 나를 이해하시고, 나에 대해 친숙하시고, 나의 말과 자기진단도 예측하시고, 내 둘레에 보호막을 쳐 주신다. 나를 아시는 하나님의 지식이 "너무나 높아서 내가 도무지 도달할 수 없다."

7 내가 주의 영을 떠나 어디로 가며 주의 앞에서 어디로 피하리이까?
8 내가 하늘에 올라갈지라도 거기 계시며 스올에 내 자리를 펼지라도 거기 계시니이다.
9 내가 새벽 날개를 치며 바다 끝에 가서 거주할지라도
10 거기서도 주의 손이 나를 인도하시며 주의 오른손이 나를 붙드시리이다.
11 내가 혹시 말하기를 흑암이 반드시 나를 덮고 나를 두른 빛은 밤이 되리라 할지라도
12 주에게서는 흑암이 숨기지 못하며 밤이 낮과 같이 비추이나니 주에게는 흑암과 빛이 같음이니이다.

하나님의 영은 전지하시다. 그분은 지옥을 포함해 모든 영토를 다스리신다. 이 때문에 우리가 우리의 성욕으로 인해 마치 "바다 끝에 거주하는 듯이" 느끼고 "흑암이 나를 덮을 것처럼" 느낄지라도, 우리가 하나님과 함께 거주한다면(우리의 정체성을 포함해) 하나님이 우리를 안전하게 인도하시겠다고 일러주신다. 그분에게는 흑암이 무력하기 때문이다.

여기서 하나님은 흑암이 우리를 두렵게 하지 않을 것이라거나 우리가 우리에게 공감하는 이들을 찾으면 적어도 동반자와 함께 바다 끝에 거주할 것이라고 말씀하지 않으신다. 그분은 우리에게 그분께 오라고 말씀하신다. 예수님도 이와 같이 우리를 그분께 초대하신다.

"수고하고 무거운 짐 진 자들아 다 내게로 오라 내가 너희를 쉬게 하리라. 나는 마음이 온유하고 겸손하니 나의 멍에를 메고 내게 배우라 그리하면 너희 마음이 쉼을 얻으리니 이는 내 멍에는 쉽고 내 짐은 가벼움이라 하시니라"(마 11:28-30). 다음은 이렇게 이어진다.

> 13 주께서 내 내장을 지으시며 나의 모태에서 나를 만드셨나이다.
> 14 내가 주께 감사하옴은 나를 지으심이 심히 기묘하심이라
> 주께서 하시는 일이 기이함을 내 영혼이 잘 아나이다.
> 15 내가 은밀한 데서 지음을 받고 땅의 깊은 곳에서 기이하게 지음을 받은 때에 나의 형체가 주의 앞에 숨겨지지 못하였나이다.
> 16 내 형질이 이루어지기 전에 주의 눈이 보셨으며 나를 위하여 정한 날이 하루도 되기 전에 주의 책에 다 기록이 되었나이다.

하나님은 바다 끝에서와 창세 이전부터 우리와 함께 계시고, 우리의 실체가 형성되기도 전에 우리의 운명은 우리 창조주 앞에 완전히 펼쳐져 있다. 하나님은 나의 내장까지 지으셨고, 그분의 자녀인 우리 각자는 "심히 기묘하게 창조되었은즉" 그분께 감사해야 마땅하다.

> 17 하나님이여 주의 생각이 내게 어찌 그리 보배로우신지요?
> 그 수가 어찌 그리 많은지요?
> 18 내가 세려고 할지라도 그 수가 모래보다 많도소이다. 내가 깰 때에도 여전히 주와 함께 있나이다.

우리가 하나님의 본성(우리의 것이 아닌 생경한 본성)을 곰곰이 생각하면 우리의 패러다임이 전환된다. 우리는 약하나 그분은 그렇지 않고, 또 그분이 우리를 위하시니 우리에게 희망이 샘솟기 때문이다. 나는 시편 139편을 노래할 때 『웨스트민스터 소요리문답』에 나오는 네 번째 질문, "하나님은 무엇입니까?"에 대한 답변을 곰곰이 생각하게 된다. 나는 이렇게 답한다. "하나님은 영이시며 지혜와 능력과 거룩함과 공의와 인자하심과 진실하심에 있어서 무한하시며 영원하시며 불변하십니다."[21] 이 요리문답의 글을 숙고하노라면, 내가 구름처럼 허다한 증인들의 지혜 아래 서 있고 여러 세대에 걸친 성도들의 교제에 참여하고 있는 느낌이다. 나는 의심과 두려움과 깨어짐을 경험하면서도 돕는 손길에 둘러싸여 있다.

> 19 하나님이여 주께서 반드시 악인을 죽이시리이다. 피 흘리기를 즐기는 자들아 나를 떠날지어다.
> 20 그들이 주를 대하여 악하게 말하며 주의 원수들이 주의 이름으로 헛되이 맹세하나이다.
> 21 여호와여 내가 주를 미워하는 자들을 미워하지 아니하오며 주를 치러 일어나는 자들을 미워하지 아니하나이까?
> 22 내가 그들을 심히 미워하니 그들은 나의 원수들이니이다.

참으로 냉혹한 말이다. 모든 적이 다 참된 회개를 통해 화해에 이르진 못할 것임을 보여 주기 때문이다. 이런 말로 보건대, 그리스도인이 때로는 사람들과의 의리를 끊을 필요도 있다.

내가 이 글을 쓰고 있을 때, 온 세계 그리스도인이 중동에서 살인 기계와 정권이 되어 버린 사악한 세력의 붕괴를 위해 기도하고 있다. 어젯밤 기도회에 참석한 한 친구는 유투브를 통해 본 잔학한 참수 장면 때문에 밤낮 시달리고 있다며 차라리 보지 않았으면 좋을 뻔했다는 얘기를 했다.

나는 그의 감정을 이해한다. 하나님에 반하는 모든 죄, 모든 사악함은 결국 살인으로 끝나게 된다. 그러므로 우리는 오직 하나님께 충성해야 하고, 깊은 충성심으로 죄에 대한 하나님의 태도를 공유해야 한다. 특히 우리 자신의 죄를 다룰 때에 그래야 한다. 우리는 홀로이기 싫어서 우리와 같은 죄를 범하는 사람들을 찾는 경향이 있다. 우리는 역할 모델을 찾아서 우리 죄의 심각성을 최소화시키길 원하고, 다른 이들의 도움을 받아 우리의 죄를 성화의 은혜라고 부르려고 한다. 그러나 만약 이런 길로 움직이는 자신을 발견하면 두려움에 떨어야 마땅하다. 의도하지 않는다 해도 그처럼 죄를 "가리게" 되면 우리는 하나님의 친구가 아니라 적이 되기 때문이다.

> 23 하나님이여 나를 살피사 내 마음을 아시며 나를 시험하사 내 뜻을 아옵소서.
> 24 내게 무슨 악한 행위가 있나 보시고 나를 영원한 길로 인도하소서.

하나님은 우리의 감춰진 동기를 파헤치고 하나님의 뜻을 이루시기 위해 우리를 살피셔야 한다. 우리는 세상의 지혜를 이용해 우리 자신을 살필 수 없다. 자기를 아는 지식은 하나님의 작품이다. 그리고 하나님이 죄를 폭로하실 때는 우리로 생명에 이르는 회개를 하게 하기 위함이고, 그리하여 "영원한 길"에 이르는 방향이 명백히 드러나게 된다. 이것이 하나님이 모두에게 하신 약속이다. "온전한" 그리스도인은 믿음과 회개에 관한 한 하나님의 조건에 따라 홀로 하나님께 나아가야 한다. 이 시편은 나로 하여금 정체성과 두려움의 모든 문제에서 하나님께 고삐를 넘겨주게 도와줌으로써 나에게 큰 위로가 된다.

그리스도인이나 교회, 또는 그리스도에 대한 증언이 성경적 결혼과 무관한 성적 정체성에서 유익을 얻을 수 있을까?

성경에 양립가능성, 성적 지향, 성 정체성, 지향혼합형 결혼 등과 같은 것이 나오는가? 성경은 이런 문제에 대해 침묵하는가? 거의 그렇지 않다. 성경은 성적 소수자의 경험을 비롯해 인간의 다양성을 보여주는 예들로 가득 차 있다. 이는 우리의 연약하고 깨어진 상태에 관해 무슨 말을 하는가?

샘 올베리가 이에 대해 가장 잘 말한다. "하나님이 금지하신 것들을 향한 욕망은 하나님이 나를 어떻게 만드셨는지가 아니라, 죄가 나를 어떻게 왜곡시켰는지를 보여 준다."[22] 결혼이 하나님의 설계이기는 해도, 하나님은 모든 사람이 다 결혼하도록 계획하시진 않는다. 왜냐하면 결혼을 하지 않은 남자들과 여자들이 사역의 최전선에 있을 필요가 있기 때문이다. 그렇다고 해서 성경적으로 결혼한 친구들이 그들을 최전선에 홀로 내버려 둔다는 뜻은 아니다.

모든 그리스도인은 죄와 은혜의 문제를 분별하고 삶의 세세한 부분들에서 함께 하나님께 영광을 돌리길 원하는 만큼, 나는 현재 우리가 사용하는 언어(성적 지향, 지향혼합형 결혼, 게이 그리스도인 등)가 우리 교회에서 일종의 바벨탑을 쌓고 있는 것은 아닌지 무척 우려된다. 하나님께서 남자와 여자를 창조하신 것은 우리 인간이 그분을 영원히 즐거워하고 (이 땅과 하늘에서) 그분께 영광을 돌리게 하기 위해서다. 그런데 우리가 부지중에 성적 죄의 패턴에 따라 그리스도인의 하위 범주들을 만든다면, 시편 139편이 표현하듯 우리가 바다 깊은 곳에 빠졌다고 느낄 때 우리를 안전하게 보호하실 그 하나님을 비판하고 있는 셈이다.

우리가 우리를 유혹하는 죄의 능력을 최소화시키기 위해 그리스도인의 하위 범주를 만들 때, 우리는 더 이상 시편에서 하나님이 약속하시는 피난처와 피난민의 신분을 공유하지 않는 것이다. 이것은 자신의 깨어짐 안에서 하나님의 사랑을 보고자 애쓰는 개개인의 그리스도인뿐만 아니라 전반적인 기독교 공동체와 가시적인 교회에도 문제가 된다. 리처드 박스터는 오래전에 이렇게 표현했다.

> 마귀가 일단 죄를 논쟁의 문제로 만들게 되면 얼마나 큰 지반

을 갖게 되는지 모른다. 이는 어떤 이들은 이런 생각을, 또 다른 이들은 저런 생각을 품고, 당신은 이런 의견을, 나는 저런 의견을 갖는 것을 말한다. 술 취함, 성적 난잡, 욕설, 도둑질, 또는 어떤 악행이든 그것이 죄인지 아닌지를 놓고 논쟁이 벌어진다면, 그런 악행은 더 흔하게 일어나고 양심의 가책은 훨씬 줄어들 것이다. 이로 인해, 위험하게도 선한 사람들이 죄에 저항할 능력을 잃게 되고 죄를 지을 준비를 더 갖추게 된다. 마귀가 당신을 이런 육욕에의 안심의 잠에 빠뜨리지 못하도록 주의하라.[23]

어휘를 선택하는 일은 사소한 문제가 아니다. 당신을 시대 변화에 따른 새로운 표준이라 불리는 이런 "육욕에의 안심의 잠"에 빠지지 않고 떠 있게 해 주는 것은 분명히 생명 조끼일 것이다. 그렇다면 우리는 무엇을 해야 할까?

유일한 답변은, 신자들을 여러 부류로 나누는 기준이나 경계선보다 더 강한 기독교적 사랑이다. 우리는 모든 신자들, 특히 우리와 다르게 생각하는 사람들에 대한 진정한 기독교적 사랑을 개발하고 또 유지해야 한다.

우리는 고린도후서 13장 11절을 실천하겠다고 단단히 다짐할 필요가 있다. "온전하게 되기를 힘쓰십시오. 서로 격려하십시오. 같은 마음을 품으십시오. 화평하게 지내십시오. 그리하면 사랑과 평화의 하나님께서 여러분과 함께 하실 것입니다"(새번역). 이런 태도는 말다툼을 벌이려는 정신과 정반대되는 것이다. 싸움과 논쟁을 피하는 일이 18세기 미국의 위대한 신학자 조나단 에드워즈에게 얼마나 중요했던지, 그는 교인들에게 한 유명한 "고별 설교"를 이런 말로 끝낸다.

> 다른 이들이 얼마나 틀렸다고 당신이 생각하든지 간에, 매우 부지런히 또 신중하게 그리스도인다운 온유하고 친절한 정신을 유지하도록 하라. 그리고 이런 면에서 반대편에 속한 자들을 능가하려고 애쓰라. … 그리고 소속한 당파나 의견에 상관없이, 당신과 당신의 친구들에게나 그리스도의 대의와 나라에 우호적이든 불친절하든, 공평하든 부당하든 상관없이 모든 사람을 진실하게, 건전하게, 그리고 뜨겁게 사랑하지 않는다면, 당신이 그리스도인답게 행동한다고 절대로 생각하지 말라.[24]

화평은 자연스럽게 오지 않는다. 열심히 추구해야 할 덕목이다.

6장

갈등

자매들이 의견을 달리할 때

그리스도인들이 중요한 이슈에 대해 의견이 갈릴 때는, 잠시 멈추고 경청할 필요가 있다. 우리는 하나님의 영광이 만물의 궁극적 목표라고 믿기에 그리스도의 피로 깨끗이 씻긴 모든 사람이 동일한 팀에 속해 있음을 알고 있다. 그러므로 잠시 멈추고 서로의 말을 진심으로 경청하고 있음을 확실히 해야 한다. 쟁점마다 튀어나오는 "맞아, 그런데"라는 식의 경청이 아니라 공감하면서 경청하는 태도를 말하는 것이다. 성 정체성 및 그리스도와의 연합에 관한 우리의 대화를 좀 더 개인적인 차원에서 진행하기 위해 스스로를 "게이 그리스도인"이라 부르는 한 친구를 소개하고 싶다.

우리가 다른 그리스도인과 막다른 골목에 다다르면 입을 다물고 상대방에게 주목하는 것이 바람직하다. 나는 레베카를 친구로 두어 감사하고 다음 이메일을 내게 보내 준 것에 고마움을 표한다. (그리고 우리의 대화를 당신과 나누도록 허락해 준 것도 감사하다.) 이것은 지난 2년 동안 우리가 주고받은 많은 이메일 중 하나이다. 우리는 주 안에서 자매관계지만 의견은 서로 다르다. 우리는 친구사이지만 서로 다른 의견을 갖고 있다. 레베카는 사랑하는 마음으로 이 이메일을 썼고 나도 사랑하는 마음으로 나누는 바이다. 내 친구의 말을 들어보라.

> 여섯 살 때 예수님께 나를 채워 주시고 내 인생을 인도해 달라고 부탁한 이후로 그리스도 안에서 발견한 정체성보다 더 중요한 것은 없었어요. 내가 '게이'라고 말한다고 해서 새로운 정체성을 덧입는 것은 아니에요. 나의 성적 지향을 나의 정체성으로 삼고 싶은 마음도 없어요. 내가 스스로 게이라고 말하는 것은 내가 다른 여성들에게 매력을 느낀다는 것에 정직하고 싶기 때문이에요. 내가 일부러 선택한 것이 아니지만, 그래도 그것은 엄연한 사실이고 내 삶에 큰 영향을 미쳤으니까요. 나의 실상에 이름을 붙이는 것이 중요하다고 생각해요. 무엇이든 단어로 표현되지 않으면 혼돈으로 남기 때문이죠. 이름을 붙이면 세상을 이해하게 되어 그 속에 살 수 있거든요. 언어이론에 의하면 언어는 질서를 제공한다고 해요. 마치 병을 가진 사람이 무엇이 잘못되었는지를 파악하려고 절박한 심정으로 이 의사 저 의사를 찾아다니다가 마침내 병명을 알게 되면 안심하는 것처럼 말이죠. 내게는 **게이**란 단어가 "나는 귀머거리다" 또는 "나는 사지마비 환자다"라고 말하는 것과 다르지

않아요. 이는 수년에 걸친 기도에도 불구하고 (생물학이나 환경 중 어느 것에 기반을 두고 있든지) 치유되지 않은 항구적인 고뇌를 내가 안고 있다는 진실을 가리킬 뿐이거든요. 어떤 상태들은 하늘의 이편에서는 치유되지 않아요. 바울처럼, 때로는 하나님이 그분의 목적을 위해 육체의 가시를 그냥 두기도 하시는 거죠.

과거 20년에 걸쳐 나는 내 실상에 대해 어떻게 진실해질 수 있을까 하는 문제로 씨름해 왔어요. 한동안 "나는 동성에 매력을 느낀다"라고 말하기로 했죠. 당시에 나는 탈동성애 운동에 참여하는 중이었고, 사람들은 게이(gay)란 용어를 사용하면 얼굴을 찡그리곤 했어요. 그래서 그와 정반대의 기만적인 진술을 하도록 격려를 받은 것이 사실이에요. "나는 게이가 아니고 동성에 매력을 느낄 뿐이다"라고 말이죠. 그런데 그런 기만전술이 불행한 결과를 초래하는 것을 직접 목격했어요. 사람들이 자기는 더 이상 게이가 아니라고 믿고 너무 서둘러 이성 간의 결혼에 골인하고, 그 운동의 지도자들이 기대했던 이성애가 발동되지 않는 바람에 10년이나 20십 년 후 자기 배우자를 떠나는 모습을 봤거든요. 그리고 너무도 많은 사람이 수년간 금욕생활을 한 후 동성애 관계로 되돌아와서 여전히 게이라는 사실에 환멸을 느끼는 모습도 보았고요. 보수적인 그리스도인들 역시 이런 기만전술을 이용해요. 그들은 "나는 게이가 아니다"라는 탈동성애자의 증언을 문자적인 사실로 받아들였어요. 동성 결혼에 반대하는 법정 논리와 기타 입법 활동이 (추정된) 성적 지향의 변화를 근거로 전개되어 왔어요. 나는 지금 아무도 성적 지향을 바꿀 수 없다고 말하는 것이 아니에요. 하지만 이는 많은 보수주의자들이 기꺼이 시인해 온 것보다 훨씬 더 복잡한 문제예요. 나는 종교적 우파의 포스터에 나오는 아이들 중 일부가 결혼 후 "나는 게이가 아니다"라는 기만의 무게에 눌려 곤두박질치는 것을 목격해 왔어요.

과거에는 '게이'가 LGBT 권리의 신장과 밀접하게 연관된 정체성을 의미했죠. 그러나 지난 15년 동안 많은 변화가 있었어요. 오늘날은 게이가 더 이상 정체성을 의미하지 않아요. 대체로 서른 살 이하의 사람들은 게이란 용어를 정체성이나 행위가 아니라 매력과 연관시켜요. 한 사전(Merriam-Webster.com)은 게이를 "동성인 사람에게 성적으로 끌리는 것"으로, 또 다른 사전(Dictionary.com)은 "본인의 성을 가진 사람(들)을 향한 성적 욕구나 행위와 연관된, 또는 그것을 나타내는" 사람으로 정의하고 있죠. 보수적인 기독교 세계야말로 아직도 게이가 주로 사회정치적 공동체와 연관된 정체성을 의미한다고 생각하는 유일한 진영이에요. 그리스도인들이 어떤 용어를 정의할 때 사전적 용법과 상충되는 사유화된 언어를 사용하는 경우 그들은 거짓말쟁이로 비칠 위험이 있어요. 우리는 우리가 사용하는 용어의 뜻을 알지만 비그리스도인은 모르죠. 그래서 우리가 "나는 게이가 아니다"라고 말하지만 실상은 여전히 동성에 매력을 느낀다면, 우리는 사기꾼이란 인상을 주는 거예요. 이런 기만적인 모습 때문에 그리스도의 명예를 훼손시키게 되는 것이고요.

'게이'란 용어의 사용에 반대하는 그리스도인은 이런 정당한 염려를 깊이 고려하고 기만의 함정을 피하는 대안을 제시할 필요가 있어요. 단지 원죄에 대한 신학적 추상화나 성적 지향의 변화에 대한 능숙한 대답에 의지하는 것은 쓸모가 없어요. 교회는 방어막을 내려놓고 이런 질문들을 제기할 필요가 있어요. 젊은이가 평생 지속될지도 모르는 상태를 잘 이해해서 희망을 잃고 환멸에 빠져 믿음을 버리지 않도록 우리가 어떻게 도울 것인가? 지향혼합형 결혼을 한 부부가 끝까지 결혼관계를 유지하도록 우리가 어떻게 도울 것인가? 우리 문화에서 이런 현실에 직면한 사람들이 평생의 금욕을 하나의 대안으로 삼게 하려면 우리가 무엇을 해야 할까? 그리스도의 명예를 훼손시키지 않기 위해, 우리의 신학적 용어를 잘못 해석하는 비그리스도인을 타문화권에 속한 선교대상으로 생각하는 것이 가능할까?

나는 여러 이슈에 대해 레베카와 의견을 같이하며, 또 그녀의 인생 여정을 듣고 많은 깨달음을 얻었다. 그녀가 스스로 진실해지고픈 마음에 공감하고, 성이란 것이 고착성에서 유동성에 이르는 연속체 위에 놓여 있다는 점도 인정한다. 크리스토퍼 유안은 이런 식으로 말하곤 한다. 하나님은 당신이 간구하는 것을 줄 능력이 있으나 줘야 할 의무는 없다고. 나도 진심으로 동의한다. (성행위와는 달리) 성은 선택사항이 아니다. 생활방식 역시 당신이 쉽게 입고 벗는 그런 것이 아니다. 레베카가 성이 그녀에겐 정체성이 아니라고 말했는데, 나는 그녀를 믿는다. 즉, 그녀의 정체성은 그리스도 안에 있다는 말이다. 레베카와 나는 성화가 이성애에 인접해 있지 않다는 점에 동의한다.

나의 레즈비언주의가 정체성인 동시에 성적 행위였던 내 개인적 경험과 당시에 내 삶을 조성했던 학문이 내가 레베카의 말을 제대로 듣지 못하게 하는 것일까? 그럴지도 모른다. 내가 속한 공동체와 나는 소위 "정체성 정치"(identity politics)[1]를 중요하게 생각하며 살았다. 그러나 레베카는 그렇지 않다. 레베카는 우리에게 이런 질문을 남긴다. "교회는 방어막을 내려놓고 이런 질문들을 제기할 필요가 있다. 젊은이가 평생 지속될지도 모르는 상태를 잘 이해해서 희망을 잃고 환멸에 빠져 믿음을 버리지 않도록 우리가 어떻게 도울 것인가?" 레베카와 나는 친구이자 기도 파트너임에도 불구하고 (우리가 통화할 때는 꼭 기도로 끝낸다) 서로 다른 얘기를 하는 것일까? 우리의 인생 경험이 서로 달라 말하고 듣는 것도 다른 것일까? 그렇다.

레베카는 나에게, 우리가 동성애적 욕망과 씨름하는 젊은이(또는 늙은이)를 어떻게 돕는지 물어본다. 나는 함께 식탁으로 나아가고, 나란히 서며, 실제적인 삶을 함께 나눈다고 대답한다. 다른 형제자매와 하는 일을 그 친구와도 똑같이 한다고 말이다. 마음과 가정을 개방하고, 하나님의 말씀을 연다. 한밤중에 걸려온 전화를 받고, 친구에게 외로운 시절이 찾아오면 영구적이고 자연스러운 방식으로 개입한다. 그가 어려움을 겪는 부분을 찾아내 위로하고, 우리의 편견과 추측, 우리의 특권과 맹점을 주의 깊게 지켜본다. 그리고 사람들에게 그들의 문제는 별로 크지 않다고 말하기를 멈춘다. 우리는 들어맞지 않을지도 모를 유추로 원치 않는 동성애적 욕망의 지형을 평평하게 만들지 않는다. 예를 들어, 우리는 원치 않는 동성애 욕망을 지닌 사람이 경험하는 독신생활이 이성애자의 독신생활과 똑같다는 식으로 주장하면 안 된다. 물론 어떤 이들은 그럴 수 있다. 그러나 다른 어떤 이들에게는 원치 않는 동성애 욕망으로 인한 고통과 외로움의 독특한 지문이 그런 비교 때문에 고뇌의 수준에 이른다. 달리 말해, 우리는 상대방의 말을 경청하고 진정한 친구관계를 맺는다는 이야기다.

레베카는 "탈동성애" 운동을 하면서 그녀의 마음과 경험을 나누고 있다. 이 문화는 부분적으로 전환 치료(Reparative Therapy)[2]에 뿌리박은 이론들의 영향을 받은 것으로, 동성애는 여러 경험(트라우마, 나쁜 자녀양육, 성적 학대)의 결과이고, 그 해결책은 이성애라고 주장한다. 이 운동은 종종 성적 치유에 대한 "번영 신학"식 접근을 격려했고 동성애적 매력이 이성애적 매력으로 "전환"되는 성공률을 과장했다. (이는 그런 기만을 직접 목격한 레베카를 비롯한 다수의 증언이다.) 따라서 이성애로의 전환을 가장 중요한 목표로 삼았고, 우리가 씨름하는 중에 그리스도를 영화롭게 하는 것이 얼마나 중요한지를 간과하고 말았다. 전환 치료 프로그램은 종종 자기네가 이행할 수 없는 약속을 했고 많은 추종자의 마음과 믿음을 무너뜨렸다. 하나님은 깨어진 상태에 있는 그의 백성을 사랑하시고, 우리가 죽었을 때 우리를 구원하셨다. 하나님이 인간의 타락에도 주권을 행사하셨다면, 그분이 우리의 타락한 본성, 즉 원치 않는 끈질긴 동성애적 욕망을 포함한 온갖 양상과 세세한 현상에 대해서도 주권을 행사하신다고 생각하는 게 그토록 어려운가? 여기서의 쟁점은 구원에 이르는 믿음이다.

하나님이 인간의 타락에도 주권을 행사하셨다면, 그분이 우리의 타락한 본성, 즉 원치 않는 끈질긴 동성애적 욕망을 포함한 온갖 양상과 세세한 현상에 대해서도 주권을 행사하신다고 생각하는 게 그토록 어려운가?

레베카는 나의 자매이자 친구이다. 나는 우리가 믿음과 순종의 길을 걸으면서 서로의 곁에 다가가 이 문제를 주님 앞에 내려놓기를 원한다. 타인의 눈 속에 있는 들보가 술 취한 운전사처럼 공격할 때는 우리 삶의 치욕적인 부분을 다루기가 불가능하다. 공격용 들보가 제기하는 이 문제는 내가 레베카에게 그녀의 성을 언급할 때 **게이**라는 단어를 사용하지 말라고 요청할 때 느끼는 것이다.

자기를 표현하는 용어는 정직한 선언일 수 있다. 그러나 언어는 다양한 철학적 및 신학적 신념에서 나오는 것이다. 내가 원죄는 우리 모두가 이런 식으로 태어났음을 설명해 준다고 말할 때 "신학적 추상화"를 도모하거나 어떤 이들이 다른 이들보다 더 무거운 십자가를 지고 있음을 부인하는 것이 아니다. 우리의 타락한 본성 때문에, 죄는 우리의 첫 의식을 지닌 몸속에 박혀 있는 날카로운 못과 같다. 그것은 창세 이전부터 거기에 쐐기처럼 박혀 있었다. 어떤 사람들에게는 그 원죄의 흔적이 원치 않는 동성애적 욕망의 형태를 취한다. 우리가 성령에 의한 중생을 경험한 이후에도 성화는 기대만큼 빠르게 진행되지 않을 수 있다.

하지만 그리스도 안에서 이뤄지는 성화는 하나님의 선물이지 고의적인 행위가 아니다. 우리가 만일 은혜의 수단으로 살아간다면, 성화의 속도는 하나님의 축복이고, 우리는 하나님의 좋은 선물을 하찮은 것으로 여겨서는 안 된다. 그래서 내게는, 우리의 원초적인 죄들이 우리 의식의 근본적인 부분이라는 사실이 공격이나 죄의 능력과 실존을 축소시키는 것을 의미하지 않는다. 내가 보기에 원죄는 평등하게 만드는(민주화하는) 개념이다.

레베카는 그녀의 성이 지속적인 고통이라고 말하는데, 그 부분적인 이유는 그녀가 금욕을 다짐하고, 나의 과거와는 달리, 하나님을 모욕하는 성적 행위를 하지 않기 때문이다. 그런데 지속적인 고통은, "생물학"과 "환경"을 죄 없는 중립적 실체로 해석하지 않아도, 우리에게 닥치기 마련이다. 그녀는 동성애와 씨름하는 사람들이 무척 다양하다는 사실을 직시하라고 말한다. 동성에 대한 매력이 어떤 이들에게는 선천적인 타락이고, 또 다른 이들에게는 도덕적 타락이라는 것이다. 레베카에 따르면, 만일 동성애가—나의 경우처럼—도덕적 타락의 결과라면 우리가 성령의 열매를 맺으며 자라는 성화의 과정을 거칠 때 그 욕망이 줄어들 것이라고 한다. 그러나 나는 성화를 감정의 극적 변화에 비추어 해석하지 않는다. 오히려 하나님의 명령을 거스르는 감정에도 불구하고 그리스도의 뜻에 순종하는 희생적 삶을 가능케 하는 마음의 변화에 비추어 성화를 해석한다.

레베카는 나와는 다른 입장을 갖는다. 그녀는 경건하고 독실하며, 성령의 열매를 맺는 면에서 성장하고 또 다른 영역에서도 성화의 은혜를 경험했음에도 불구하고 그녀의 동성애적 욕망에는 거의 변화가 없었다고 말한다. 나에게는 원치 않는 성적 욕망을 경건하게 절제하는 능력 자체가 훌륭한 성화의 본보기로 보인다. 결국 레베카는 그녀의 성적 타락이 신체적 장애와 비슷하다고 결론을 내린다. 하나님은 이 땅에서의 시간 동안 성화의 진전은 분명히 약속하시지만 자연적/신체적 치유는 약속하시지 않는다는 것이 그녀의 주장이다.

레베카와 나는 단지 표현의 문제에만 의견을 달리하는 것인가 아니면 그 이상인가? 그리고 우리는 어떻게 해야 마땅한가? 우리가 우리의 어휘와 (그로부터 나오는) 신학을 처음부터 깨끗이 정돈할 수 없기 때문에 게이로 자처하는 그리스도인들과의 교제(즉, 성도의 교통)를 깨뜨린 것인가? 나와 레베카가 비록 '게이'란 형용사의 용법에 대해 의견을 달리해도 나란히 걸을 수 있을까?

그렇다.

나는 정치적으로 올바른 입장을 취하는가?

아니다. 나는 성경적으로 올바른 입장을 취한다.

우리가 완전히 부서지는 순간에도 함께 하나님의 말씀을 열고, 함께 기도하고, 함께 하나님을 찬양할 수 있을까? 만약 그럴 수 없다면 그 이유는 무엇인가? 레베카가 우리의 이웃이라면(나는 이를 위해 기도하고 있다) 우리는 함께 예배하고, 빵을 굽고, 켄트 및 아이들과 카드 놀이를 하고, 쉼터에서 음식을 대접하고, 함께 책을 읽고, 개와 산책을 할 수 있을까? 그렇게 되길 바란다.

레베카는 나의 친구인 동시에 우리의 왕이신 하나님의 언약의 자녀이고 경건한 딸이기도 하다.

그녀는 이런 글을 썼다.

> 보수적인 기독교 세계야말로 아직도 게이가 주로 사회정치적 공동체와 연관된 정체성을 의미한다고 생각하는 유일한 진영이다. 그리스도인들이 어떤 용어를 정의할 때 사전적 용법과 상충되는 사유화된 언어를 사용하는 경우 그들은 거짓말쟁이로 비칠 위험이 있다. 우리는 우리가 사용하는 용어의 뜻을 알지만 비그리스도인은 모른다. 그래서 우리가 "나는 게이가 아니다"라고 말하지만 실상은 여전히 동성에 매력을 느낀다면, 우리는 사기꾼이란 인상을 준다. 이런 기만적인 모습 때문에 그리스도의 명예를 훼손시키게 된다.

우리는 사기꾼으로 비치길 원치 않는다. 또한 자기기만의 죄로 그리스도의 명예를 훼손시키고 싶지도 않다. 나는, 자기를 정확히 노출하고 남을 알고 또 남에게 알려질 내 친구의 권리를 지지한다. 아울러 그녀가 날마다 또는 매시간 그리스도 안에서 변화된 삶의 특정한 모습을 내세우며 그녀를 공격하지 않는 기독교 공동체에서 살 권리가 있다고 믿는다. 나도 레베카와 마찬가지로 비신자들이 그리스도인의 대화를 엿들을 때 우리가 명료하고 진실한 말을 하는 사람들임을 알게 되기를 바란다. 나는 우리가 해석학적 명료함을 추구하는 공동체를 만들기 위해 사용하는 문법과 구문의 법칙을 존중하고 싶다. 레베카는 친밀한 교회 공동체의 형제자매들이 그녀의 씨름에 대해 알게 되기를 바라는데, 나도 충분히 공감한다. 서른 살 이하의 사람들은 나와는 다르게 '게이'를 해석한다는 레베카의 주장에도 나는 귀를 기울인다. 이 목소리는 중요하다. 하나님의 의도 역시 중요하다.

레베카는 그녀의 체험에 이름을 붙일 권리, 그녀의 실체에 대해 정직해질 권리, 그 실체를 가장하지 않을 권리를 옹호한다. 그러나 그녀는 한 가지 도전도 내놓는데, 이는 나 홀로 직면할 수 없는 것이다. 만일 내가 '게이'란 용어를 좋아하지 않는다면 나를 더 잘 표현할 수 있는 어구는 무엇인가?

나는 그 대안으로서 "원치 않는 동성애적 욕망을 안고 순결하게 사는 것"을 제안하고 싶다. 이를 제안하는 이유는 이미 그 배후에 세속적 정치운동을 가진 용어를 사용하지 않기 때문이고, 그런 사람은 성적 행위에 있어 하나님의 말씀과 그분의 규율에 따라 살려고 애쓰는 자임을 분명히 하기 때문이다.

나는 레베카를 주님 안의 자매로 사랑하기 때문에 그녀가 의로운 옷을 입고 서 있는 모습을 보며, 그녀의 말이 하나님의 딸이란 신분을 비춰 주기를 바란다. 그리고 온 마음으로 나는 **그리스도인**을 '게이'로 수식하는 것이 하나님을 모욕하는 처사라고 믿는다.

내가 제시한 언어 또한 부정적인 문화적 꼬리표를 달고 있다는 점을 나도 알고 있다. 하지만 이 말이 부정직한 것인가? 당신이 원치 않는 동성애적 욕망을 안고 순결하게 사는 사람이라고 말하는 것이 당신의 체험을 왜곡하는가? 내가 탈동성애 운동을 변호하려는 것은 아니지만 "나는 게이다"라고 말하는 것과 "나는 원치 않는 성적 욕구를 안고 살고 있다"고 말하는 것은 큰 차이가 있음을 나도 안다. 이에 관해 실제로 대화할 필요성을 느낀다. 내가 제시한 언어가 불만족스럽다면 우리가 다 함께 협력해서 더 나은 언어를 찾을 필요가 있다. 그리스도 안에서, 우리는 신자 공동체의 일부이므로 자기표상은 공동체의 이슈이다. 이 작업은 시간과 친구관계와 접근성이 필요하다. 그리고 공동체도 필요하다. 블로그나 "인터넷 공동체"가 아닌 진정한 공동체를 말하는 것이다. 이것은 발로 바닥을 딛고 식탁에 자리를 차지하는 문제이다. 나도 참석하겠다. 나는 당신에게 다른 언어, 곧 하나님의 구속을 받은 딸에게 어울리는 언어를 사용하도록 강요할 생각은 없다. 그럼에도 불구하고 나는 요청하고 싶다.

우리의 증언은 영감을 받지 않았다. 오직 하나님의 말씀만이 영감을 받았다. 내 증언은 대표성도 없고 금지의 성격도 없다. 그리고 우리의 감정이 원하는 만큼 변하지 않아도, 우리의 성화가 기대만큼 빠르지 않아도, 중생은 언제나 마음을 새롭게 한다. 나는 그리스도의 피로 새로운 삶을 얻게 된 후 내 레즈비언주의의 뿌리가 내 몸을 남성의 머리됨이나 가부장 아래서 하나의 상품으

우리의 감정이 원하는 만큼 변하지 않아도, 우리의 성화가 기대만큼 빠르지 않아도, 중생은 언제나 마음을 새롭게 한다.

로 만들지 않겠다고 선언한 자만심의 죄임을 깨달았다. 자만이 나의 성적 욕망을 부추겼는데, 이는 남자들을 제외시킨 채 여성을 지향하는 욕망이었다. 그러나 하나님의 말씀은 나의 자만심과 그로 인한 성적 욕망에 불리한 증언을 했고, 나는 그 존귀한 말씀의 무게 아래 서 있을 수 없었다. 파격적인 회심과 근본적인 회개라는 이 파국적인 사건 이후 나의 레즈비언주의는 정확한 자기표상이 아니라 그릇된 정체성의 사례로 보였다. 회심 이후 나의 레즈비언주의는 레베카가 직면하는 것과는 다른 양상을 보였다. 성은 게이, 스트레이트, 또는 양성보다 더 복잡하기 때문이다. 우리는 거룩한 하나님에 의해 겸허해지고, 우리의 친구이자 구원자이신 분의 피로 구속받으며, 성령의 위로를 받은 만큼 회심 이후에는 삶이 다르게 보이는 것이 당연하다.

물론 "게이 그리스도인"이란 용어를 수용하는 모든 사람이 내가 여기서 제안한 대안적 언어를 다 채용하진 않을 것임을 안다. 모든 사람이 '게이'란 단어를 그리스도를 증언하는 데 도움이 안 되는 위험한 자기표상으로 간주하진 않을 것이다. 이 이슈를 둘러싸고 갈등이 생기고 친구관계가 깨질 수도 있다. 그래서 나는 '사람'이란 그들이 취하는 입장보다 더 크다(그리고 더 중요하다)고 주장하는 바이다. 이는 새로운 기독교 윤리를 정립하자는 요청이다. 우리는 타락한 피조물이 되기 전에 영혼을 주입받은 인간으로서 지식과 의와 거룩함에서 하나님의 형상을 지니도록 부름을 받았다. 그리고 "혈과 육은 하나님 나라를 이어받을 수 없지만"(고전 15:50), 예수님이 오실 때, 우리의 몸과 영혼이 재결합될 때, 우리가 새로운 땅을 물려받을 때, 우리가 영광 중에 완전한 성화에 진입할 때, 우리는 "죽은 자들이 썩지 아니할 것으로 다시 살아나고 우리도 변화되리라"(고전 15:52)는 것을 안다. 하나님의 모든 백성이 이 약속을 물려받는다.

'사람들'은 곧 그들의 입장(또는 그들의 문제)이 아니다. 우리의 타락한 상태와 죄성은 예수님이 재림하신 이후 우리가 물려받을 새로운 하늘에 그대로 남지 않을 것이다. 나는 레베카와 나란히 서서 그 새로운 세계에서 함께 걷고, 손에 손을 맞잡고 계속 기도하며, 하나님의 말씀을 열고, 우리의 죄를 회개하고, 하나님의 인도를 구하고 싶다. 나는 식탁에서 레베카와 자리를 함께하고 싶다. 분명히 복잡한 친구관계겠지만 다른 방법으로는 얻을 수 없는 관계이리라.

이 글을 읽는 당신에게 내가 바라는 것이 무엇일까? 신학적 차이가 있는 사람과 하나님의 사랑으로 함께하려면 우정과 지리적 접근성이 반드시 필요하다. 아이디어로는 충분하지 않다. 인터넷을 통한 빈정거림과 분노와 공격을 등에 업은 아이디어는 선보다 해를 더 많이 끼친다. 아이디어로 충분했던 적은 없다. 하나님께도 마찬가지다. 분열을 조장하는 아이디어에 반드시 수반되어야 할 것은 친구가 아플 때 대접하는 따뜻한 음식과 어깨를 맞대고 한 마당에서 붓꽃을 솎아내어 다른 마당에 심어주는 정원 손질이다. 우리를 분열시키는 아이디어는 우리가 어깨를 나란히 하여 거룩하고 사랑 많은 하나님께 순종하는 신앙적인 행동 위에서 다루어져야 한다. 이것이 진정한 이웃끼리 나누는 그리스도인다운 수고다.

7장

공동체

세상에 그리스도를 나타내는 곳

내가 이 책에서 논의하는 일부 문제는 슬픔, 배신, 외로움, 죄 등 그 자체로는 극복될 수 없는 것들이다. 어떻게 어느 한 사람이 그토록 심오한 문제들 속으로 깊이 들어갈 수 있겠는가?

히브리서의 저자는 화해와 회복은 "믿음에 의해" 이뤄진다고 말한다. 그는 이렇게 선언한다. "내가 무슨 말을 더 하리요 기드온, 바락, 삼손, 입다, 다윗 및 사무엘과 선지자들의 일을 말하려면 내게 시간이 부족하리로다. 그들은 믿음으로 나라들을 이기기도 하며, 의를 행하기도 하며, 약속을 받기도 하며, 사자들의 입을 막기도 하며, 불의 세력을 멸하기도 하며, 칼날을 피하기도 하며, 연약한 가운데서 강하게 되기도 하며, 전쟁에 용감하게 되어 이방 사람들의 진을 물리치기도 하며"(히 11:32-34).

오늘날에도 마찬가지다. 우리는 오직 믿음으로 우리가 직면하는 문제들을 정복하는 자들이다. 그리고 나는 그리스도인의 손님대접과 그로부터 나오는 공동체가 우리 신앙생활의 출발점이라고 믿는다. 이를 통해 우리의 믿음이 겉으로 보이고 쓸 만해지며, 강력해지기 때문이다. 가정과 동네, 그리고 지역교회의 멤버십을 통해 베푸는 손님대접은 우리를 변화시킬 잠재력을 갖고 있다. 손님대접은 그리스도를 통해, 서로를 이어주는 "믿음에 의한" 다리와 같다.

가정에서 손님을 대접하라

내가 LGBT 공동체에 몸담고 있을 때는, 음식을 나누고 유대감을 다지며 조언을 주고받기 위해 매일 저녁 누군가의 집이 개방되었다. 공동체는 당연히 그렇게 움직이는 줄 알았다. 구성원들이 서로 자신을 내어놓고 귀하게 여기고 기억해 주는 곳으로 말이다. 당신이 저녁 식탁에 나타나지 않으면 궁금해하고, 당신의 코감기가 나아지면 기뻐해 주는 곳이 바로 공동체다.

공동체에서는 이런 일이 일어난다. 긴 여행을 마치고 공항에 도착한 당신은 당신의 안전한 귀가에 관심이 있는 누군가에게 "무사히"라는 문자를 보낸다. 차를 태워줄 사람이 필요해서가 아니라 그냥 무사히 돌아왔기 때문이다. 당신이 안전하게 돌아왔다는 사실이 누군가에겐 중요하다. "무사히"란 한마디로 충분하다. 당신에게 가장 중요한 것은, 당신이 다른 사람을 알고 또 상대방이 당신을 아는 것이다. 이 밖의 것은 당신에게 굳이 필요하지 않다.

그리스도께서 나의 애정을 사로잡았을 때 그분은 내 삶의 모든 부분을 풍요롭게 하셨다. 나는 교회의 언약 구성원이 되었다. 그런데 나는 아직도 공동체로부터 더 많은 것을 얻고 싶어 하는 내 모습을 보게 된다.

LGBT 공동체는 우리가 공유한 정체성과 억압에 기반을 두었고, 서로 비슷하여 자매로서 느끼는 신뢰에 바탕을 두고 있었다. 반면에 기독교 공동체는 우리의 유사성이 아니라 공동의 미래에 바탕을 두고 있다. 그리스도께서 재림하실 때 또는 우리를 고향으로 데려가실 때 우리 모두는 그리스도의 의로움 안에 서서 구속받은 남자와 여자로 살아가게 될 것이다.

지금 여기서의 우리의 유사성이 우리를 지탱해 주지는 않는다. 중요한 것은 우리가 긴 여행에서 "무사히" 귀가했고, 우리의 죄가 용서받았으며, 우리의 십자가가 무거워도 그리스도와의 연합에서 흘러나오는 형제자매와의 교제가 있고, 우리의 영원한 장래가 확고히 보장되어 있다는 점이다.

켄트와 나는 결혼생활 초창기부터 손님대접에 헌신했다. 우리는 남편과 아내의 언약관계를 소중히 여기기 때문에 우리의 결혼을 독특하게 손님대접을 실행할 수 있게 하는 제도로 간주하고 우리 가정을 사람들을 포용하는 장소로 사용하게 되었다. 우리는 인생의 계절에 따라 다른 방식으로 손님을 대접한다. 우리가 자녀를 막 입양했을 때나 새로운 아이를 부양할 책임을 맡았을 때, 또는 나이 많은 친정어머니가 우리와 함께 사실 때에는 손님대접의 종류가 달라졌다. 프랜시스 쉐퍼의 아내이자 스위스 라브리 공동체의 공동설립자인 에디스 쉐퍼가 즐겨 말했듯이 문에는 경첩이 있다. 그러나 우리 가정이 안정적(물론 상대적 의미에서)일 때는 좀 더 유기적인 손님대접을 할 수 있었다. 하룻밤은 이웃 사역용으로 정해 놓고, 주일은 교회 가족을 위한 날이고, 평일은 이른바 삶의 리듬에 맞춰 식사 시간에 가정을 개방한다. 이를테면 정기적으로 교인 가정과 만나 삶을 나누곤 하는 것이다.

보통은 방과 후나 일이 끝나면, 우리는 대문을 연다. 그러면 이웃과 그들의 자녀가 종종 찾아온다. 때로는 가까이서 일하는 교인들이 잠깐 들러 간식을 먹고 기도하고 간다. 나는 언제나 여분의 접시를 내놓는다. 우리 부부는 집에서 일을 하고 아이들도 홈스쿨링을 하기 때문에 오후 다섯 시가 되면 저녁식사 이상의 것을 갈망하고, 문이 열리는 소리와 함께 예수님이 보내신 사람을 환영하는 개 짖는 소리가 들리면 모두들 크게 기뻐한다.

수년에 걸쳐 우리는 기독교 공동체가 다음 두 가지 성경적 원리에 기반을 두면 강건하게 세워진다는 사실을 터득했다. 하나는 입양의 패러다임이고, 다른 하나는 제4계명(주님의 날을 거룩하게 지키라)이다. 기독교 공동체는 기도와 희생과 함께 의도적으로 만들어져야 하므로 우리가 손님대접 배후의 원리에 관해 생각해야 마땅하다. 공동체는 가족의 일상생활에서 저절로 흘러나오지 않는다. 때때로 우리는 창세기 1장 28절이 공동체의 관한 모든 것을 포함한다고 생각한다. “하나님이 그들에게 복을 주시며 하나님이 그들에게 이르시되 ‘생육하고 번성하여 땅에 충만하라, 땅을 정복하라, 바다의 물고기와 하늘의 새와 땅에 움직이는 모든 생물을 다스리라' 하시니라." 하나님께서 자녀를 주시는 것은 큰 축복(과 책임)이긴 하지만, 이 구절은 하나님께서 당신에게 주신 것을 청지기답게 관리하는 법을 얘기하지 공동체를 창조하거나 활성화시키는 법에 관해 말하는 것이 아니다.

공동체는 적을 친구로, 나그네를 형제와 자매로 만들어 준다. 하나님께서 다양한 실을 엮어 섭리의 비단을 만드시는 만큼 기독교 공동체는 입양으로 구성된 가족이다. 하나님 아버지의 입양으로 나는 그분의 자녀가 되었고, 사탄과 그의 졸개들과 함께 만든 집을 떠났다. 골로새서 1장 13절은 "그가 우리를 흑암의 권세에서 건져 내사 그의 사랑의 아들의 나라로 옮기셨다"고 말한다. 나는 이 구절에서 쉼을 얻고 그 윤곽을 그릴 수 있다. 입양이야말로 그리스도 안에 있는 내 정체성, 그리스도를 통한 내 유산, 그리고 그리스도로 인한 내 사명을 확립해 준다. 입양은 언제나 부모를 잃은 아이에 대한 것인 동시에 영원한 자녀 됨을 통해 부모 없는 상태를 벗어난 고아 형상을 가진 자에 관한 것이다.

> 공동체는 적을 친구로, 나그네를 형제와 자매로 만들어 준다.

입양은 부차적으로 선택한 포용이 아니라 복음적 정체성으로 가는 유일한 길이다. 입양된 사람은 모든 권리, 특권, 가족의 내력을 받게 된다. 이와 마찬가지로, 그리스도인이란 우리의 정체성은 여러 파당으로 나뉘지 않는다. 나그네와 적이 그리스도의 피를 통해 형제와 자매가 된다. 가정과 이웃과 교회에서 베푸는 손님대접이 입양과 함께 시작해서 주님의 날을 다 함께 지키는 것으로 끝나는 이유는 우리가 입양된 목적이 예배하는 데 있기 때문이다.

가정에서의 손님대접은 우리를 새롭게 한다

켄트와 나는 네 명의 자녀를 입양했는데 나의 불임을 보상하려는 의도는 아니었다. 마찬가지로, 하나님 아버지께서 당신과 나를 입양하신 것은 무언가 부족한 것을 보상하기 위함이 아니었다. 입양은 유전자 풀과 유전자 코드를 넘어 다 함께 삶을 엮어 내는 소속감을 창조한다. 그러나 한편으로는 정체성의 위기를 자아내기도 한다. 그럴 수밖에 없다. 러셀 무어는 그것을 이렇게 잘 표현한다. "우리 중 아무도 자기가 입양되었다고 생각하길 좋아하지 않는다. 우리는 스스로 친자식이라 가정하고 이 모든 은혜와 이 모든 영광에 대한 권리를 가진 것으로 생각한다."[1]

그러나 그리스도 안에 있는 우리는 입양을 통해 생경한 의로움과 새로운 유산에 대한 소유권을 주장한다. 그리고 입양에 근거하여 하나님은 우리에게 새로운 소속감과 가족의식이 솟아나게 하신다. 이 새로운 삶에 따라 우리 가정의 모습과 행태도 바뀌어야 한다.

늘 개방된 우리 집에서 사람들과 함께 식사를 하고 예배를 드리는 것은 하나님의 영으로 새롭게 되기 위해서다. 서로 모여 음식을 먹고, 시편 말씀을 읽고 노래로 부르면 마음이 상쾌해진다. 이는 우리 가정에서 정기적으로 이루어지는 일이다. 당신의 하루가 아무리 형편없었다 해도, 이것이 그 끔찍한 날에 관해 기도하는 것과 함께 우리가 할 일이다.

지나치게 조직화된 오늘의 세계에서 이것은 터무니없는 사치로 보일지 모른다. 축구 연습, 야근, 독서 클럽은 어디에 있냐고? 우리 부부는 왜 그리 바쁘지 않느냐고? 이유는 하나다. 우리가 하는 이 일들이 매우 중요하기 때문이다. 켄트는 목사라서 때로는 밤중에 당회가 열리거나 심방이 있거나 상담 약속이 잡히기도 한다. 그러나 대체로, 우리 부부가 사생활이나 개인적 성취보다 손님대접을 더 중요시하기 때문에 목요일 밤과 주일에는 하나님의 은혜로 우리 집을 타인에게 개방할 준비가 되어 있다.

이것은 우리가 어떤 가치를 증명하거나 정체성을 분명히 하려고 행하는 가족 전통에 불과한 것이 아니다. 하나님은 이런 행동을 사용하셔서 계획과 소명과 선교를 펼쳐 보이신다. 행동이 계획을 열어 준다는 사실은 최근 내가 자녀들과 코리 텐 붐의 『주는 나의 피난처』를 읽었을 때 놀랄 만큼 분명해졌다. 이 책은 가장인 카스퍼 텐 붐이 늘 실행하던 단순한 행위와 함께 시작한다. 그는 날마다 아침식사 후에 구약성경의 한 장을 읽고, 저녁식사 후에는 신약성경의 한 장을 읽는다. 그는 동네의 시계 기술자여서 그의 식탁에는 고객을 비롯한 여러 사람들, 신자와 비신자, 이방인과 유대인, 부자와 가난한 자 등이 종종 함께하곤 했다. 그들은 음식을 먹고 얘기하고 성경에 귀를 기울였고, 하나님은 그 시간을 이용해 공동체를 세우셨다. 지독한 악이 홀랜드에서 그 모습을 드러냈을 때, 그들은 이미 이웃관계와 성경과 공동생활로 빚어진 공동체를 확고히 이루고 있었다. 무엇을 위한 공동체인지는 몰랐어도 그들은 이미 준비가 되어 있었다. 코리와 베치는 처음엔 그들의 집에서, 나중엔 히틀러의 강제수용소에서 복음을 나누고 음식과 삶과 고난을 공유했다. 그들은 계획을 짠 적은 없었지만, 늘 한 가지를 실행하고 있었다. 그것은 성경적인 공동생활의 행위였고, 하나님은 그들을 사용해 그의 나라와 영광을 위해 위대한 일을 행하셨다.

그러면 우리는 어떤가? 우리 가정은? 우리가 타인과 함께하는 삶을 방해하는 것은 무엇인가? 우리의 가정을 중심으로 공동체를 만들지 못하게 막는 우상이 된 걸림돌이나 가치관은 무엇인가? 데이비드 머리의 뛰어난 블로그(headhearthand.org)에서 내가 접한 열 가지 사항을 소개하고자 한다. 데이비드 목사는, '우리는 너무 바쁘고, 너무 이기적이고, 너무 기능적이고, 너무 자만하고, 너무 두려워하고, 너무 안전하고, 너무 피상적이고, 너무 세뇌되어 있고, 너무 경쟁적이고, 너무 그리스도를 닮지 않았다'고 말한다. 나도 이에 동의한다.

그러면 어디서 시작할까? 오늘처럼 불안, 혐오, 두려움, 낯선 위험이 가득한 시대에 우리는 어떻게 공동체를 만들 것인가? 도처에서 글루텐을 반대하는 전쟁이 벌어지는 시대에 우리는 어떻게 다 함께 빵을 뗄 것인가? 자녀들에게 낯선 자를 경계하라고 가르치는 시대에 우리는 어떻게 알지도 못하는 사람들을 포용할 것인가? 우리는 어떻게 주최 측과 손님 간의 장벽을 무너뜨릴 것인가? 우리의 이웃은 도대체 누구인가? 특정한 표시가 없어도 그들을 알아볼 수 있는가?

우리 가정을 (생명을 주고 그리스도를 영예롭게 하는) 공동체로 보지 못하게 하는 장애물이 높이 솟아 있다. 나는 날마다 주로 내 입에서 나오는 다음과 같은 변명거리를 듣는다. 나는 홈스쿨링을 한다, 쉽게 죄의 영향을 받는 작은 아이들이 마음에 걸린다, 우리 이웃은 너무 바빠서 집에 있을 때가 없다, 나는 내성적이다, 나는 책을 쓰고 교회를 섬기느라 바쁘다, 우리 집은 손님을 받을 만큼 깨끗하지 않고 예쁘지 않다. (정말 그렇다. 최근에 이틀 동안 다른 도시에서 특강을 하고 돌아왔더니 우리 집 고양이가 식탁 위에서 온 몸에 메이플 시럽을 바르고 거기서 빠져나오려고 끙끙거리고 있었다. 어째서 이런 일이 일어났는지 묻지 말라. 켄트와 아이들도 그 연유를 모르고 있었다.)

어쩌면 '어떻게'로 건너뛰기 전에 '왜'라고 먼저 묻는 게 좋겠다. 왜 우리 가정에서 공동체를 만들 필요가 있는가? 누구에게 필요한가? 우리가 속한 페이스북 가족이나 인터넷 공동체로 왜 충분하지 않은가? 왜 우리는 서로 만질 수 있을 만큼 가까워야 하는가? 왜 하나님은 내게 나와 그토록 다른 사람들을 내 사람들로 부르라고 말씀하시는가?

어쩌면 '어떻게'로 건너뛰기 전에 '왜'라고 먼저 묻는 게 좋겠다. 왜 우리 가정에서 공동체를 만들 필요가 있는가?

손님대접에 헌신한 언약 가정이 세상에 제공하는 것은 무엇인가? 어떻게 그런 가정이 사람들에게 음식을 제공하고, 그들의 필요를 공급하고, 말과 행위로 복음을 전하고, 다리를 세우는 그런 친구관계를 맺는 장을 마련해 주는가?

1) 손님대접을 실천하는 가정은 연민의 장소를 만든다. 연민은 "함

께 고통 받는"이란 뜻이고, 그런 가정은 함께 고통을 겪고, 서로 나란히 서고, 약속 없이 서로를 위해 거기에 있을 기회를 만들어 준다. (두 주 후의 점심 약속은 만성적 외로움에 시달리는 사람들에게 도움이 안 된다.)

2) 손님대접을 실천하는 가정은 사랑스럽지 않은 사람들을 사랑할 기회를 만들어 준다. 그리스도인인 당신이 그들로부터 배울 바가 많고, 또 어쩌면 그들에게 당신이 필요한 것보다 당신에게 그들이 더 필요할지 모르기 때문이다.

3) 손님대접을 실천하는 가정은 하나님이 지휘하시는 가족 속에 거하도록 일등석을 제공해 준다.

4) 손님대접을 실천하는 가정은 참여자들에게 사소한 일, 작은 몸짓, 미미한 연줄, 미약한 관계 맺기에 관심을 갖도록 격려한다.

5) 손님대접을 실천하는 가정은 당신이 하나님께 죄를 짓지 않도록 그분이 경계선을 만들어 준다.

손님을 대접하는 가정을 만들려면 어디서 시작해야 하나?

손님대접은 나그네를 사랑하는 것과 함께 시작된다. 그런즉 맨 먼저 점검할 사항은 이것이다. 당신의 식탁에 앉은 모든 사람이 같은 생각을 품고 같은 편에 속한다면, 당신은 손님대접을 실천하지 않고 있는 셈이라는 것. 여기서 당신의 마음을 점검할 필요도 있다. 당신과 비슷한 사람들, 당신과 똑같은 문제로 씨름하는 사람들과 함께 있으면 물론 안심이 되고 마음이 편하다. 그러나 안전한 장소를 만드는 것이 손님대접의 궁극적 취지나 목적이 아니다.

손님대접(hospitality)이란 단어는 그리스어 **philoxenia**(나그네 사랑)를 음역한 것이다. 그런데 손님대접은 신약성경에만 나오는 현상이 아니고 구약성경에도 나온다. 롯이 소돔 성문에서 나그네들이 해를 당하지 않도록 그들을 맞으러 뛰어나가는 장면이다. 그는 나그네들에게서 자기를 반영하는 무언가를 인식했다. 여기서 멈출 필요가 있다. 우리는 나그네를 우리의 친족으로 인식하는가? 롯은 그들을 알아봤고 그 인식에 따라 곧바로 행동했다. 우리는 어떤가? 우리 자신도 한때는 나그네였다는 것을 인식하는가?

1) 공동체는 우리도 한때 하나님께 나그네였다는 사실을 기억할 때 시작된다. 우리는 모두 하나님과 서로에 대해 나그네와 적으로 출발했던 자들이다. 우리는 이 사실을 마태복음에 나오는 예수님의 말씀에서 보게 된다. "내가 주릴 때에 너희가 먹을 것을 주었고 목마를 때에 마시게 하였고 나그네 되었을 때에 영접하였고 헐벗었을 때에 옷을 입혔고 병들었을 때에 돌보았고 옥에 갇혔을 때에 와서 보았느니라"(마 25:35-36). 우리가 당연히 하나님의 은혜를 받을 자격이 있다고 느낀다면 이 말씀 배후의 정서를 결코 포착할 수 없다. 그러면 우리가 노숙자와 못난 사람 속에서 예수님을 보려면 무엇이 필요할까?

미국 시인 윌리엄 스태포드(1914-1993)는 "부활절 아침"이란 시에서 예수님과의 조우를 이렇게 묘사한다. "그대가 산 채로 벌벌 떨며 서 있는데/ 거기서 갑자기 판단을 받는다: 구원받았음." 이어서 스태포드는 나그네 안에 계신 예수님을 분별하도록 도전한다. 왜냐하면 때로는 당신이 문이나 마음을 열고 예수님 대신 사탄을 영접하기 때문이다. 그는 "교활한 목소리는 당신에게 무엇이든 팔 수 있다/ 지옥, 당신이 경청해서 얻는 것이다."

여기서 접하는 위험은 예수님의 말씀에 적나라하게 나온다. 우리가 타인 속에서 예수님을 보지 못한다면, 우리는 세상의 어둠을 비추는 하나님의 형상의 능력을 얕보게 된다. 우리가 타인 속에서 항상 예수님을 본다면, 우리는 사탄이 우리 주소를 아는 타락한 세상에 살고 있음을 알아차리지 못하게 된다.

성령께서 우리에게 타인에 대한 분별력과 사랑을 주시도록 기도할 때, 우리는 다음 진리를 기억할 필요가 있다. "칭의는 하나님의 값없는 은혜의 행위로서 우리의 모든 죄를 용서하시고 우리를 의인으로 받아주시는 것이며, 오로지 그리스도의 의가 우리에게 전가되기 위함이며 오직 믿음으로 그것을 받을 수 있다는 것."[2] 우리가 우리 자신을 정당화하는 것이 아님을 기억할 필요가 있고, 독일인 순교자 디트리히 본회퍼의 경고를 귀담아들을 필요가 있다. "자기 정당화와 남을 판단하는 일이 함께하는 것은 은혜로 의롭게 되고 남을 섬기는 일이 함께하는 것과 같다."[3]

2) 공동체는 우리가 낯선 사람은 위험하다는 생각을 버릴 때 시작된다. 일부 낯선 자들이 위험할 때라도 그렇다. 우리 부부는 요즘

우리 지역에서 손님대접과 나그네 사랑에 관한 강연을 많이 하는 편이다. 우리는 함께 사역하는 것을 좋아하고 서로 조화를 잘 이룬다고 생각한다.

2014년 5월 어느 날 켄트와 나는 나그네 사랑에 관한 강연을 하려고 아이들과 함께 한 침례교회로 향했다. 집을 나서기 전에 개들에게 냉동 땅콩버터와 콩으로 한턱을 냈다. (나는 먹이를 냉동실에 보관한다.) 우리는 서두르다가 성경을 식탁 위에 놓고 나왔고, 성경은 누가복음이 펼쳐진 채였다. 나는 집을 떠나기 직전 뒤를 돌아봤고, 식탁 위에 성경과 레고, 공룡과 광선검이 대충 사각형을 이루고 있는 것을 보았다. 우리는 손잡이와 자물쇠를 모두 잠그고 나왔다.

강연은 잘 진행된 것 같았다. 우리는 기독교 가정들에게 집을 개방하고 어려운 사람 안에 계신 예수님을 보도록 격려했다. 질의응답이 끝난 후 아이들을 챙겨서 낯익은 길로 귀가했다. 좋은 하루였다. 얼른 집에 가서 커피를 만들고, 세탁을 끝내고, 아픈 발에 얼음찜질을 하고, 아이들에게 『카스피안 왕자』의 마지막 장을 읽어 주고 싶었다.

그런데 열쇠로 문을 여는 순간 무언가 잘못되었다는 느낌이 들었다. 늘 활달하고 힘이 넘치던 금색 사냥개인 샐리가 상처를 입고 겁에 질려 한쪽 구석에 웅크리고 있었고, 옷가지와 접시들, 가족사진들이 사방에 흩어져 있었다. 부엌에 들어서자 모든 것이 한눈에 들어왔다. 쇠지레로 창문틀을 부수고 침입한 흔적이 뚜렷했다. 도둑들이 깨진 창문으로 기어들어 오려면 개에게 먹이를 주는 공간에 서야 했으므로, 그들은 큰 개에게 위협을 느끼지 않은 것이 분명했다. 펼쳐진 성경은 도둑들이 버리고 간 친정어머니의 도자기와 켄트가 세례식에 사용하는 금색 그릇 등으로 덮여 있었다. 성경 곁에 세례용 금색 그릇이 있는 것이 눈앞에 펼쳐진 광경 중 유일하게 합리적으로 보이는 모습이었다.

나는 상처받은 개를 쳐다보며 얼굴에 입을 맞추었다. 꼬리를 흔들었으나 샐리의 마음은 거기에 없었다. 나는 물밑을 걷듯이 집안을 돌아다녔고, 내 뒤를 샐리가 조심스레 뒤따랐다. 도둑들이 TV를 벽에서 떼어내려고 잡아당기는 바람에 벽과 바닥에 구멍이 생겼다. 모든 옷서랍이 열어 젖혀졌고, 양말, 지도용 퍼즐, 수학 비디오, 마블, 개의 심장 약 등 내용물들이 어수선하게 곳곳에 널려 있었다. 도둑들이 내 약혼식 반지와 켄트 집안이 5대째 간직해 온 가보를 포함한 모든 보석을 훔쳐갔다. 나는 아기를 안거나 책장을 넘기거나 성찬용 빵가루를 반죽할 때는 괜찮지만, 특히 여름철에 정원 손질을 하다가 혹시 상처를 내거나 잃어버릴까봐 우려한 나머지 반지를 빼서 안전하게 보관해왔다. 마침 그날 아침 반지를 보면서 오늘은 껴도 괜찮을지 생각하다가 그만두었었다.

최근 양로원으로 들어가신 친정어머니가 안전하게 보관하고 추억을 간직하도록 친정의 보석을 내게 선물로 주셨는데, 그 모든 것을 도둑맞았다. 그런데 당장의 슬픔은 상처받고 침울하고 벌벌 떠는 샐리의 모습에서 느껴졌다. 경찰이 와서는 보통은 도둑들이 큰 개에게 총을 쏘거나 곤봉으로 때린다는 식으로 설명했다. 그들은 우리의 정보를 수집하고 곳곳에서 지문을 채취하고는 집안을 더 어수선하게 만든 뒤에 떠났다.

도둑맞는 일은 정말로 끔찍했다. 우리가 낯선 자를 환대하라고 격려하는 동안 그런 자가 우리 개를 때리고 귀중한 물건을 훔친 데다 집까지 파손했다는 것은 실로 아이러니였다. 우리 모두 큰 충격을 받았다. 자녀들의 불안감은 하늘로 치솟을 정도였다. 아무도 몇 달 동안 평안을 되찾지 못했다.

그러나 저녁식사 시간이 되자 주변 사람들이 우리를 둘러쌌다. 나는 음식을 대접하는 대신 대접을 받았다. 그들이 식탁을 차린 것이다. 싱가포르에서 온 교환학생 매튜는 노스캐롤라이나 주립대학교의 기숙사가 문을 닫는 바람에 우리 집으로 들어왔다. 그의 차분한 분위기가 우리에게 무척 유익했다. 수산나는 듀크 대학교의 직장을 떠날 즈음 통닭구이와 버터 피칸 아이스크림을 사서 우리 집에 왔다. 내게 버터 피칸이 필요하다는 걸 알았기 때문이다.

내가 늘 하던 대로 크로거 치킨을 용기에서 꺼내 프라이팬으로 옮기자 샐리는 치킨 기름과 주스가 발린 플라스틱 용기를 차지했다. 샐리는 편한 자세로 용기 앞에 앉았는데, 코는 구석에 두고 뒷발은 물소가 요가를 하는 것처럼 벌린 모습이었다(마치 우리에게 뒷모습만 보여 줌으로써 50킬로나 되는 몸통을 가릴 수 있다는 것처럼). 사람들이 더 많이 찾아오자 그 용기를 앞발 사이에 두고 으스대듯 쳐들기 시작했다. 홈스쿨링 동료인 아빠들이 잔디 손질과 중요한 일들을 제쳐놓고 우리를 도우려고 여러 도구와 성경을 갖고 왔다. 저녁식사와 기도, 성경 읽기와 시편찬송이 끝난 후 우리는 양동이와 걸레, 쓰레기봉투와 진공청소기를 들고 청소를 시작했다.

도둑질을 당하는 것은 정말로 힘들었다. 우리가 공공연하게 선언했던 메시지로 하나님께 그토록 강력하게 또한 사적으로 시험을 받는 것은 보통 일이 아니었다. 우리가 선언했던 메시지는, 비록 당신이 상처를 받을지는 몰라도 사람들이 당신에게서 가장 소중한 것, 즉 새 하늘과 새 땅까지 살아남을 당신의 영혼과 하나님의 말씀은 빼앗아갈 수 없다는 것이었다.

도둑맞은 다음 날 켄트는 피크닉 테이블이 있는 앞마당으로 그릴을 옮겼다. 그리고는 이웃 이메일 목록에 세 가지 사항을 게시했다. 첫째, 우리는 도둑을 맞았다. 둘째, 도둑들이 우리 물건은 가져갔으나 영원한 가치를 지닌 것, 곧 하나님의 말씀과 사람들의 영혼은 훔칠 수 없었다. 셋째, 다가오는 주일 오후 3시에 버거와 핫도그 파티에 모두 초대하고 싶다. 수산나가 알려줬듯이 그 주일은 어머니날이었고, 남편은 우리 집 앞마당에 불과 300명을 초대했을 뿐이다. 버트필드 집에서는 보통 이런 일이 벌어진다! 핫도그와 아이들과 물총과 더불어 옛 친구와 새 친구를 만난 실로 신나는 시간이었다. 동네의 스물 한 가구와 우리 교회 식구 대다수가 모습을 드러냈다. 그리고 믿지 않는 이웃들이 우리에게 어떻게 버티고 있느냐고 묻자 켄트는 참신한 옷을 입은 복음을 전할 수 있었다. 회의의 눈초리를 보내는 믿지 않는 세계에겐 당신이 풍족할 때의 하나님보다 당신이 상실했을 때의 하나님의 존재가 더 중요하기 때문이다.

집에 왔을 때 온 집안이 약탈당한 모습을 보는 것, 벽에 구멍이 뚫리고 누가 속옷을 마음대로 건드리고 잡지와 비타민이 바닥에 뒹굴고 강아지 때부터 키운 애완견이 상처를 입고 두려워하는 모습을 발견하는 것은 실로 끔찍하기 그지없다. 나는 잠근 문들과 약혼식 반지를 제대로 확인하고 간수하지 못한 것에 굴욕에 가까울 만큼 괴로움을 느꼈다. 하나님의 영광과 나의 유익을 위해(롬 8:28), 주권자이신 그분이 이런 일이 벌어지도록 허용하신 것을 생각하니 무척 고통스러웠다.

그러나 도둑이 된다는 것은 기만적이고 사악하다고 느껴져야 한다. 페인트칠과 먹을 것을 가져온 이웃들의 위로로는 도무지 바로잡을 수 없다는 점이 나쁘다고 느껴져야 하는 것이다. 도둑질은 그들의 인간성에 큰 구멍을 내어 그들이 사랑하는 모든 이들을 집어삼킬 것이 분명하다. 그날 밤 나는 도둑맞은 나보다 도둑이 되는 편이 훨씬 더 끔찍하다는 점을 깨달았다. 도둑질을 하고 달아난 그 악행을 몸소 인식하는 일은 도무지 깨어날 수 없는, 등골이 오싹한 악몽과 같은 것이 틀림없다.

3) 공동체는 우리가 완전한 사랑이 두려움을 내쫓는다는 것(요일 4:18)을 기억할 때 시작된다. 우리는 때때로 자녀들 앞에서 토론할 준비가 안 된 문제를 이웃이 우리 집에 가져올까봐 우려한다. 우리는 주님을 경외하도록 자녀를 가르치라는 명령을 우리 이웃을 사랑하라는 명령과 부딪히게 만든다.

잠시 멈추고 이에 관해 생각할 필요가 있다. 한편으로 우리는 자녀들을 나쁜 것들로부터 보호해야 하는 것이 당연하다. 그리고 다른 한편으로, 그들에게 피난처를 제공하는 것이 그 일을 완수할 것이라고 생각해서는 안 된다. 어쩌면 우리 자녀들은 언제 그들이 의심과 두려움, 성적 유혹, 도덕적 및 신앙적 위기에 직면하는지를 알고, 우리(부모)가 이런 현실에 충격이나 상처를 받지 않을 것임을 알 필요가 있다.

우리 자녀들은 다음 사실들을 알 필요가 있다. 적이 얼마나 심각하고, 그리스도 안에 있는 우리의 의가 얼마나 "생소하되" 강력하며, 우리가 죄를 숨기면 그것이 얼마나 깊고 넓고 크고 강력하게 될 수 있는지를 우리가 안다는 것을 말이다.

그런데 우리가 길 잃은 이들을 위한 사역을 해 왔다면, 우리 자녀들이 우리가 죄의 문제로 고민하거나 씨름하는 이웃을 끌어안는 모습을 본 적이 있다면, 아마도 자녀들은 그들의 깊은 문제를 우리에게 털어놓을 것이다. 그들은 우리가 이웃과 낯선 자를 포용했다는 것, 우리가 그들을 사랑했고 그들을 위해 기도했다는 것, 어려움에 처한 사람들에게 교회와 가정을 개방하고 함께 음식을 먹어도 우리가 불안해하지 않았다는 것을 기억할 것이다. 우리가 하나님의 형상을 지닌 모든 사람들, 특히 어려운 이들을 사랑한다는 것은, 우리 자녀들에게 우리와 함께하면 안전하리라는 것을 보증하는 수표가 될 것이다.

4) 공동체는 하나님께서 우리를 살아있는 편지로 사용하신다는 것을 기억할 때 시작된다. 그리고 우리의 가정과 마음을 개방하느냐 닫느냐 하는 것은 삶과 죽음, 승리와 패배, 은혜와 수치를 좌우한다.

나와 함께 고린도전서 10장 13절의 긴장을 생각해 보자. "사람이 감당할 시험 밖에는 너희가 당한 것이 없나니 오직 하나님은 미쁘사 너희가 감당하지 못할 시험 당함을 허락하지 아니하시고 시험 당할 즈음에 또한 피할 길을 내사 너희로 능히 감당하게 하시느니라." 이 구절은 유혹의 강도와 외로움과 위험에 관해 말한다. 아울러 믿음을 우리의 시련에 적용할 때 경험하는 긴장과 이후에 피할 길을 찾기 위해 기다리고 또 기다리는 믿음의 자세에 관해 말한다. 당신은 당신 자신과 당신의 집과 시간이 당신의 것이 아니라 (하나님이 정하신) 누군가의 피할 길이라고 생각해 본 적이 있는가?

나는 주일 아침마다 그날을 위해 음식을 준비하고 우리와 함께할 사람들에 관해 기도할 때 이에 관해 생각한다. 겉으로는 평화롭지만 실은 전쟁의 날이다. 당신은 이 점을 미처 몰랐겠지만, 주일은 많은 사람에게 유혹과 죄가 손짓하는 무서운 날이다. 생동하는 교회 공동체, 교회 가족, 그리고 넷째 계명("주일을 거룩하게 지키라")과 같은 든든한 닻이 없다면—그리고 때로는 그런 닻이 있어도—개인적인 성취와 물질의 획득이라는 한 쌍의 세상 물결에 휩쓸리기 쉬운 날이다. 그러나 넷째 계명은 "기억하라"는 말로 시작된다. 성경에서 가장 많이 되풀이되는 절실한 계명 중 하나이다. "안식일을 기억하여 거룩하게 지키라"(출 20:8). 다 함께 기억하는 것이 가장 좋다. 단지 당신을 위해 홀로 안식일을 거룩하게 지키는 것이 아니라 신자들이 서로 교제하며 식탁을 나누고 또한 타인에게도 개방하는 그런 삶을 영위하는 것이 필요하다.

우리는 하나님께 받은 평범한 은혜의 수단을 나눔으로써 세계적인 방식, 공동체적 방식으로 안식일을 지킨다. 그러나 주님의 날은 “가족의 날”이 아니다. “우리만의” 날이 아니란 뜻이다. 당신이 주일을 그런 식으로 고립시키면 부지중에 당신의 자매를 죄에 빠지게 할 수 있다.

본회퍼는 『신도의 공동생활』에서 이렇게 말한다.

> 죄는 한 사람이 홀로 있기를 요구한다. 그 사람을 공동체에서 물러나게 한다. 한 사람이 고립되면 될수록 그를 지배하는 죄의 권세가 더 강해질 것이고, 그 사람이 그 속에 더 깊이 들어갈수록 그의 고립은 더욱 처참해진다.[4]

내가 가장 좋아하는 날은 주일이고, 나는 그날을 남들과 함께 나누고 싶다. 켄트와 나는 예배와 구제사역[5]을 마친 후 누구나 올 수 있도록 집을 개방한다. 당연히 그래야 한다. 축도가 아직도 귓전에 머물러 있는 동안 각자 자기 자리로 흩어지는데 갈 곳이 마땅치 않은 사람의 마음, 몸에서 떨어져 나온 듯한 이상한 느낌이 어떤 것인지를 우리는 기억한다. 이는 주일 예배 후에 갈 곳이 없는 교인들, 소속된 곳이 없고 자기를 부르는 곳이 없는 교인들에게 무척 잔인한 일이다. 우리는 쉽게 무시당하거나 간과당하는 사람을 찾아내기 위해 열심히 노력해야 한다. 우리는 서로서로가 필요한 존재들이다.

> 우리가 우리의 역할을 너무 중시하면 가정에서의 손님대접의 취지를 잊고 만다. 취지는 대접 자체가 아니라 교제에 있다.

우리가 우리의 역할을 너무 중시하면 가정에서의 손님대접의 취지를 잊고 만다. 취지는 대접 자체가 아니라 교제에 있다. 당신의 자존심 때문에 가정 개방을 포기하지 말라. 소파나 다른 가구에 묻은 고양이털을 무시하라. 이런 것은 외로움만큼 사람을 죽일 가능성이 없다. 사람이 많으면 수프 냄비에 물을 더 넣어라. 음식이 다 떨어지면 팬케이크를 만들고, 아이들을 식사 준비에 동참시켜라. 얼마나 신나는 일인지 모른다!

당신이 주일에 누군가와 함께하며 주님께 받는 일상의 은혜와 죄의 회피를 몸소 보여 주면, 그 사람은 그 덕분에 인터넷 포르노의 유혹에서 벗어난다는 것을 기억해라. 또 어떤 여성은 주일마다 당신의 집에 필요한 존재가 되어 홀로 있지 않고 식탁 시중을 들며 공동체에서 안전하게 지낼 수 있기 때문에 우울증에서 벗어날 수 있다는 것을 알라.

식사를 마친 후엔 함께 성경을 읽고 시편을 찬송하기 때문에 누군가는 그리스도의 사랑으로 이끌림을 받는다는 것을 의미 있게 생각해라. 이 공동체 안에서는 그 누구도 희생양이 되지 않는다. 주최 측과 손님 모두 똑같이 귀하고 연약하다는 것과 당신은 생애 내내 이 두 가지 역할을 담당하게 될 것임을 알라. 문은 활짝 열려 있다. 마땅히 그래야만 한다.

5) 공동체는 의도적으로 언약 공동체의 문을 열려는 계획을 세우고 스스로 걷지 못하는 사람을 어깨에 짊어지고 집으로 데려올 때 시작된다. 당신은 허가받은 양부모가 되려고 생각한 적이 있는가? 당신이 그런 양부모가 되면 어려운 아이와 어려운 가족에게 접근할 수 있다. 어떤 아이를 도무지 감당할 수 없어 거절해야 할지라도, 당신은

기도의 고리 속에 깊이 들어가게 된다. 그 아이를 집으로 데려올 수는 없더라도 은혜의 보좌 앞으로는 데려갈 수 있다. 당신이 양부모 제도와 함께 일할 때는 주님과 주님의 사람들이 필요한 많은 이들을 만나게 된다. 입양하는 일은 날마다 하나님의 구원사역을 비추는 거울이 된다. 나는 인종이 섞인 가족의 일원이 되는 것을 좋아하는데, 이는 우리가 장차 물려받을 하나님 나라의 다양성을 반영하기 때문이기도 하다. 하나님은 교회가 소망의 최전선이자 고아를 위한 가족이 되기를 바라신다. 따라서 교회에 모습을 드러내기를 두려워하지 말라. 하나님께서 당신을 거기서 만나실 것이다.

만일 교회의 여러 가정이 다 함께 양부모 훈련을 받는다면, 당신은 당신이 속한 기도와 후원 그룹의 사역대상이 될 수 있다. 당신은 장차 양부모가 될지 모르는 싱글 교인들에게 별도의 도움을 줄 수 있다. 오늘날에는 양부모에게 위탁되어 입양을 기다리거나 성인으로 넘어가는 과도기에 도움을 줄 멘토를 기다리는 십대가 너무나 많고, 이들 중 대다수는 싱글 집안에 보내질 수밖에 없을 것이다. 싱글 그리스도인은 이처럼 인생의 위기에 직면한 십대를 돕도록 특별하게 부름을 받을 수 있다.

설사 양부모가 되는 것이 당신의 소명이 아닐지라도, 당신은 소송 후견인이나 남성(여성) 지도원이 되는 훈련을 받을지도 모른다. 어쩌면 다른 교인의 가정과 파트너가 되어 형제 집단을 함께 돌볼 수 있고, 당신이 받은 훈련을 이용해 교회 내 장애인이 있는 가족에게 일시적인 보살핌을 제공할 수도 있다. 당신이 입양이나 위탁과 관련하여 누군가와 손을 맞잡으면 모세의 팔을 받쳐 주는 아론이 될 수 있는 것이다.

6) **공동체는 당신 가정이 안전하게 슬퍼할 수 있는 장소가 될 때 시작된다.** 당신 주변에 자녀나 배우자가 죽은 사람이 있는가? 유산한 사람이 있는가? 동성에 대한 욕망에 날마다 시달린 나머지 하나님께서 자기를 잊은 것이 아닌지 의심하는 사람이 있는가? 마지못해 싱글로 살면서 배척받았다고 느끼는 사람, 아기를 못 낳아서 하나님의 약속에 회의를 느끼는 사람은 없는가? 외로워서 비탄에 빠진 사람은 없는가? 가정이야말로 당신이 가까이 할 수 있고 또 머물 수 있는 곳이다. 가정은 고립상태가 깨어지는 곳이고, 고통이 공감을 받을 수 있는 곳이다. 가정은 당신이 필요한 사람들을 삶의 리듬 속으로 불러들일 수 있는 최상의 장소이다. 어쩌면 하나님께서 당신에게 그런 목적을 위해 가정을 주셨을지 모른다. 일정한 시간과 장소를 정해 주님께 거기를 채워달라고 기도하라. 의도적으로 그렇게 하라. 당신은 고통을 잘 공감하는 편인가?

7) **공동체는 손님대접이 베푸는 자에게 유익하다는 것을 배울 때 시작된다.** 날마다 반드시 공동체의 삶을 실천해야 하지만, 너무나 많은 장애물로 막혀 있는 곳이 한 군데 있다. 바로 기독교 가정이다. 우리는 기대에 못 미치진 않을까, 이 위험한 세상에서 자녀를 보호하지 못하는 것은 아닐까, 손님대접이 너무 버거워서 녹초가 되는 것은 아

닐까 등의 우려를 안고 있다. 우리는 하나님이 사랑받지 못하는 사람을 보호하고 그분의 영광을 위해 손님대접을 실천하라고 명하시는 것을 알고 있다. 그런데 공동체의 창조가 과연 어떤 면에서 베푸는 자의 유익을 도모하는 것일까?

공동체의 삶을 살아보면 사람들은 물론 신학적, 정치적 입장도 매우 다양하다는 사실을 알게 된다. 사람은 언제나 자기가 품고 있는 생각보다 더 복잡한 존재다.

손님대접을 실천하면 에베소서 4장 29절이 당장 필요함을 인식하게 되면서 우리 입에 파수꾼을 세우는 노력을 하게 된다. "무릇 더러운 말은 너희 입 밖에도 내지 말고 오직 덕을 세우는 데 소용되는 대로 선한 말을 하여 듣는 자들에게 은혜를 끼치게 하라." 우리는 그리스도께서 값없이, 하지만 고통을 통해 우리에게 주신 놀라운 은혜, 즉 우리와 그리스도의 연합, 그리스도를 통한 성화, 성도의 교제를 위해 주신 은혜를 갈망하며 산다.

사람들이 당신의 식탁 둘레에 앉아 성경을 펴 놓고 비공식적으로 소금과 빛의 말씀을 나눌 때, 그 말씀이 겸손과 인내와 온유함과 함께 그 순간의 필요를 채우고 황량한 마음을 풍요롭게 한다. 공동생활은 침묵이나 슬픔이 곧바로 기도로 연결되는 것과 수요 기도회 시간에 맞춰 당신이 위기를 직면하게 되는 것을 의미한다. 긴장이나 분열이 고조되는 순간 갈등을 피하기 위해서가 아니라 예수님을 불러오기 위해 성경이나 시편을 열어젖히는 일이 일어나는 것이다.

여기에 함께 있는 "단지 우리" 때문이 아니라 당신이 괴로워하는 이들과 함께하기로 했기 때문에, 당신이 경계심을 내려놓지는 않을 것이다. 당신이 말실수를 해서 취소하고 싶을 때라도 하나님의 은혜로 고통의 밤이 찾아오진 않을 것이다. 당신의 자녀들은 복음을 잘 나누는 법과 세상의 눈앞에서 복음을 사랑하는 법을 배우고 있다. 그리고 당신은 하나님의 공동체 안에서 수행하는 돕는 자와 치유하는 자, 섬기는 자와 돌보는 자, 주는 자와 받는 자로서의 역할을 통해 복음이 맺는 열매를 목격하게 된다. 이 사역이 없으면 결코 알지 못했을 사람들을 놓고 가슴 아픈 기도를 드리게 된다. 당신이 기진맥진하고 도둑이 벽에 구멍을 뚫었다 할지라도 그런 기회를 기쁘게 여기고, 하나님께서 당신의 노력을 배가시킬 것임을 알게 된다. 당신은 다른 이들과 손을 잡고 당신의 집을 예수께서 머리 둘 곳으로 만들어간다.

이웃에서의 손님대접

G. K. 체스터턴은 이렇게 말한 적이 있다. "우리는 우리의 친구를 만들고 우리의 적을 만들지만, 하나님은 우리의 옆집을 이웃으로 만드신다. … 우리가 우리 이웃을 사랑해야 하는 것은 그들이 거기에 있기 때문이다." 하나님은 실수를 하지 않으시기에 우리의 이웃은 하나님의 섭리에 따라 우리 가까이 있는 것이다.

작년에 켄트가 손님대접을 주제로 일련의 설교를 한 적이 있다. 평소에는 성경의 책별로 강해설교를 하지만, 손님접대라는 주제는 매우 중요하기에 교회를 뒤흔들 위험을 무릅쓰고 그런 설교를 시도했다고 한다.

이 설교 시리즈가 끝난 뒤 우리 부부는 제이 파탁과 데이브 런욘이 쓴 『이웃삼기의 기술』(*The Art of Neighboring*)[6]이란 책을 읽었다. 이 책이 너무 좋아서 몇 권을 사서 믿는 이웃들에게 주었는데, 앞으로 우리와 함께 이웃 사랑을 실천하게 되기를 바라는 마음에서였다.

노스캐롤라이나의 여름은 풍뎅이, 후덥지근한 날씨, 이웃과 함께하는 야밤의 긴 산책 등으로 기억할 만하다. 더럼에서 맞은 첫 여름, 우리 부부는 앞마당이 이웃으로 가득차길 고대하고 있었다. 이웃을 더 잘 알아가고 그들을 잘 섬기고 싶은 마음이 간절했다. 당시는 켄트가 『이웃삼기의 기술』에서 배운 것 하나를 적용하기로 결심했던 때여서 우리는 앞마당에 잔디용 의자와 테이블을 놓기로 했다. 그는 이웃인 란과 함께 소풍용 테이블을 만들어 누구나 볼 수 있도록 앞마당의 큰 참나무 아래 두었고, 아이들과 나는 그것이 눈에 띄도록 형광 녹색 페인트를 칠했다. 곧 이웃들이 거기에 모이기 시작했다. 그곳은 발걸음을 멈추고 서서 서로 이야기를 나누고, 벌레 퇴치용 스프레이를 뿌리고, 물 한 잔을 마시고, 한담을 주고받기 좋은 장소가 되었다. 마침 내 친구 목사인 마이카 램지가 튼튼한 참나무에 타이어 그네를 달아서 그야말로 완벽한 모임장소가 되었다. 초대 여부와 상관없이 누구나 올 수 있는 곳 말이다.

앞마당에 소풍용 테이블을 설치한 뒤, 우리는 알고 있던 모든 이웃에게 다음과 같은 이메일을 보냈다.

친애하는 친구들에게,

주간 '기도하며 걷기'를 시작하면서 2013년 8월 15일 목요일 오후 7시에 버터필드 집 앞마당 녹색 소풍용 테이블에 여러분을 초대합니다. 우리는 눈과 마음을 열고, 삼위일체 하나님께 영광을 돌리며 우리 이웃의 필요를 은혜의 보좌 앞에 올려드리기 위해 기도하고자 합니다. 아이와 개가 없이 걷는 분들, 유모차를 미는 분들 모두 환영합니다. 기도해야 할 것들, 도움을 줄 것들, 이웃의 정보 등을 기입할 수 있도록 연필과 종이를 가져와도 좋습니다. 8시에 소풍용 테이블에 다시 모여 시편 찬송을 하고 도움을 위한 계획을 세우고 모임을 마칠 예정입니다. 이 이메일을 우리와 함께할 만한 이웃에게 전달해 주시기 바랍니다.

그리스도 안에서 사랑을 담아,

로자리아(버터필드 가정을 대신하여)

목요일 저녁이 되자 사방에서 이웃이 찾아왔다. 어떤 이들은 이메일을 받고 왔고, 또 어떤 이들은 무슨 파티인지 궁금해서 발걸음을 옮겼다고 했다. 켄트는 모인 사람들을 모두 모았고 우리는 하나님께 우리의 기도를 들어 달라고 간구했다.

우리가 이처럼 이웃과 함께 기도할 때, 목요일 저녁마다 기도하기로 다짐할 때는 무슨 일인가 일어난다. 이 '기도하며 걷기'는 우리의 이웃삼기의 표준이 되었다. 목요일 저녁마다 우리는 가정을 개방하고 기도로 이웃을 품으며 모임을 시작한다.

어떤 일이 하나의 전통이 되면 편안해지고 예측이 가능해진다. 그러나 기도는 예측이 불가능하다. 예수님이 개입하시면 되풀이되는 일도 판에 박힌 성격을 떨쳐 버린다. 요즘에는 목요일 저녁이 이웃과 함께 기도하고 함께 교제하는 시간으로 정착되었다. 목요일 저녁 사역이 지금은 믿음직한 친구와 같다. 그러나 첫 번째 모임은 마치 꿈을 꾸는 것처럼 진행되었다. 내가 기억하는 첫 모임은 이렇다.

소풍용 테이블에 모여 자신을 소개한다. 얼굴은 알지만 이름을 모르는 사람들이 많다. 자전거를 탄 아이들이 언덕에서 쏜살같이 내려오고 유모차를 미는 엄마들이 조심하는 분위기에서 우리는 부지중에 성별로 둘 셋씩 나눠진다. 남자들은 큰 아이들과 함께 넓은 들판으로 향하고, 여자들과 개, 유모차와 어린아이들은 작은 길에 남아 있다. 우리는 서두르지 않되 거침없이 솔직한 말투로 크게 기도하며, 기도와 기도를 방해하는 것들이 마치 하나의 솥에 함께 들어가는 것처럼 두 가지를 섞는다. 이웃과 말하기 위해 잠시 멈춰 서서 누군지를 묻고 무엇이 필요한지 얘기해 달라고 부탁한다. 삶은 기도의 옷을 입는다. 실은 방해거리라고는 없다. 자녀들은 컵이 필요하고, 개는 뒤처리가 필요하며, 기도는 계속된다. 때로는 여러 이웃이 우리가 기도하는 내용을 듣기 위해 한 블록을 함께 걷기도 한다. 그때 이런 생각이 떠오른다. '기도하며 걷기'는 그 자체가 일종의 기독교적 손님대접이 아닐까.

활짝 벌린 팔, 크게 뜬 눈, 살짝 구부린 무릎은 사람들을 우리에게로 끌어당긴다. 다 함께 하나님께 나아가 자비와 은혜와 더 많은 사람을 보내 달라고 간구한다. 손님대접은 텅 빈 곳에서 시작하고 하나님께서 우리를 완성시켜 주시길 기다린다. 기도하며 걸으면서, 우리는 아직 우리에게 없지만 믿음으로 반드시 주어질 것을 주려고 한다. 하나님이 이미 구별하신 큰 축복은 오직 기도를 통해 얻을 수 있다.

하나님이 이미 구별하신 큰 축복은 오직 기도를 통해 얻을 수 있다.

그러나 의롭고 거룩하신 하나님은 구속받은 사람들의 기도, 즉 그리스도의 의와 피의 옷을 입고 은혜로 그분의 보좌 앞에 나아가는 이들의 기도만 들으신다. 우리는 모두 손에 피를 들고 나온다. 누구의 피인가? '기도하며 걷기'는 위험한 행사이다. 하나님께서 이사야 1장 15절에서 "너희가 손을 펼 때에 내가 내 눈을 너희에게서 가리고 너희가 많이 기도할지라도 내가 듣지 아니하리니 이는 너희의 손에 피가 가득함이라"고 선언하시기 때문이다. 고결한 뜻과 고상한 행위로는 거룩한 하나님께 나아갈 수 없다는 것이 구원받지 못한 이웃에게는 설득력이 없다. 오직 그리스도를 통해서만 하나님께 나아갈 수 있다는 사실은 미국인의 자신감과 자아도취를 짓밟아 버린다. 이는 또한 우리에게 많은 책임을 안겨준다. 사실 하나님의 백성의 중보 없이 어떻게 구원받지 못한 이웃이 기도의 잔치에 나올 수 있겠는가? 우리가 몸담은 세상은 사도행전 17장에 나오는 그런 세상이고, 구원받지 못한 이웃의 가장 깊은 고통이 바로 그들의 기도가 (아직) 하나님께 반향을 일으키지 못한다는 것인데, 이 점을 그들이 어떻게 알겠는가?

우리보다 앞선 나쁜 소식 때문에야 진실로 들릴 좋은 소식을 우리는 언제 나누고 또 언제 본을 보여야 할까? 우리가 만일 죄와 불순종 때문에 고통당하는 자들과 함께 슬퍼하도록 부름을 받았다면? 당신이 고통당하는 자와 함께 서 있을 때는 경계의 선을 긋지 않는다. 이웃은 우리의 손이 닿을 만큼 가까이에 있다.

'기도하며 걷기'는 어수선한 행사이다. 우리는 누가 기도할 차례인지와 같은 형식에는 신경을 쓰지 않는다. 우리는 그냥 뛰어든다. 성령께서는 카드 딜러의 역할을 하지 않으신다.

때때로 우리는 무슨 문제인가로 씨름하는 집 앞에 멈춰 이런 식으로 기도한다.

> 주님, 당신의 백성과 맺은 언약을 기억하소서. 그리스도 안에서는 우리의 고통 가운데 의미와 목적, 고난이 있습니다. 존스 집안에 구원을 베푸셔서 빌과 제인이 이와 같은 때에 당신의 위로를 알게 하소서. 이로 인해 당신이 찬양과 영광을 받으소서. 우리가 기도할 수 있고, 걸을 수 있고, 이 순간 우리 자녀들의 웃음소리를 들을 수 있으니 감사합니다. 우리가 눈을 뜬 채 기도할 수 있어서 감사합니다. 우리가 고통당하는 이웃에 가까이 갈 수 있도록 도와주소서. 그 고통과 함께하는 좋은 동반자가 되게 하소서. 우리가 타인들과 거리를 두는 것을 용서하소서.

때때로 우리의 무지가 우리를 꾸짖는다. 우리는 왜 저쪽 모퉁이에 사는 사람들, 스크린 문이 찢어진 채로 있는 그 집 사람들을 알지 못할까? 우리는 왜 이웃을 익명의 공손한 손짓인사로만 아는 것일까? 하나님께서 우리에게 진짜 사람들의 진짜 이야기를 알게 해 주실 때, 우리는 이 정보를 보석처럼 귀하게 여기고 결코 그들을 험담하거나 배신하지 않도록 기도한다. 우리가 사람들을 알아채지 않고 배려하지 않고 친구관계를 주도하지 않은 죄를 용서해 주시길 기도한다. 우리는 이웃을 우리 자신처럼 사랑하지 않는다. 우리가 걷고 기도하고 멈춰 얘기하다 보면 같은 동네에 사는 사람들에 관해 알게 된다. 우리는 그들의 이름을 부르며 하나님께 기도하고, 방해거리를 제거하고 사랑의 옷을 입게 해 달라고 간구한다.

왜 이런 활동을 하는가? 왜 그냥 믿는 이웃을 불러서 바비큐 파티나 축구나 보드 게임을 하지 않는가? 왜 그리스도인들을 초대해서 문을 닫은 채 거실에서 함께 기도하지 않는가? 왜 우리와 비슷한 사람들과만 함께하지 않는 것인가?

우리가 매주 목요일 저녁에 이웃과 함께 그리고 이웃을 위해 기도하기로 다짐한 것은 기억하기 위해서다. 우리는 성령께서 우리의 돌 같은 마음을 부드럽게 다듬기 전에 우리가 어떤 존재였는지 기억한다. 예수님의 피가 우리의 마음을 온전케 하기 전에 우리가 어떤 존재였는지 기억한다. 한밤의 공포, 오전에 불현듯 엄습하는 불안, 좋은 의도로 날마다 우리 자신을 조작하던 모습, 눈처럼 불어나던 행동규칙들 등을 기억한다. 이런 삶의 무게에 눌려 삐걱거리던 모습, 외로움에 시달려 약물, 술, 섹스, 또는 거짓말에 의존하던 시절을 기억한다. 남을 약탈하는 죄와 그 유산, 보상이 없이는 아무 일도 하지 않던 시절에 하나님께서 손을 내밀어 우리를 그분께로 데려가신 것을 기억한다. 은혜의 보좌가 깨진 기와에서 나타나는 것을 기억하고, 회개가 하나님께 이르는 문지방임을 기억하며, 우리는 다른 이들을 초대하고 싶은 것이다.

'기도하며 걷기'를 시작하기 전, 우리는 필요에 대한 소문을 들었다. 한 이웃이 루게릭병에 걸렸다. 그는 마흔 살이고 가장 어린 자녀가 두 살이다. 또 다른 이웃은 24주 된 태아 크기의 복부 종양을 갖고 있다. 많은 이웃들이 실직을 했고, 그로 인해 집안의 스트레스가 매우 높다. 어떤 이웃들은 스카프를 매고 있고, 머리카락이 빠지는 중인데도 우리는 그들의 이름을 모른다. 상대방의 이름도 모르면서 우리가 '그리스도인'임을 알리고 싶지 않다. 어떤 이웃은 그 집안을 알기가 어렵다. 이혼을 했나? 남편이 죽은 과부인가? 어찌 알겠는가? 우리가 너무 바빠서 이웃을 돌보지 않는다면 어찌 알 수 있겠는가? "과부의 모퉁이"라 불리는 블록 끝에는 막다른 골목이 있는데, 그 근처에 있는 거의 모든 집에 과부가 살고 있기 때문에 그런 이름이 붙었다. 나는 매일 개를 데리고 그곳을 지나가면서도 단 한 명의 이름도 모르고 있다. 그들이 모두 "두문불출"이라서 나는 그들 중 단 한 명의 얼굴도 알아차릴 수 없었다.

우리는 어떻게 이처럼 서로를 멀리하게 되었을까? 우리가 그들의 이야기를 듣는다면 우리가 알게 된 것을 계속 따라갈 것인가? 아니면 몸을 구부리고 달아날 것인가? 어떻게 우리는 팔을 넓게 벌리고 우리가 알게 된 것을 꼭 붙잡을 것인가? 이 '기도하며 걷기'에는 서로가 필요하다. 우리끼리만 있으면 그 모든 것을 잊어버리고 낙심하며, 스마트폰을 귀에 연결한 채 개를 데리고 산책하기에 급급할 것이다.

기도하며 한 마일(1.6km)을 걷고 나면 어둠이 서서히 내려오기 시작한다. 소풍용 테이블로 돌아가면 아이들은 맨발로 잔디에서 뛰어다니고 남자들은 도움을 줄 목록을 마무리한다. 나는 손님들이 먹을 것을 챙기려고 부엌으로 가다가, 어둠 속을 걷는 동안 얼마나 많은 이웃이 기도하려고 왔는지를 보고 깜짝 놀란다. 열다섯 명? 아이들까지 합치면 스물다섯인가? 이 모든 사람이 먹을 만한 것이 무엇인지 곰곰이 생각해 본다. 스위치를 켜자 밝은 불빛에 잠시 눈이 멀어 스위치를 끄고 어둠 속에서 일하기로 한다. 수박 반쪽과 빵 한 덩이와 꿀을 끄집어낸다. 나는 꿈속에 있는 듯, 아니 물 아래 있는 듯 움직인다. 이웃들은 한 마일 높이의 기도에 사로잡힌 채 거기에 그대로 있다.

무엇인가 변했다. 친밀해지는 것을 방해하던 걸림돌이 깨져 버렸다. 어떻게 깨진 것일까? 하늘에서? 길거리에서? 양쪽 모두에서? 나는 수박을 자르고 손수 만든 빵에 꿀 한 숟갈을 바른다. 마침내 아이들이 나와 우걱우걱 씹고 끈적거리는 손가락을 빨고는 무릎에 눕거나 업히거나 잔디에 드러눕는다. 노스캐롤라이나의 8월이 늘 그렇듯 오늘밤 보름달이 낮게 떠 있다. 나무가 보름달에 스칠 것만 같다. 시편 기자가 노래하듯 별들이 하나둘씩 하늘을 수놓는다. "[여호와께서] 상심한 자들을 고치시며 그들의 상처를 싸매시는도다. 그가 별들의 수효를 세시고 그것들을 다 이름대로 부르시는도다"(시 147:3-4).

별들의 수효를 헤아리시고 이름을 붙여주시는 그 하나님께서 마음이 상한 우리 이웃에게도 그렇게 하시는가? 이 기도의 발걸음은 고통의 조각들을 다 모으고, 그 모두를 나를 만들고 돌보시는 하나님께 드리는 한 가지 방법이 아닐까?

아이들이 부모의 어깨에 축 늘어질 때가 되면 켄트가 시편을 나눠준다. 우리는 시편을 읽으려고 가로등 아래로 간다. 예전에는 켄트와 나만 노래를 불렀다. 우리는 시편 23편을 부르기 시작한다.[7]

여호와는 나의 목자시니
내게 부족함이 없으리로다
그가 나를 푸른 풀밭에 누이시며
쉴 만한 물 가로 인도하시는도다

내 영혼을 소생시키시고
자기 이름을 위하여
의의 길로 인도하시는도다
(시 23, 1-2연)

더운 여름밤에 준비도 없이 아카펠라로 노래하면 우리의 친밀성과 취약성이 더욱 연마된다. 우리가 다 함께 한숨을 돌릴 때는 이 숨을 주신 하나님께 감사한다. 우리가 자연스레 각 파트로 나눠지고 돈나의 풍부한 알토 목소리가 크리스틴의 소프라노와 완벽한 조화를 이루면 내 가슴이 놀라서 밝게 빛난다. 나는 소프라노 최고음부로 뛰어들고, 우리 모두 한숨을 돌린다. 온 몸에 소름이 돋기 시작한다. 우리는 50년 동안 이웃으로 살아왔지만 이것을 알지 못했다. 비밀과 신비가 우리 주변에서 밝히 드러나고 있다.

내가 사망의 음침한 골짜기로 다닐지라도
해를 두려워하지 않을 것은
주께서 나와 함께 하심이라
주의 지팡이와 막대기가 나를 안위하시나이다

주께서 내 원수의 목전에서
내게 상을 차려 주시고
기름을 내 머리에 부으셨으니
내 잔이 넘치나이다
(3-4연)

다 함께 노래할 때 나는 무언가를 깨닫는다. 우리가 낯선 자들과 기도할 때는 그들이 더 이상 낯선 자로 남지 않을 것을 바라고, 오히려 우리가 영원토록 목소리를 다해 함께 노래할 형제와 자매로 변화되기를 소망한다는 것이다. 손님대접은 하나님이 우리의 공급자와 주최 측이심을 드러냄으로써 그분께 영광을 돌린다. 마치 우리가 자급

자족하는 존재인 듯이 비쳐서 하나님의 영광을 가로채지 않는다. 하나님이 바로 잔치의 주인이시다. 우리는 기껏해야 수단에 불과하다. 이날 밤 하나님께서 우리를 위해 얼마나 많은 자비와 친밀감을 준비하셨는지 누가 알았겠는가?

> 내 평생에 선하심과 인자하심이
> 반드시 나를 따르리니
> 내가 여호와의 집에 영원히 살리로다
> (5연)

조깅하는 사람들이 멈추고 귀를 기울인다. 쓰레기와 깡통들이 도로변의 안식처를 향해 줄줄이 행진하다가 잠시 멈추고 귀를 기울인다. 나는 별을 쳐다보면서 내가 무척 작은 존재이고 부러진 갈대이며 굽은 화살임을 새삼 깨닫는다. 그러나 하나님은 나와 같은 존재까지 사용하시는 분이다. 시편 찬송이 끝나고 나서야 개구리와 귀뚜라미의 합창을 듣게 된다.

이날 밤 이전에는 공동체 기도를 손님대접의 일환으로 경험한 적이 없었는데, 마침내 경험하게 된 것이다. 하나님은 우리를 위해 복을 미리 계획하고 준비하셨다가 기도를 통해서만 베풀어 주신다. 왜 그럴까? 기도는 하늘의 문을 뒤흔들어 주시는 복을 받도록 우리를 변화시키기 때문이다. 나는 바쁜 일정과 두려움으로 과거에 놓친 복을 생각하면 온 몸이 오싹해진다.

그로부터 2년이 흐른 지금은 다르다. 목요일 저녁은 여전히 이웃을 위한 시간이다. 봄과 여름에는 저녁 8시까지 기도하며 걷고, 참나무 아래 이제는 색이 바랜 녹색 소풍용 테이블에서 모인다. 진행하기 어려울 때도 가끔 있다. 뭐라고 말할까? 내가 그저 똑같은 일을 계속 반복하면 어쩌지 하는 마음이랄까?

지난 9월의 어느 목요일에는 변덕스러운 마음이 생겼다. 다수의 기도 파트너가 아파서 집에 머물렀고, 나는 피곤한 채로 이튿날 떠날 여행을 준비하고 있었다. 그래서 문을 열고 나가 기도하기보다 빨래하고 짐을 챙기는 편이 더 실용적인 것처럼 보였다. 나는 녹색 소풍용 테이블로 걸어가면서 과연 누가 나타날지 알 길이 없었다. 가까운 친구 크리스틴이 유모차를 끌고 와서 함께 출발했다. 큰 아이들이 먼저 뛰어갔고, 크리스틴은 유모차를 탄 어린아이와 함께, 나는 끈에 묶인 개와 함께 걸었다. 멋진 밤이었다. 두 남편은 기도한 후 큰 아이들과 보조를 맞췄다.

그녀와 내가 기도하며 한 블록도 채 가기 전에 주님께서 희망과 목적을 담은 유성을 보내 주셨다. 우리가 여러 집에 접근하는 동안 이웃들이 문을 열고 나와 우리에게 한 식구의 암이나 좋아하는 숙모의 임박한 죽음을 위해 기도해 달라고 요청했다. 한 집이 아니라 여러 집이 그랬고, 그런 기도 요청은 블록을 지날 때마다 이어졌다. 어떤 이웃과는 슬퍼서 흔들리는 어깨를 붙잡고 함께 기도했다. 한 바퀴를 도는데 그날처럼 오래 걸린 적이 없었다. 주님은 위로와 공감이 필요한 상한 마음을 많이 보내 주셨다.

우리는 늦게 집에 돌아왔다. 큰 아이들은 이미 컴퓨터로 "핑크 팬더"를 보기 시작했고, 남편들은 부엌에서 얘기를 나누고 있었으며, 우리는 만일 우리가 기도하러 나타나지 않았더라면 헤아릴 수 없는 복이 우리도 모른 채 빠져나갔을 것임을 절감할 수 있었다. 그날 밤 우리는 나타남의 예술을 배웠다.

늦가을과 겨울에는 이런저런 이웃들의 부엌이나 거실에서 모인다. 날씨가 좋으면 베란다에 자리를 잡는다. 레이의 집에 모일 때는 레이가 카페인 없는 커피를 만들어 준다. 돈나와 밥의 집에 모이면 어른들이 기도하는 동안 어린아이들은 최고로 편한 TV 룸에서 수제품 퀼트로 몸을 감싼 채 "찰리 브라운"을 시청한다. 세월이 흐를수록 우리 집이 더 많이 열려 있고 생활의 리듬이 더욱 투명해졌다는 점을 알아챘다. 이를 계기로 어려운 질문을 받기도 하고 도움을 손길을 내밀기도 하게 된다.

교회 내의 손님대접: 우리는 서로에게 속해 있다

교회는 그리스도의 신부이고, 당신이 하나님 가족의 일원이라는 가시적 표지이다. 당신이 교회의 언약 멤버라면, 당신이 특정한 가시적인 인간 가족에 속해 있듯이 당신은 한 지역의 특정한 회중에게 구체적으로 속해 있는 것이다. 가시적 교회 속의 언약 멤버십은 세상이 보기에 어떤 의미를 지녀야 한다. 당신의 이웃은 (아직) 당신의 이름을 모를

지라도 당신에 관한 세부사항은 알고 있다. 이를테면, 우리 집에는 개 때문에 전기 울타리가 있다는 것과 내가 오전 5시에 현관의 전등을 켠다는 것 같은 것이다. 나는 또한 교회 멤버십은 울타리를 가로질러 옮겨지는 그 무엇이 될 수 있다고 믿는다. 그리스도를 높이는 교회의 한 구성원이 되는 것이 세상에 하나님의 속성을 전달하는 역할을 했다면 어떨까? 그것이 우리는 당신이 안심하고 비밀을 털어놓아도 될 사람들이고, 당신에게 도움을 줄 수 있고, 슬픔에 빠진 당신과 기꺼이 함께 하며, 고통당하는 사람을 구원자와 연결시킬 수 있는 사람들임을 드러낸다면? 언약의 멤버가 된다는 것이 깊은 차원에서 영구적으로 서로에게 속해 있다는 뜻이라면?

우리 그리스도인은 가시적 교회와 비가시적 교회 둘 다의 구성원들이다. 가시적 교회란 신자와 비신자로 이뤄진 지역교회를 가리킨다. 거기에는 특별한 친구관계, 영구적인 깊은 언약이 있고, 이는 교회 멤버십을 통해 그리스도께 묶여 있는 한 신자가 다른 신자에게 흘려보낼 수 있는 것이다. 멤버십은 연약하고 넘어지고 깨어지고 회개하고 고심하는 양떼를 붙잡아 줄 만큼 강할 수 있다. 교회 멤버십은 언약서약을 한 다른 이들과의 친밀한 관계를 도모할 수 있다.

그런데 실제로 그런가? 만일 이런 일이 실제로 일어난다면 우리의 세상이 얼마나 달라질까?

교회는 그리스도의 신부로 존재하고, 그 목적은 하나님께 영광을 돌리고 대대로 성경의 진리를 증언하는 일이다. 교회의 구성원은 서약을 하고 하나님과 그리고 구성원들 서로와 언약을 맺는다. 우리 교단

(개혁 장로교회)에서는 한 사람이 교회 멤버십의 언약을 맺고 싶으면 먼저 장로들과 만나고 언약에 관한 교육을 받은 후 교회 앞에 서서 다음과 같은 공식적인 서약에 동의를 표한다.

1) 당신은 구약성경과 신약성경이 하나님의 말씀이라고, 유일하게 오류가 없는 신앙과 삶의 규율이라고 믿는가?
2) 당신은 살아계시고 참된 한 하나님, 성경에 계시된 대로 아버지와 아들과 성령을 믿는가?
3) 당신은 당신의 죄를 회개하는가? 하나님께 죄를 지은 자로 당신의 죄책과 무력함을 고백하고, 하나님의 아들 예수 그리스도를 당신의 구원자요 주님으로 고백하며, 당신 자신을 그분을 섬기는 일에 헌신하는가? 당신은 모든 죄를 버리려고 또 당신의 삶을 그분의 가르침과 모범에 맞추려고 노력하기로 약속하는가?
4) 당신은 이 교회의 가르침과 정체가 성경에 기반을 두고 그 요체가 [북아메리카 개혁 장로교회 헌법]에 묘사되어 있는 만큼 주 안에서 순종하기로 약속하는가? 당신은 교회 안에서 다른 이들과 함께 일할 책임이 있음을 인정하고, 주님을 섬기는 그들을 지지하고 격려하기로 약속하는가? 당신이 교리나 삶에서 바로잡음이 필요할 경우에는 교회의 권위와 징계를 존중하기로 약속하는가?
5) 당신은 신앙생활의 성장을 위해 부지런히 성경을 읽고, 개인

> 기도를 드리고, 주일을 지키고, 규칙적으로 예배에 참석하고, 성찬을 준수하고, 하나님의 복을 받은 만큼 주님의 일에 헌금할 것을 약속하는가?
>
> 6) 당신은 모든 관계에서 먼저 하나님의 나라와 그의 의를 구하고, 예수 그리스도의 참된 종으로서 당신의 모든 의무를 신실하게 수행하고, 다른 이들을 그분께 인도하기로 결심하는가?
>
> 7) 당신은 장차 최후의 위대한 날에 기쁨으로 보고할 것을 바라면서, 하나님의 은혜에 겸손히 의지하는 가운데, 하나님 앞에서 이런 신앙과 결심을 고백하는가?

『뜻밖의 회심』에서 나는 이런 서약을 함으로써 LGBT 공동체에서 배신자로 낙인찍혔다는 사실을 얘기한 바 있다. 오늘까지 나는 남편이 새신자에게 이 서약을 읽어 주는 소리를 들으면, 나로 인해 주님이 얼마나 참고 기다리셨는지 생각하며 가슴앓이를 하고, 하나님의 언약적인 사랑에 경외심이 생긴다. 내가 이제 날마다 동료 신자들과 함께 그리스도 안에 서 있음을 생각하면 그리스도의 구원의 능력을 새삼 절감하게 된다.

우리 교단에서는 신앙고백을 하고 공개적으로 자기 삶을 그리스도께 헌신하는 사람은 누구나 이런 서약을 한다. 이 서약은 삶과 죽음의 문제이다. 이 서약—그리고 다른 교리적, 고백적 표준—을 살펴보는 일은 무척 중요하다. 당신은 교회 멤버십을 가볍게 여기면 안 된다. 이 서약은 그리스도와의 연합 및 성도들과의 교제를 보여 주는 가시적 표지이다. 멤버십은 날마다 이 땅의 좋은 것과 함께하는 영혼의 문제이다.

『웨스트민스터 신앙고백』은 교회를 비가시적 실체와 가시적 실체 둘 다로 묘사한다. 비가시적인 교회에 대해서는 이렇게 말한다.

> 보이지 않는 보편적 교회는 과거와 현재와 미래에 머리되신 그리스도 아래 하나로 모인(모이는, 모일) 선택된 자들 전체로 구성되며, 만유를 채우시는 그분의 배우자요 몸이요 충만함이다.[8]

비가시적 교회는 하나님이 친히 아시고 제정하시고 품으시는 것이다. "비가시적"이라 불리는 것은 우리에게 보이지 않기 때문이다. 이 교회는 세상에 증거하는 증인이 없다. 역사와 나라와 시간을 가로질러 모든 신자들로 구성되어 있지만, 그 이름처럼 눈에 보이지 않는다.

하나님은 그 자신이 알려지길 원하시기 때문에 신자들에게 가시적 교회의 구성원이 되라고 명하신다. 이 가시적 교회에 대해서는 『웨스트민스터 신앙고백』이 이렇게 말한다.

> 복음 아래서 보편적인 가시적 교회 역시 … 참 신앙을 고백하는 전 세계 신자들과 그 자녀들로 구성되어 있고, 주 예수 그리스도의 나라이고 하나님의 집과 가족이며, 그 바깥에는 일반적인 구원의 가능성이 없다.[9]

교회는 하나님이 누구신지를 비추는 등대이다.

나는 하나님께서 많은 문제, 죄의 패턴, 성품상의 결함, 나쁜 습관, 특이한 관심 등을 지닌 보통 사람들로 구성된 가시적인 교회를 세상을 향한 가시적인 증인으로 세우시고 등대로 삼으신다는 것에 날마다 놀란다. 교회는 하나님이 누구신지를 비추는 등대이다. 기독교 가정이나 기독교 대학, 많은 일을 해서 많은 주목을 받는 유명한 그리스도인이 아니라, 오직 교회만이 하나님으로부터 이 특권을 부여받았다.

그런데 두 가지 현실이 참된 교회의 명료한 가시성을 왜곡시킨다. 첫째는, 교회의 각 구성원의 모양을 망가뜨리는 죄이고, 둘째는 이 서약을 하는, 양의 옷을 입은 이리의 존재이다. 이는 모든 교단에 해당되는 사실이다. 순전한 교단이나 교회 같은 것은 존재하지 않는다. G. I. 윌리엄슨은 이렇게 말한다.

> 참된 신자들이 이 땅에 있을 동안에는 악이 존재하기 때문에, 그리고 위선자가 믿음과 의의 모양을 취하기 때문에, 교회(the Church)의 가시적 양상은 결코 완전하지 않다. … 완전한 교회(즉, 위선자가 전혀 없는 곳)를 실현하려는 모든 시도가 실패할 수밖에 없는 것은 이 목표를 이루려면 교회(the Church)가 가시적이 되어야 하는데 실제로는 교회가 우리의 눈에 보이지 않기 때문이다.[10]

가시적 교회가 위선자들을 포함하도록 하나님이 허용하신다는 점이 나를 당혹스럽게 하지만, 이 당혹스러움이 하나님의 진리를 판단하는 척도는 아니다. 이를 윌리엄슨은 이렇게 설명한다. "참된 교회는 사람들의 신원 확인이 아니라 현존의 확인에 의해 가시적인 실체가 된다."[11] 당신으로 하여금 신발의 먼지를 털어내고 교회를 떠나도록 만드는 것은 죄의 현존이 아니다. 바울은 고린도 교회의 교인들에게 또 다른 교회를 찾아보라고 말하지 않았다. 왜일까?

가시적인 교회는 "하나님의 집이요 가족"이기 때문이다. 교회 안에서 우리는 하나님의 집안의 구성원들이고(엡 2:19), 그런 존재로서 서로에게, 즉 "믿음의 가정들에게"(갈 6:10) 속해 있다. 교회는, 특권과 책임이 신자들과 그들의 자녀와 그들의 집안에 속해 있는 언약 공동체이다(창 17:9-14). 내가 마음과 생각으로, 상상과 일상기도에서 자주 떠올리는 좋아하는 구절은, 하나님의 가족이 그 구성원들이 환난과 외로움, 상실과 절망에 빠질 때 위로를 주기 위해 존재한다는 사실을 상기시켜 준다.

마가복음 10장에서 예수님은 다음의 말씀으로 베드로(와 나)를 위로하신다.

> 29 내가 진실로 너희에게 이르노니 나와 복음을 위하여 집이나 형제나 자매나 어머니나 아버지나 자식이나 전토를 버린 자는 30 현세에 있어 집과 형제와 자매와 어머니와 자식과 전토를 백배나 받되 박해를 겸하여 받고 내세에 영생을 받지 못할 자가 없느니라.

주님은 우리에게 가시적 교회의 멤버십으로 확인된 하나님의 백성을 통해 가족을 주신다. 그리고 이 가족은 우리가 당한 손해와 박해에 대해 "백배나" 보상한다. 하나님의 가족은 이것을 회의적이고 사랑에 굶주린 세상에 보여 주게끔 되어 있다.

가시적 교회는 여러 책임을 맡고 있다. 신자들을 모아 그들을 은혜의 수단(성경 읽기, 개인의 경건훈련, 매일의 고백, 교제)을 통해 성장시키는 일, 전해진 말씀과 성례를 올바로 집행하는 일, 자신을 훈련하고 교인들에게 목회적 관리와 상담을 제공하는 가르치고 다스리는 장로를 임명하는 일, 성화와 경건, 온전한 인격과 손님대접, 상호 간의 자비사역 등에서 우리를 성장시키는 일 등이다. 마틴 로이드존스는 교회의 멤버십을 "한 사람이 이 세상에서 얻을 수 있는 최대의 영예"로 간주했다.[12] 나도 같은 생각이다.

이 모든 것은 좋고 바람직하다. 무척 고상하고 고귀한 생각이다. 우리 교회의 모든 교인이 하나같이 자기의 서약을 마음에 품고 있다면, 서로를 살아있는 교제와 뜻깊은 관계로 만나는 변화된 공동체가 될 수 있을 것이다. 멤버십은 영적인 문제지만, 교인들이 자신의 서약을 수행한다면 그 노력은 공동체를 변화시킬 것이다.

멤버십은 어려운 상황에서도 포기하지 않게 하고, 죄와 의심의 광야에서도 우리의 시선을 예수님과 그의 영광에 고정시키게 하는 등 우리가 끝까지 버티도록 돕기 위해 존재한다. 멤버십은 단지 신학적 불만거리를 묘사하는 이념적 성명서에 불과한 것이 아니다. 멤버십은 서로의 삶 가운데 모습을 드러내겠다는, 그 현장에 실제로 나타나겠다는 약속이다. 서로를 위해 희생하겠다는 약속인 것이다. 이는 가시적 교회에서 교회의 멤버십을 가볍게 여겨 깨뜨려서는 안 된다는 것을 의미한다.

나는 목사의 아내로서 매우 꼴사나운 교인의 모습을 목격해 왔다. 이를테면, 다른 교인들의 죄를 도무지 참지 못하겠다고 생각하거나, 다른 교인의 회개를 받아주는 대신 짐을 싸서 떠나고 또는 화해를 위해 충분히 노력하지도 버티지도 않는 경우 등이다. 이 교회에 몸담기에는 자기가 너무 선하다고 생각해서 떠나는 이들은 자신들이 주는 상처를 도무지 알지 못한다. 그들을 사랑하고 그리워하는 교인들, 그들이 교제를 깨면서 내뱉은 말과 표현하지 않았지만 드러난 것들로 인해 힘들어하는 교인들에게 준 상처 말이다.

죄는 교회에 상처를 준다. 공공연한 죄는 그리스도의 이름을 손상시키고 사람들과 하나님 사이에 끔찍한 걸림돌을 세운다. 죄는 교회와 가정을 무너뜨린다. 그러나 때로는 작고, 지극히 개인적인, 사회적으로 용납되는 죄 역시 무서울 수 있다. 당신이 형제나 자매보다 더 낫다고 생각해서 화해를 거절하는 죄는 신자의 교제에 치명적인 해를 끼칠 수 있다.

나의 교회 경험에 따르면, 공적인 죄와 사적인 죄 모두 인생과 관계를 망칠 뿐만 아니라 교회 멤버십의 언약을 편의상 필요한 것으로 여기고 YMCA 멤버십처럼 양심에 구속력이 없다고 생각하게 만든다. 이는 그리스도를 증언하는 일에 치명적인 해를 입힌다. 공적인 죄는 공적인 회개는 물론이고 때로는 공적인 교회 징계까지 필요하다. 공적인 죄는 그 가해자와 피해자가 널리 알려지기 때문이다.

고린도 교회는 악명 높은 공적인 죄를 다뤄야 했다. 도둑, 술주정뱅이, 간음한 자, 동성애자, 공공연하게 또 자랑스럽게 근친상간의 죄를 범하는 남자(나중에 회개하고 그 관계를 청산해서 교회의 멤버십을 회복했다) 등이 그것이다. 그런데 고린도 교회는 또한 성만찬 식탁에서 술에 취한 자들과 자기네 이익을 위해 교회를 이용한 자들도 다뤄야 했다. 하나님은 두 가지 모두 정죄하지만, 회개와 화해를 통해 이 둘 모두 새롭게 회복시키신다.

중요한 점은, 교회 구성원들은 생활방식과 이해관계에 따라 움직이는 세상에서 사회적 지위를 공유하는 게 아니라 사랑으로 하나가 되어야 한다는 것이다. 『웨스트민스터 신앙고백』은 "모든 성도는… 사랑 안에서 서로 연합되어 있고… 서로 교통하는 관계이다"라고 선언한다.[13] 요한일서 4장 10-12절은 이렇게 말한다. "사랑은 여기 있으니 우리가 하나님을 사랑한 것이 아니요 하나님이 우리를 사랑하사 우리 죄를 속하기 위하여 화목제물로 그 아들을 보내셨음이라. 사랑하는 자들아 하나님이 이같이 우리를 사랑하셨은즉 우리도 서로 사랑하는 것이 마땅하도다. 어느 때나 하나님을 본 사람이 없으되 만일 우리가 서로 사랑하면 하나님이 우리 안에 거하시고 그의 사랑이 우리 안에 온전히 이루어지느니라." 하나님은 보이지 않기 때문에, 가시적 교회 안에서 서로에 대한 우리의 사랑이 뚜렷이 나타나면, 하나님의 사랑이 우리 안에서 "완성되는" 것이다. 우리는 하나님이 누군지를 반영하는 유용한 그릇이 된다. 하나님이 신자들을 그 자신과 화목케

하셨을 때, 하나님은 또한 신자들을 서로 화목하게 하셨다.

그런즉 가시적인 지역교회는 경험이나 사회학적 범주나 죄의 패턴을 공유하는 공동체가 아니라 사랑 안에서 연합된 신자들의 공동체이다. 하나님을 사랑하고 구성원 서로가 사랑하기 위해서는 다양성이 꼭 필요하다. 사람들이 공동체 안에 살기 어려운 한 가지 이유는 충성심이 부족하기 때문이다. 우리는 중요한 선을 넘기 직전까지는 특정한 회중에 붙어 있다가 그 선을 넘으면 교회 멤버십을 포기하고 다른 곳으로 갈 것이라고 스스로를 타이른다. 교회는 곳곳에 널려 있으니 얼마든지 신의를 버릴 수 있다는 생각인 셈이다. 충성심은 개인적 희생과 화해와 용서의 자세에 달려 있기 때문에 교회에 대한 충성심은 이기적 야망과 자기사랑과 정면으로 충돌한다. 동료 신자에 대한 사랑은 다음 세 가지를 유발해야 한다. 지역교회 내에서의 충성심(따라서 작은 문제로 언약적 서약을 깨고픈 유혹에 저항하는 것), 공개적으로 죄를 고백하고 숨겨진 부끄러움에 대해 도움을 구하는 일, 다른 교단에 속한 신자들과의 교제 등이다.

많은 죄는 이런 사랑을 방해한다. 교인들이 행할 수 있는 가장 양호한 일 중 하나는 교회를 찢어놓는 흔한 죄로부터 자신을 지키는 것이다. 그런 죄는 간음, 살인, 학대, 기만적인 삶, 위선, 거짓과 같은 것들이다. 하지만 험담, 분노, 자만, 용서하지 않는 죄 등도 포함된다. 교회의 구성원이 되면 날마다 성실성, 존경받을 성품, 손님대접, 평화로움 등을 갈고닦는 연습을 하게 된다. 이런 연습을 하지 않으면 자기를 남보다 더 낫게 생각하는 신자들이 "더 나은" 교인들이 있는 교회로 떠나는 일이 발생한다. 어쩌면 정당한 권리로 보일지 모른다. 그러나 이런 사람들을 "선의의 용들"[14]이라 부르는 데는 그만한 이유가 있다. 불충성은 살인만큼이나 쉽게 교회를 찢어놓는다.

모든 교회 분열은 믿지 않는 세상에게 이런 메시지를 전한다. 교회는 무시해도 좋은 인공물이고, 기껏해야 감상적인 제도적 유물에 불과하며, 이 세상을 이긴 그리스도의 승리를 상징하는 공동체가 아니라는 메시지다. 모든 교회 분열은 다른 신자들에게, 굳이 교회에 가입할 이유가 없고 그저 좌석을 "임대"했다가 더 나은 것이 있으면 떠나도 무방하다는 얘기를 들려준다.

그리스도인인 당신이 이처럼 교회를 짓밟는다면, 박해가 올 때는 어디로 갈 것인가? 박해가 오면 당신의 이웃을 어디로 데려갈 것인가?

체스터턴은, 당신이 친구와 적을 만드는 순간에도 하나님은 당신의 이웃을 만드신다고 말한다. 이와 비슷한 원리를 교회 멤버십에도 확장할 수 있다. 당신이 교회 안에서 형제와 자매를 선택하는 게 아니라 하나님이 선택하시는 것이다. 당신이 형제와 자매를 선택할 수 있다면 모든 일이 잘 풀릴 것이라는 생각은 유혹으로 다가온다. 똑같은 취미와 관심사를 가진 사람들이 더 나은 형제와 자매가 된다는 게 타당하지 않은가? 당신은 당신의 자녀들이 그들과 비슷한 사람들과 어울리길 원치 않는가? 만일 교인들이 당신의 특이한 점, 죄의 패턴, 약점을 공유한다면, 더 재미있고 또 더 많은 친구가 생기지 않을까? 친구의 범위를 넓히기 위해 교회에 대한 언약적 서약을 깨뜨려야 하지 않을까? 그렇지 않다. 당신이 진정한 신자라면 그렇게 하지 않을 것이다.

만일 당신이 교회의 사람들이 마음에 들지 않아서 멤버십의 언약을 깬다면, 당신이 무슨 일을 하고 있는지 곰곰이 생각해 보라. 주 예수 그리스도께서는 당신이 배척하는 사람들을 위해 죽으셨다. 당신은 하나님의 아들의 피를 당신 발로 짓밟고 있는 셈이다.

예수님이 재림하실 세상을 바라본다는 것은 교회가 사랑과 교리와 공동체의 면에서 강하게 될 것을 믿는다는 뜻이다. 가정과 이웃, 그리고 교회 멤버십의 언약 안에 속한 기독교 공동체는 신자들이 스스럼없이 사랑을 나누고 친구관계를 맺게 해 준다. 에큐메니칼한 사랑은 하나님의 진리에 뿌리를 두고 있다. 그리고 이런 사랑이 뿌리를 내릴 때, 요한계시록 7장은 다음과 같은 생생한 서술로 우리를 격려한다.

> 9 이 일 후에 내가 보니 각 나라와 족속과 백성과 방언에서 아무도 능히 셀 수 없는 큰 무리가 나와 흰 옷을 입고 손에 종려 가지를 들고 보좌 앞과 어린 양 앞에 서서
> 10 큰 소리로 외쳐 이르되 "구원하심이 보좌에 앉으신 우리 하나님과 어린 양에게 있도다" 하니

후기: 결혼, 사역, 자녀

노스캐롤라이나 더럼에서의 삶(2015년)

글은 상차림과 비슷하다. 씻고 말리고, 후회하고 다듬고, 캐비닛에서 꺼내고, 다시 제자리에 놓는다. 이 책에 실린 내 글도 상차림이다. 식탁에 와서 스스로 커피를 따르고 내 부엌에서 나와 함께해 달라는 일종의 초대장이다. 『뜻밖의 회심』을 마감한 후 상황이 변했다. 그 책을 출판한 이후 상황은 더 깊어졌다.

우리는 2012년 4월 버지니아에서 노스캐롤라이나로 이사했다. 크나큰 변화였다. 미국은 결혼에 관한 의문, 성경적 결혼의 배척, 게이 결혼의 도입 등으로 폭발했다. 이것도 큰 변화였다. 그리고 내게는 하나님께서 내 삶을 변화시키고 있었기 때문에 생긴 내가 직면해야 할 의문들, 즉 열차 전복과 같았던 회심에 따른 의문, 날마다 접하는 좋지만 어려운 의문 등도 있었다.

이제 당신의 입맛에 맞춰 커피를 만들어 식탁에서 나와 함께 앉자.

빵 조각은 제쳐놓고 오렌지색 고양이, 카스피안이 함께하는 걸 신경 쓰지 말라. 여기에 새로 온 친구이고 가르랑거리는 소리를 크게 내는 까불이일 뿐이다.

하나님께서 베푸신 용서는 내게 용서를 가르쳐 주고 또 내가 제자로 성장하는 여정이었기에 무척 감사한다. 주님은 누구든지 궁지에 빠진 상태로 그냥 두지 않으신다. 켄트와의 결혼생활이 날이 갈수록 더 깊어져서 감사하다. 이런 성장은 바로 성경이 기대했던 바다. "똑같이 멍에를 맨" 기혼 커플은 신앙과 삶에서 함께 성장하고, 죽음이 우리를 갈라놓을 때까지 그리스도와 함께 그리고 서로 연합하는 삶을 살아갈 것이라는 기대 말이다. 켄트와 나는 영적으로 잘 양립하고, 주님은 이런 관계를 통해 신실하게 우리 각자를 성숙시키고 꽃피우고 성장시키셨다.

나는 나의 결혼관이 무엇인지 늘 질문을 받곤 한다. 오늘 모든 사람이 품고 있는 의문이다. 물론 "결혼이란 무엇인가"라는 질문을 들으면 영화 '프린세스 브라이드'에 나오는 언어장애를 가진 목사(R을 제대로 발음한 적이 없는)의 말이 귓전에 들린다. 그는 자기가 빙빙 돌려 하는 말이 그 스토리 라인에서 사용되고 있음을 모른 채 길고 지루한 말을 늘어놓고 있다. 그리고 결혼의 웃기는 면 역시 하나님의 큰 선물이다. 그러나 농담이 웃기려면 탄탄한 기반이 있어야 한다. 농담이 사실이 아니란 것은 우리 모두 알고 있다. 우리가 결혼에 관한 성경적 지식을 잃어버렸기 때문에 농담이 우리를 덮치는 것이다.

많은 그리스도인은 성경적 결혼을 정의할 수 없기 때문에 성경적 결혼을 변호하지 못한다. 나도 그랬다. 그리고 우리가 성경적 결혼을 정의할 수 없는 한, 우리는 우리도 모르는 사이에 문제에 연루되고 시편 107편 27절에 나오는 사람들처럼 우리 문화의 큰 폭풍을 맞아 비틀거리게 된다. "그들이 이리저리 구르며 취한 자 같이 비틀거리니 그들의 모든 지각이 혼돈 속에 빠지는도다." 오늘날의 문화적 폭풍은 다음 구절에 나오는 것으로 사람들을 인도하게끔 되어 있다고 나는 믿는다. "이에 그들이 그들의 고통 때문에 여호와께 부르짖으매 그가 그들의 고통에서 그들을 인도하여 내시고"(시 107:28).

요즘 나는 결혼을 변호하도록 부름을 받았다는 느낌이 종종 든다. 나의 결혼과 성경적 결혼제도 모두. 나와 같은 사람이 어떻게 이 모든 애정의 변환을 통과할 수 있는가? 어떻게 내가 10년 동안 이성애자로 자처하며 살면서 성적인 죄를 범하고 그것(그 죄가 아닌 섹스)을 경멸할 수 있었던가? 어떻게 여성에 대한 성적인 매력을 개발하여 10년 동안 줄줄이 일대일 레즈비언 관계를 맺은 뒤에 성경이 옳고 예수님이 부활하셨음을 깨닫고 나의 정욕을 청산할 수 있었는가? 그리고 다시금, 어떻게 그것(섹스가 아닌 죄)을 경멸하기에 이를 수 있었는가? 또 어떻게 내가 회심한 후 켄트와 결혼할 수 있었을까? 어떻게 나 같은 사람이 한 몸이 되는 연합을 포용하고, 이 연합을 개인적으로 느끼는 어수선한 타락된 욕망을 뛰어넘고 변화시키는 그 무엇으로 보게 된 것일까? 나는 어떻게 변화될 수 있을까? 나는 과연 변했는가? 무엇이 나를 변화시켰는가?

어떤 것들은 신비이다. 그리고 하나님께서 자기 백성을 빚어가는 일은 가장 큰 신비 중 하나이다. 결혼관계에서 내 역할을 이해하도록 도와준 한 가지는 결혼이 단지 두 사람만의 문제가 아니라는 깨달음이었다. 켄트와 내가 결혼했을 때 우리는 각각 따로 있는 것보다 함께 있는 편이 주님을 위해 더 낫다고 믿었다. 우리는 부모가 되어 기도하는 엄마와 기도하는 아빠로서 기독교 가정에서 자녀들을 양육하길 원했다. 하나님께서 내 모태를 열지는 않으셨지만 내 마음을 열어 주셔서 입양을 통해 우리에게 자녀들을 보내 주셨다. 그리하여 하나님께서 언약적 결혼관계에 자녀들을 주실 때 펼쳐지는 확대와 개방, 발달과 생성의 과정을 우리가 목격하고 경험할 수 있었다.

수년간의 결혼생활을 통해 우리 가족이 성장하면서 켄트와 나는 더 가까워졌다. 우리는 엄마와 아빠로서 많은 문제와 어려움을 겪으며 성장했고, 그 문제들 중 일부는 십대를 두 명 입양한 우리 같은 사람에게 닥치는 것들이었다. 어떤 자녀들은 부모를 조종하는 능수능란한 기술이 있기 때문에 우리 부부는 갈라지지 않고 동일한 입장을 취하는 것이 중요했다. 특히 나이가 더 많은 자녀들이 우리에게 많은 고통과 배신을 안겨 주었다. 자녀들은 해악으로부터 보호받고 훈계도 받을 필요가 있었다. 처음부터 당신보다 덩치가 더 큰 아이들을 입양해서 돌보는 일은 결코 쉽지 않다. 엄마의 역할을 점점 더 잘하다 보니 아내의 역할도 좀 더 잘하게 되었다. 아내의 역할을 점점 더 잘하다 보니 엄마의 역할도 좀 더 잘하게 되었다. 아내와 엄마와 같은 단어는 파트너와 부모노릇이란 옛 어휘로부터 몇 광년이나 떨어진 것이다. 나는 내가 (단지) 부모가 아니라는 것을 깨닫게 되었다. 나는 엄마다.

하나님은 내가 파트너가 아니라 아내란 것을 가르쳐 주셨다. 남성과 여성은 독특한 역할과 은사들을 갖고 있는데, 나는 이 점을 천천히 배워가는 중이다. 내가 가장 소중히 여기는 대다수의 인생 교훈들처럼 이 점을 느지막하게 배우고 있는 것이다.

『결혼이란 무엇인가? 남자와 여자: 하나의 변호』(*What is Marriage? Man and Woman: A Defense*)[1]란 책에서 저자들(쉐리프 저기스, 란 앤더슨, 로버트 조지)은 부모노릇과 같은 것은 없고 그 대신 엄마노릇과 아빠노릇이 있다고 주장한다. 이 책을 (한 주 전에) 처음 읽었을 때, 그동안 흐트러졌던 것이 잘 정리되었다. 나는 이 책을 읽기를 상당히 망설였다는 것을 고백해야겠다. 자연법에 의지하는 책들을 보면 내 속이 불편했다. 게다가 이 책을 국내선 비행기에서 읽었기 때문에, 비행기 안에서 속이 불편해지는 것을 피하고 싶었다! 그런데 한 컨퍼런스에서 저자들 중 한 명과 패널 토론을 할 예정이었기에 이 책을 읽지 않을 수 없었다. 숙제로 생각되었기 때문에 읽은 것이다.

내게는 숙제라서 읽은 책이 상당히 많다. 하지만 그런 책들 중에 이 책처럼 내게 영향을 준 책은 드물었다. 이 책은 내게 꼭 필요한 학문적 책망을 주었다. 내가 사용하는 어휘가 아직도 내 삶에 깊이 배인 세계관을 지지하는 버팀목이란 사실을 깨닫게 된 것이다.

이제 이 책을 마무리하는 시점이다. 지금은 노스캐롤라이나 더럼의 화창하고 상쾌한 2월이다. 2월에도 때로는 반팔을 입고 슬리퍼를 신는다. 오늘은 홈스쿨링용 방 창문 아래 나뭇잎과 흙이 뒤섞인 곳에서 크로커스가 불쑥 올라온 모습이 눈에 들어왔다. 이 사진을 북부에 사는 친구들에게 핸드폰으로 보내면서 "더럼에서의 2월"이란 제목을 붙였다. 주님의 선하심을 자랑한 셈이다. 너무 자주 들먹이진 않는다.

켄트는 『뜻밖의 회심』의 끝부분에 언급한 교회에서 목회를 하고 있다. 우리는 손님대접과 외부사역에 헌신한 작은 교회로 켄트는 주일마다 하나님의 말씀을 신실하게 설교한다. 방문객들이 와서 함께 예배하고 이후에 친교의 식사를 나눌 때면 우리는 늘 우리가 축복받은 느낌이 든다. 매주 수요일 저녁에는 기도회로 모이고 한 달에 두 번은 여성들이 책을 공부하는 모임을 갖는다. 나는 한 엄마와 몇몇 도우미들과 함께 주일학교에서 『천로역정』을 가르치고 있다. 작은 교회에서는 누구나 중요한 존재다. 서로를 잘 안다. 우리는 매주 성만찬을 기념하고, 이 정기적인 성찬은 그리스도와의 연합을 예배의 전면에 놓는다. 우리는 아카펠라로 시편찬송을 부르고, 나는 회중의 찬송을 인도하는 세 사람 중 하나이다. 대단한 건 아니다. 켄트는 최전선에서 하나님을 섬기는 걸 좋아하고 나는 그를 지원하는 일을 좋아한다. 우리는 교회가 은혜 안에서, 수적으로 성장하는 모습을 보고 싶다. 우리를 위해 기도해 주기를 부탁한다.

우리의 십대 아들이 자라서 지금은 이십대가 되어 소방대원으로 일하며 독립해서 살고 있다. 성인이 된 딸은 다른 주에 살면서 기쁘게 일하고 있다. 작은 두 자녀는 점심 메뉴가 마음에 안 들면 스스로 마카로니 치즈를 만들고 공기총으로 다람쥐를 쏠 만큼 성장했다. (주의: 노스캐롤라이나에서는 다람쥐 쏘기가 스포츠와 문화를 넘나드는 하나의 예술이

자 과학이다.) 나의 친정엄마는 16개월 동안 우리와 살다가 약 3킬로미터 떨어진 은퇴자 공동체로 이사했다. 우리가 사랑했던 애견, 셀리는 도둑에게 맞은 지 한 달 뒤인 지난 6월 종양으로 뜻밖의 죽음을 맞이했다. 마지막 순간까지 용감하고 다정했던 40킬로그램의 애견을 우리는 날마다 그리워한다.

우리 홈스쿨링은 계속 번창하는 중이다. 우리는 학교, 사역, 건강, 일상생활의 높낮이를 공유하는 홈스쿨링 이웃 및 공감하는 친구들과 더불어 살아가고 있다. 홈스쿨링에 참여하는 이웃 아이들은 좋은 친구가 되었고, 우리 집 뒤의 숲은 손으로 만든 요새들, 피아노 연습과 수학 숙제를 마친 후 오랜 기간 다 함께 엮어낸 수고의 열매로 가득 차 있다.

모든 좋은 대화가 그렇듯이 당신과 내가 나눈 이 대화도 이제 끝날 때가 되었다. 곧 저녁식사 시간이 되니 아이들에게 식탁을 차리라고 닦달을(아니, 촉구를) 해야겠다. 포크는 왼편에, 칼은 오른편에. 이웃과 교회 친구들이 평소처럼 올 테니 접시 몇 개를 더 준비할 것이다. 나는 오늘 아침 스토브 위에 수프 두 항아리를 올려놓았다(남부 스타일 까만 콩과 채식주의자용 인도식 편두 카레). 나는 어제 만든 빵을 자르고 샐러드를 버무릴 것이다. 금요일은 우리 집에서 홈스쿨링 협동조합이 모이는 날이라 수프와 빵—또는 피자—을 먹는 날이고, 나니아 연대기와 핵심단어 개관, 그리고 신발 벗는 것도 잊은 채 사방으로 뛰어다니는 아이들과 함께하는 바쁜 날이다. 저녁식사와 가정예배가 끝나면 우리는 영화를 보고 나는 뜨개질을 할 수 있겠지. 금년에는 시러큐스 뜨개실에서 나온 오랜 모헤어를 사용해서 모든 가족에게 줄 벙어리장갑을 만드는 중이다. 참 좋은 나날이다. 의미와 역설이 가득한 날들.

주님 안에서의 삶은 언제나 의미와 역설이 잘 섞여 있다.

이제 『비전의 골짜기』(*The Valley of Vision*)[2]란 제목이 붙은 책에 나오는 "비전의 골짜기"란 기도 시를 당신에게 선사하고 싶다.

주님, 높고 거룩하시며, 온유하고 겸손하신 분

그대는 나를 비전의 골짜기로 데려갔습니다.
나는 그 깊은 곳에 살며 높은 곳에 계신 그대를 바라봅니다.
죄의 산에 둘러싸인 채 그대의 영광을 쳐다봅니다.

내가 역설로 배우게 하소서
내리막길이 오르막길이고
낮아지는 것이 높아지는 것이고
깨어진 마음이 치유된 마음이고
뉘우치는 심령이 기뻐하는 심령이고
회개하는 영혼이 승리에 찬 영혼이고
아무것도 없는 것이 모든 것을 소유하는 것이고
십자가를 지는 것이 면류관을 쓰는 것이고
주는 것이 받는 것이고

골짜기가 비전의 장소라는 역설로.

주님, 낮에는 가장 깊은 우물에서 별을 볼 수 있고

우물이 깊을수록 그대의 별들이 더 밝게 비칩니다.

내 어둠 속에서 그대의 빛을

내 죽음 속에서 그대의 생명을

내 슬픔 속에서 그대의 기쁨을

내 죄 속에서 그대의 은혜를

내 가난 속에서 그대의 부요함을

내 골짜기 속에서 그대의 영광을 찾게 하소서.

옛 성도들은 종종 오늘날의 그리스도인이 혼동하는 점을 명료하게 정리했다. 바로 당신은 당신 자신의 권리(하나님이 금지하신 것을 추구하는 권리를 포함한)를 변호하는 동시에 하나님의 의로움을 변호할 수 없다는 점이다. 우리 모두는 "죄의 산에 둘러싸여" 있다. 그리스도의 학교에서 우리는 당신의 생명을 잃는 것이 그리스도를 얻는 것이란 "역설로 인해 배우게" 될 것이다. 그리스도께서 주시는 힘으로 당신은 당신과 하나님 중 한편을 선택해야 한다. 만일 당신 자신을 선택한다면, 생각이 비슷한 군중이나 인터넷 공동체 내에서도 늘 외로움을 느낄 것이다. 그리스도께서 당신보다 당신을 더 잘 아시기 때문이다.

오늘날은 도전적인 시대임에 틀림없지만 그래도 하나님의 주권 아래 있다. 그리고 하나님께서 섭리의 손길로 우리의 증언을 위해 이 시대를 사용하셔서 주님을 모르는 이웃과 친구들에게 진리를 전하도록 허락하셨으니 그분께 감사해야 마땅하다. 우리가 그리스도 안에 서 있으면 결코 홀로 있는 것이 아니다. 우리가 우리의 자기방어막 안에서 있으면 우리 자신을 포로상태에 놓는 셈이다. 그러나 예수님은 살아계시고 우리를 위해 간구하신다. 예수님은 약속을 주신다. "세상 끝 날까지 너희와 항상 함께 있으리라"(마 28:20)고 약속하신다.

주님 안에서, 나날이 하나님의 약속들이 당신에게 다가오고, 당신이 새로운 도전에 직면할 때 날마다 새로운 주님의 자비가 당신을 인도한다. 주님께서 오늘 우리를 위해 어떤 위대한 일을 준비하고 계신지 누가 알겠는가? 회개의 선물로 내 마음에 새겨진 그리스도의 사랑, 그 속죄의 사랑을 통해 성령으로 받은 열린 눈과 돕는 손길로 오늘을 맞으라. 오직 하나님만이 그분이 나날이 빚어내실 위대한 일을 알고 계신다.

친구여, 이런 생각을 읽어줘서 고맙다. 당신이 주님을 추구할 때 주께서 당신에게 기름을 부어 주시길 기도한다. 그분은 우리가 간구하거나 상상하는 것보다 훨씬 많이 행하실 능력이 있으시니 당신의 마음을 그분께 쏟아놓으라. 주님께서 당신을 그의 진리, 그의 구원으로 충만하게 하시길 바란다. 당신을 향한 하나님의 소명이 당신을 멋진 곳으로 데려가든 초라한 곳으로 데려가든, 당신이 그 소명에 따라 용감하게 걷기를 바란다. 당신이 누군지를 꼭 기억하고, 흔들리지 말고 그리스도를 꼭 붙잡고, 귀한 보석인 당신의 믿음을 위해 싸우길 바란다. 하나님의 말씀에서 작은 은혜를 맛보고 그것이 얼마나 건전하고 참된지를 몸소 경험하길 바란다. 은혜로운 주님께서 당신을 믿음의 친구,

가정, 교회의 구성원, 교회 공동체로 인도하셔서 당신이 연약할 때라도 하나님의 가족 안에서 강하게 되기를 바란다. 당신을 통해 우리 구원자의 손길이 잃어버린 자, 외로운 자, 멸시당한 자, 버림받은 자에게 미쳐 세상이 변화되기를 바란다. 당신이 하나님의 갑옷을 입고 죄와 사탄에 대항해 용감하게 거침없이 싸우러 나가길 바란다. 우리가 하나님의 힘을 덧입고 나아갈 때 이 땅에 부흥이 임하는 모습을 우리가 함께 보기를 바란다.

아멘, 평안이 당신과 함께하길 빌며.

감사의 글

> 능히 너희를 보호하사 거침이 없게 하시고 너희로 그 영광 앞에 흠이 없이 기쁨으로 서게 하실 이, 곧 우리 구주 홀로 하나이신 하나님께 우리 주 예수 그리스도로 말미암아 영광과 위엄과 권력과 권세가 영원 전부터 이제와 영원토록 있을지어다, 아멘. (유 1:24)

지난 10년 동안 나는 남편의 축도를 들어왔는데, 이는 하나님을 찬양하고, 그의 한결같은 사랑에 감사하며, 그분 앞에 머리를 숙이는 이들을 보호해 달라고 간청하는 목사의 마지막 말이다. 이 말—그리고 켄트의 목소리—은 나에게 기억의 모자이크가 되어, 비록—아니, 특히—우리가 실망할 때라도 그리스도의 반석은 결코 실망시키지 않는다는 진리를 상기시켜 주었다. 글쓰기는 시간을 멈추게 해 준다. 책들은 나로 하여금 나의 두려움을 직면하게 한다. 그리고 아침마다—나는 종종 아침 4시부터 6시까지 글을 쓴다—내가 이 책을 집필할 때 하나님의 말씀 배후의 켄트의 목소리를 들을 수 있고, 주님께서 내가 넘어지지 않게 지켜주실 것이란 약속도 듣는다.

이 책을 쓰는 시기는 내가 그리스도와 동행한 지 16년이 되는 때이다. 현재 내 생활은 하나님의 약속들과 그분이 약속하신 그리스도와의 연합으로 가득 차 있다. 이런 책을 쓰는 데 필요한 회상은 위험과 방향상실과 두려움을 동반하는 작업이다. 롯의 아내는 엉뚱한 방향을 쳐다보다가 헛된 인생을 마감한 기념비가 되지 않았는가? 유혹의 손길은 곳곳에 도사리고 있다. 나의 과거—그리스도를 만나기 전의 삶—를 자세히 들여다보면 절벽에 매달려 있는 느낌이다. 내가 과거의 절벽에 매달려서 내면의 그리스도와의 연합을 붙들려고 애쓸 때 내 발목을 붙잡아 준 사람들은 다음과 같다.

먼저 내가 이 책을 쓰고 상당 부분을 강연으로 전달하느라고 어수선한 부엌과 더 어수선한 미완의 수학 숙제를 남겨 놓았을 때 나와 어깨동무를 하고 나를 붙잡아 준 사랑하는 남편, 켄트에게 고마움을 전한다.

내가 사랑하는 어린 두 딸 녹스와 메리에게는, 함께할 수 있는 귀한 시간을 내가 문을 닫고 글을 쓰고 또 비행기를 타고 강연하러 돌아다니는 것에 양보해 준 것에 고마움을 표한다.

내가 글을 쓸 수 있도록 시간을 내 준 사랑하는 엄마(다른 이들에게는 "할머니")에게 감사드린다.

내가 이 프로젝트를 수행하는 동안 나와 함께, 나를 위해 기도해 준 더럼의 제일 개혁 장로교회의 가족에게도 감사드린다. 특히 초인적인 조직 기술을 발휘하여 강연 일정 등 내 스케줄을 잘 정리해 준 데비 레브렛에게 감사한다. 내가 기도할 때 무릎을 꿇게 도와주고, 몸무게가 줄어들 때 케이크를 구워주며, 열정적으로 시편찬송을 인도해 준 찰리 레브렛에게 감사한다. 주일학교 동료인 로렌 곤잘레스와 우리 교회의 모든 아이들에게도 감사한다. 내가 늙으면 우리 소년들 중 하나가 언젠가 나의 목사가 되기를 기도한다.

기도와 음식과 자녀양육에서 나를 지원해 준 사랑하는 홈스쿨링 엄마들에게 감사한다. 우리 자녀들을 다 함께 가르치는 기쁨을 선사해 줘서 감사한다. 특별히 카라 덴 보프, 헤더 만굼, 토냐 넬슨, 호프 로버츠, 크리스틴 스털츠에게 감사드리고 싶다.

매주 나와 함께 기도하고 이웃관계의 기쁨을 계속 누리게 해 준 사랑하는 이웃들에게 감사드린다. 특별히 로이 에버렛, 밥과 도나 머터, 앤디와 토냐 넬슨, 란과 크리스틴 스털츠, 윌, 그리고 호프 로버츠에게 사랑을 전하는 바이다.

내가 글을 쓰고 생각하도록 지도해 준 Crown & Covenant 출판사의 편집 팀에게 감사드린다. 회의의 파도와 타인의 기대에 압도당했을 때 얼른 나를 도와준 편집인 드류와 린 고든에게 감사한다. 남모르게 세세히 교정해 준 수고에 고마움을 표한다. 다니엘 포크라스, 쉘리 데이비스, 쉘비 윙클, 베카 바이어스, 린다 오 파커, 그리고 미술가 에일린 베치톨드 등에게도 감사를 전하고 싶다.

내 삶의 복잡한 생체 시스템을 들여다보고 긴급한 도움이 필요하다는 것을 알아챈, 강연과 글을 주선하는 에이전시들에게 감사한다. 공항에서 영접해 주고 (보통 공항에서 보낸) 구조 요청 문자에 응답해 주며 내 문제에 해결책을 제공해 줘서 고맙다. 세상은 미움의 목소리를 높여도 나로 하여금 친절한 말을 속삭이도록 도와준 은혜로운 사람, 웨스 요더에게 감사드린다. 나에게 호랑이 엄마가 필요하다는 것을 알고 완벽한 모델이 되어 준 다나 애쉴리에게 감사한다. 로버트 월거무스는 그의 소중한 보비가 암과 싸우고 그리스도의 빛을 의료진에게 비추다가 마침내 2014년 10월 28일 상급을 받아 구원자의 얼굴을 볼 때까지 나로 하여금 보비를 알고 사랑하도록 허락해 주었다. 감사히 생각한다. 로버트는 내가 독특한 전문인으로서 사유하고 글을 쓰고 강연하도록 격려했고, 내가 어두운 새벽에 홀로 책상에 앉을 때 나를 향한 주님의 진지한 소명을 직면하도록 도와주었다. 주님은 그를 사용하셔서 내가 가라앉지 않게 해 주셨다.

그리스도 안에서 사랑하는 자매와 형제들에게도 감사를 표한다. 수산나 스티븐스는 나와 함께 여행을 하고 내가 쓴 모든 글을 꼼꼼히 읽고 나 자신을 비웃는 법을 알려주었다. 크리스토퍼 유안은 나와 함께 기도하고, 강연 사역을 지도해 주고, 용기를 보여 주고, 경건의 본보기가 되어 주었다.

사랑하는 레베카는 나와 의견을 달리하고 그 이유를 이해하도록 도와주었으며, 위험을 감수하면서까지 친구관계를 유지해 주었다. 참 고맙다.

여러 동료와 친구들이 이 원고의 일부나 전체를 읽고 피드백을 제공하여 내용이 개선되게 도왔고, 그로 인해 내가 더 예리해지고 부드러워지고 나아질 수 있었기에 그들에게 감사한다. 그들의 이름을 열거하며 글을 맺는다. 켄트 버터필드, 데니 버크, 다니엘 호웨, 마크 존스, 마이클 레페브르, 로버터 월거무스, 수산나 스티븐스, 베리 요크, 크리스토퍼 유안, 레베카.

◈ 주 ◈

서문

1. Cassell's *Latin Dictionary*(NY: Wiley Publishing, 1968), s.v. "redimo."
2. 현실과 진실 사이의 구별을 처음 소개해 준 홀리 스트라튼에게 감사드린다.
3. William Gurnall, *The Christian in Complete Armour*(Edinburgh: Banner of Truth, 1989), 15, quoted in Richard Rushing, ed., *Voices from the Past: Puritan Devotional Readings*(Carlisle, PA: Banner of Truth Trust, 2010), 16.
4. Sam Allberry, *Is God Anti-Gay? And Other Questions about Homosexuality, the Bible and Same-Sex Attraction*(Purcellville, VA: The Good Book Company, 2013), 77.
5. 수정주의 해석학은 개인 경험과 사회 정의의 "도덕적 논리"를 통해 성경을 해석하는 독해 행위이다. 예컨대 다음 책들을 보라. James V. Brownson, *Bible, Gender, Sexuality: Reframing the Church's Debate on Same-Sex Relationships*(Grand Rapids, MI: Eerdmans, 2013); and Matthew Vines, *God and the Gay Christian: The Biblical Case in Support of Same-Sex Relationships*(New York: Convergent Books, 2014).
6. Judith Butler, *Gender Trouble: Feminism and the Subversion of Identity*(New York: Routledge, 1990); and Diana Fuss, *Essentially Speaking: Feminism, Nature, and Difference*(New York: Routledge, 1989).
7. 만일 당신이 이 분리의 해석학을 받아들였다면, 당신은 반(半)-펠라기우스 입장(죄가 우리의 추론 및 사유의 능력에 침투하지 않았다고 믿는 것)과 율법폐기론(하나님의 도덕법이 이제는 구속력이 없다고 믿는 것)입장에 참여한 셈이다.

1장

1. 레즈비언 섹스가 더 깨끗해 보인 것은 삽입의 결여가 덜 난폭하다고 느꼈기 때문이다. 그리고 아이도 임신할 수 없고 (대체로) 성병도 옮기지 않기 때문에 이성 간의 섹스에 비해 덜 오염되었다고 생각했다. 언젠가 게이 행진에 참가했다가 자칭 그리스도인이 들고 있었던 플래카드—"에이즈는 동성애자에 대한 하나님의 저주다"—를 본 것이 생각난다. 한 레즈비언 친구가 재빨리 이런 표지판을 만들었다. "에이즈가 동성애자에게 내린 하나님의 저주라면, 레즈비언은 하나님의 선택된 백성임에 틀림없다." 내 말의 취지를 당신이 파악했으리라 믿는다. 레즈비언주의는 성적으로 깨끗할 뿐 아니라 평등주의에 기초해 있어서 더 도덕적으로 보였던 것이다.
2. "이기는 자는 이것들을 상속으로 받으리라 나는 그의 하나님이 되고 그는 내 아들이 되리라"(계 21:7).

2장

1. Elias Pledger, in *Puritan Sermons 1659-1689*(Wheaton, IL: Richard Owen Roberts, 1981), 1:317-324, quoted in Rushing, ed., *Voices from the Past*, 157.
2. Richard B. Gaffin, Jr., translator's preface to *Adam in the New Testament: Mere Teaching Model or First Historical Man?* 2nd ed., by J.P. Versteeg(Phillipsburg, NJ: P&R Publishing, 2012), xiv.
3. Joel R. Beeke and Mark Jones, *A Puritan Theology: Doctrine for Life*(Grand Rapids, MI: Reformation Heritage Books, 2012), 205.
4. "The Fall of Man," in *The Reformation Heritage KJV Study Bible*, ed. Joel Beeke(Grand Rapids, MI: Reformation Heritage Books), 12.
5. Russell D. Moore, *Tempted and Tried: Temptation and the Triumph of Christ*(Wheaton, IL: Crossway, 2011), 18.
6. *The Works of John Owen*(Edinburgh: Banner of Truth, 1987), 3:469-

471, quoted in Rushing, ed., *Voices from the Past*, 162.

7. 한 단어는 한 가지 이상의 뜻을 지닐 수 있고, 시간이 흐르면서 뜻이 변할 수 있거나 상호보완적인 일련의 뜻들을 지닐 수 있다. 그렇다고 해서 우리가 단어의 뜻을 모른다는 의미는 아니다. 기호(단어)와 기표(뜻) 간의 차이는 오랫동안 후기구조주의 독법과 포스트모던 사유의 뿌리로 간주되어 왔다. 그러나 이 언어 이론 때문에 하나님께 순종하지 못한다는 변명은 빈약하기 짝이 없다.
8. "너희는 내가 일러준 말로 이미 깨끗하여졌으니"(요 15:3). "그들을 진리로 거룩하게 하옵소서 아버지의 말씀은 진리니이다"(요 17:17).
9. Beeke and Jones, *A Puritan Theology*, 482.
10. "허물로 죽은 우리를 [하나님께서] 그리스도와 함께 살리셨고 (너희는 은혜로 구원을 받은 것이라), 또 함께 일으키사 그리스도 예수 안에서 함께 하늘에 앉히시니 이는 그리스도 예수 안에서 우리에게 자비하심으로써 그 은혜의 지극히 풍성함을 오는 여러 세대에 나타내려 하심이라"(엡 2:5-7). 신학자들은 또한 이 삼중적인 연합—예정론적, 구속-역사적, 실존적—을 묘사하기 위해 다른 단어들도 사용한다. 단어는 다를지 몰라도 개념은 동일하다.
11. G. I. Williamson, *The Westminster Confession of Faith for Study Classes*, 2nd ed.(Phillipsburg, NJ: P&R Publishing, 2004), 58.
12. John Calvin, *Institutes of the Christian Religion*, ed. John T. McNeill, trans. Ford Lewis Battles(Philadelphia: Westminster, 1960), I.15.4.
13. Johannes G. Vos, *The Westminster Larger Catechism: A Commentary*(Phillipsburg, NJ: P&R Publishing, 2002), 167과 고린도후서 3:18절을 참고하라.

3장

1. Jeff VanVonderen, *Tired of Trying to Measure Up*(Minneapolis, MN: Bethany House Publishers, 1989).
2. Jen Wilkin, "Failure Is Not a Virtue," *The Gospel Coalition*(blog), May

1, 2014, http://www.thegospelcoalition.org/article/failure-is-not-a-virtue.

3. VanVonderen, *Tired of Trying to Measure Up*, 128.
4. Noah Webster, *American Dictionary of the English Language*(1828; facsimile of the first edition, San Francisco: Foundation for American Christian Education, 2000), s.v. "admit."
5. Webster, *American Dictionary of the English Language*, s.v. "confess."
6. The Westminster Divines, *The Shorter Catechism with Scripture Proofs*(Carlisle, PA: Banner of Truth Trust, 1998), n.p. Originally published in 1648.
7. 이것은 보석과 같은 책이라 필독서이다. 진정한 회개의 본질과 함께 시작되는데, "진정한"이란 형용사로 알 수 있듯이 독자에게 가짜 회개에 대해 경고한다. 왓슨은 복음적 회개는 "여섯 가지 특별 요소로 구성된 영적인 약이라고 말한다. (1) 죄를 직시함 (2) 죄를 슬퍼함 (3) 죄를 고백함 (4) 죄를 부끄러워함 (5) 죄를 미워함 (6) 죄로부터 돌이킴"(18). 왓슨은 진정한 회개가 되려면 각 요소가 다 필요하다고 말한다.
8. Beeke and Jones, *A Puritan Theology*, 4-5.
9. Ralph Venning, *Sin, the Plague of Plagues, or Sinful Sin the Worst of Evils*(London, 1669), 225-226, quoted in Beeke and Jones, *A Puritan Theology*, 203.
10. Alan Jacobs, *Original Sin: A Cultural History*(New York: Harper Collins, 2009), Kindle edition, introduction.
11. Jacobs, *Original Sin*, introduction.
12. 같은 책.
13. Mary Shelley, *Frankenstein, or The Modern Prometheus*, the 1818 text, ed. James Rieger(Chicago: University of Chicago Press, 1982), 219.

14. 이 책의 흥미로운 특징 중 하나는 밀턴의 『실락원』과 괴테의 『젊은 베르테르의 슬픔』을 포함한 그 피조물의 박식한 독서 목록이다.
15. Jacobs, *Original Sin*, introduction.
16. Beeke and Jones, *A Puritan Theology*, 208.
17. Anthony Burgess, *The Doctrine of Original Sin*(London, 1658), 89, quoted in Beeke and Jones, *A Puritan Theology*, 208.
18. *The Works of John Owen*, ed. William Goold(Edinburgh: Johnstone and Hunter[1850-1855]), 4:180, quoted in Beeke and Jones, *A Puritan Theology*, 210. Originally found in *Causes, Ways, and Means of Understanding the Mind of God*(1678).
19. *Overcoming Sin and Temptation: Three Classic Works by John Owen*, eds. Kelly Kapic and Justin Taylor(Wheaton, IL: Crossway, 2006), 51. Quote originally found in *On the Mortification of Sin in Believers*(1656).
20. Owen, *Overcoming Sin and Temptation*, 141. Originally found in *Of Temptation: The Nature and Power of It*(1658).
21. 이 책이 인쇄에 넘겨졌을 때 마크 존스는 그리스도론에 관한 중요한 새 책, *Knowing Christ*를 집필했다.
22. Mark Jones, *A Christian's Pocket Guide to Jesus Christ: An Introduction to Christology*(Fearn, Scotland: Christian Focus Publications, 2012), 25.
23. Donald Macleod, *The Person of Christ*(Downers Grove: InterVarsity Press, 1998), 226. Quoted in Jones, *A Christian's Pocket Guide to Jesus Christ*, 28.
24. Psalm 22A, stanza 1 in *The Book of Psalms for Worship*(Pittsburgh: Crown & Covenant Publications, 2010).
25. Psalm 22E, stanza 14 in *The Book of Psalms for Worship*.

26. Russell D. Moore, *Tempted and Tried*, 21.

27. Quoted in Kris Lundgaard, *The Enemy Within: Straight Talk About the Power and Defeat of Sin*(Phillipsburg, NJ: P&R Publishing, 1998), 29.

28. *The Works of John Owen, vol. 6, Temptation and Sin*, 20, quoted in Rushing, ed., *Voices from the Past*, 55.

29. 오웬의 언어를 현대인이 좋아하지 않을 것 같아서 Kelly Kapic과 Justin Taylor가 만든 판, *Overcoming Sin and Temptation*을 추천하는 바이다.

30. Kris Lundgaard, *The Enemy Within*, 39.

31. "그러므로 여호수아가 아간에게 이르되 내 아들아 청하노니 이스라엘의 하나님 여호와께 영광을 돌려 그 앞에 자복하고 네가 행한 일을 내게 알게 하라 그 일을 내게 숨기지 말라 하니"(수 7:19).

32. 여호수아 7:19, "그러므로 여호수아가 아간에게 이르되 내 아들아 청하노니 이스라엘의 하나님 여호와께 영광을 돌려 그 앞에 자복하고 네가 행한 일을 내게 알게 하라 그 일을 내게 숨기지 말라 하니"

33. Owen, *Overcoming Sin and Temptation*, 267. Originally found in *The Nature, Power, Deceit, and Prevalency of the Remainders of Indwelling Sin in Believers*(n.d.).

4장

1. Nick Roen, "Same-Sex Attraction in Real Life," *Spiritual Friendship* (blog), February 12, 2015, spiritualfriendship.org/2015/02/12/same-sex-attraction-in-real-life/#more-4669.

2. Sigmund Freud, *The Future of an Illusion*, trans. and ed. James Strachey(New York: W.W. Norton, 1961), 43.

3. "전통적으로, 잉글랜드 낭만주의 시대는 두 왕들, 곧 조지 3세(1760-1821)와 조지 4세(1821-1830)로, 두 전쟁들, 곧 미국 독립전쟁(1775-1783)과 프랑스와의 전쟁(1789-1793)으로, 프랑스의 정치 혁명(1789-1793)과 잉글랜드의 산

업혁명(1780-1830)으로, 그리고 너무나 많은 문화적 및 과학적 혁신으로 특징지워지는 만큼 바이런 경은 그것을 '특이한 시대'라고 불렀다." Marilyn Gaull, *English Romanticism: The Human Context*(New York: W. W. Norton, 1988), viii.

4. 만물 속에 존재하는 저변의 원리들, 오로지 그 존재 자체로 인해 존재하는 원리들에 관한 연구.
5. Michael W. Hannon, "Against Heterosexuality: The idea of sexual orientation is artificial and inhibits Christian witness," *First Things*(March 2014): 27-34.
6. Hannon, "Against Heterosexuality," 28.
7. 같은 책, 30.
8. 같은 책.
9. Thabiti Anyabwile, "The Importance of Your Gag Reflex When Discussing Homosexuality and Gay Marriage," *The Gospel Coalition blog*, August 19, 2013, http://www.thegospelcoalition.org/blogs/thabitianyabwile/2013/08/19/the-importance-of-your-gag-reflex-when-discussing-homosexuality-and-gay-marriage/
10. John Murray, *The Epistle to the Romans*, The New International Commentary on the New Testament(Grand Rapids, MI: Eerdmans, 1959, repr. 1987), 47.
11. Hannon, "Against Heterosexuality," 30.
12. 창조 규례들은 아담과 하와가 타락하기 전에 주어진 명령들이나 과업들이다. 생육, 땅의 관리, 피조물을 다스리는 일, 일, 안식일을 거룩하게 지키기, 결혼 등.
13. Vos, *The Westminster Larger Catechism*, 179.
14. 같은 책, 202.
15. 같은 책, 175.

16. Adrienne Rich, "Compulsory Heterosexuality and Lesbian existence." Originally published in 1980 and collected in *Blood, Bread, and Poetry: Selected Prose 1979-1985*(New York: W.W. Norton, 1986, reis. 1994).
17. 성적 본질주의란 성기가 성적 정체성을 결정해야 한다는 신념을 말한다.
18. Rich, "Compulsory Heterosexuality," n.p.
19. 사실 내가 성경을 읽기 전에는 가부장제가 죄라는 것이 명명백백하다고 생각했다. 그러나 내가 성경을 읽고 그리스도께서 나를 그의 것으로 삼으신 뒤에는 하나님께서 금지된 과일을 먹은 책임을 아담에게 돌리셨다는 사실을 직면해야 했다. 그렇게 하신 이유는 아담이 하와의(그리고 나의) 대표적 머리였기 때문이다. 이는 머리됨이 타락보다 선행했다는 점을 보여 주었다. 다른 모든 것과 마찬가지로 타락 이전의 남성의 머리됨은 선한 것이었다.

5장

1. Lesley Brown, ed., *The New Shorter Oxford English Dictionary on Historical Principles*(Oxford: Clarendon Press, 1993), s.v. "gay."
2. *Oxford English Dictionary*, s.v. "queer."
3. Andreas J. Köstenberger and Thomas R. Schreiner, eds. *Women in the Church: An Analysis and Application of 1 Timothy 2:9-15*, 2nd ed. (Grand Rapids, MI: Baker Publishing Group, 1995, reis. 2005), 54.
4. Webster, *American Dictionary of the English Language*, s.v. "modify."
5. Norma W. Goldman, *English Grammar for Students of Latin*, 3rd ed. (Ann Arbor, MI: Olivia and Hill Press, 2007), 120.
6. "그리스도께서 어찌 나뉘었느냐?"(고전 1:13).
7. "너희는 유혹의 욕심을 따라 썩어져 가는 구습을 따르는 옛 사람을 벗어 버리고 오직 너희의 심령이 새롭게 되어 하나님을 따라 의와 진리의 거룩함으로 지으심을 받은 새 사람을 입으라"(엡 4:22-24).

8. 다음 인용문의 출처는 다음과 같다. Daniel Mattson's article, "Is 'Gay' Just Another Adjective?" *Crisis Magazine*, February 20, 2015. http://www.crisismagazine.com/2015/gay-just-another-adjective.
9. Raymond Williams, *Keywords: A Vocabulary of Culture and Society*(New York: Oxford University Press, 1983), 22.
10. Mark Yarhouse, *Understanding Sexual Identity: A Resource for Youth Ministry*(Grand Rapids, MI: Zondervan, 2013), Kindle edition, endnotes.
11. Yarhouse, *Understanding Sexual Identity*, chap. 1.
12. 같은 책.
13. 성경적 페미니스트인 Rachel Held Evans는 나의 회심을 의문시하고 그 "단일한 이야기"의 문제점을 지적하는 글을 한 블로그에 썼다. Rachel Held Evans, "Homosexuality, Evangelicalism, and the Danger of a Single Story," *Rachel Held Evans*(blog), November 4, 2013, http://www.rachelheldevans.com/blog/single-story-evangelism-homosexuality-butterfield.
14. Yarhouse, *Understanding Sexual Identity*, chap. 1.
15. Yarhouse, *Understanding Sexual Identity*, chap. 6.
16. 같은 책.
17. 남녀한몸을 갖고 태어나는 이들은 전형적인 남성이나 여성과 다른 재생산 구조 내지는 성적 구조와/또는 염색체를 갖고 있다.
18. "나를 숨은 허물에서 벗어나게 하소서. 또 주의 종에게 고의로 죄를 짓지 말게 하사 그 죄가 나를 주장하지 못하게 하소서"(시 19:12-13).
19. Williamson, *The Westminster Confession of Faith for Study Classes*, 234.
20. John Piper, MP3 format sound, April 29, 2007, http://www.desiringgod.org/sermons/single-in-christ-a-name-better-than-sons-

and-daughters.
21. The Westminster Divines, *The Shorter Catechism with Scripture Proofs*, n.p.
22. Sam Allbery, *Is God Anti-Gay?*, 32.
23. Richard Baxter, *The Practical Works of Richard Baxter*, vol. 1, *A Christian Directory*(Morgan, PA: Soli Deo Gloria Publications, 2000), 78-79.
24. "Farewell Sermon," *The Works of Jonathan Edwards*, I:ccvi-ccvii, also quoted in Rushing, ed., *Voices from the Past*, page 7.

6장

1. 개인의 삶과 사회적 행동주의를 서로 연결시키는 것.
2. 전환 치료에 대한 뛰어난 소개는 다음 글을 참고하라. Heath Lambert, "What's Wrong with Reparative Therapy?" *Association of Certified Biblical Counselors*(blog), November 17, 2014, http://www.biblicalcounseling.com/blog/whats-wrong-with-reparative-therapy.

7장

1. Russell D. Moore, *Adopted for Life: The Priority of Adoption for Christian Families & Churches*(Wheaton, IL: Crossway, 2009), 31.
2. The Westminster Divines, *The Shorter Catechism with Scripture Proofs*, 10.
3. Dietrich Bonhoeffer, *Life Together: A Discussion of Christian Fellowship*, trans. John W. Doberstein(NY: Harper and Row, 1954), 91.
4. Bonhoeffer, *Life Together*, 112.
5. 우리는 매달 한 번씩 주일에 양로원을 방문하여 짧은 예배를 드린 후 기도와

시편찬송의 시간을 갖는다.

6. Jay Pathak and Dave Runyon, *The Art of Neighboring: Building Genuine Relationships Right Outside Your Door*(Grand Rapids, MI: Baker Books, 2012).
7. 이어지는 시편찬송은 다음 책에 실려 있다. *The Book of Psalm for Worship*, Psalm 23B.
8. Williamson, *The Westminster Confession of Faith for Study Classes*, 243.
9. 같은 책.
10. 같은 책, 244.
11. 같은 책, 244.
12. Quoted in Philip Graham Ryken, ed., *The Communion of Saints: Living in Fellowship with the People of God*(Phillipsburg, NJ: P&R Press, 2001), 55.
13. Williamson, *The Westminster Confession of Faith for Study Classes*, 254.
14. Marshall Shelley, *Well-Intentioned Dragons: Ministering to Problem People in the Church*(Minneapolis, MN: Bethany House Publishers, 1994).

후기

1. Sherif Girgis, Ryan T. Anderson, and Robert P. George, *What is Marriage? Man and Woman: A Defense*(New York: Encounter Books, 2012).
2. Arthur Bennet, ed., *The Valley of Vision: A Collection of Puritan Prayers and Devotions*(Carlisle, PA: Banner of Truth Press, 2011), xxiv-xxv.

◈ 추천도서 ◈

리처드 백스터, 『성도의 영원한 안식』 (평단 아가페)

조엘 비키, 마크 존스, 『청교도 신학의 모든 것』 (부흥과 개혁사)

디트리히 본회퍼, 『성도의 공동생활』 (복있는 사람)

토마스 브룩스, 『사단의 책략 물리치기』 (엘맨)

존 칼빈, 『기독교 강요』 (크리스천 다이제스트)

케빈 드영, 『성경, 왜 믿어야 하는가?』 (디모데)

리처드 헤이스, 『신약의 윤리적 비전』 (IVP)

마이클 호튼, 『오디너리: 평범함으로의 부르심』 (지평서원)

쾨스텐버그 & 존스, 『성경의 눈으로 본 결혼과 가정』 (아바서원)

J. G. 메이첸, 『기독교와 자유주의』 (복있는 사람)

러셀 무어, 『왜 우리는 유혹을 이길 수 없는가』 (복있는 사람)

데이비드 머리, 『구약 속 예수』 (생명의 말씀사)

존 머리, 『로마서 주석』 (아바서원)

아더 핑크, 『말씀 묵상』 (프리스브러리)

『영적인 연합과 친교』 (엠마오)

리챠드 십스, 『꺼져가는 심지와 상한 갈대의 회복』 (지평서원)

칼 트루먼, 『교리와 신앙』 (지평서원)

코넬리우스 반틸, 『변증학』 (개혁주의 신학사)

게르할더스 보스, 『성경신학』 (CLC)

토마스 왓슨, 『회개』 (CLC)

『십계명 해설』 (CLC)

데이비드 웰스, 『신학실종』 (부흥과 개혁사)

G. I. 윌리암슨, 『웨스트민스터 신앙고백서 강해』 (개혁주의신행협회)

뜻밖의 사랑

초판 1쇄 인쇄 2017년 7월 1일
초판 1쇄 발행 2017년 7월 6일

지은이 로자리아 버터필드
옮긴이 홍병룡
펴낸이 홍병룡
만든이 최규식·정선숙·홍지애·조준만

펴낸곳 협동조합 아바서원
등록 제 274251-0007344
주소 서울시 영등포구 도림로139길 8-1 3층
전화 02-388-7944 **팩스** 02-389-7944
이메일 abbabooks@hanmail.net

ISBN 979-11-85066-67-7 (03230)

이 도서의 국립중앙도서관 출판예정도서목록(CIP)은 서지정보유통지원시스템 홈페이지(http://seoji.nl.go.kr)와 국가자료공동목록시스템(http://www.nl.go.kr/kolisnet)에서 이용하실 수 있습니다.
(CIP제어번호 : CIP2017014270)